北斗译丛精编版

查拉图斯特拉如是说

［德］尼采 著

储琢佳 译

江苏凤凰文艺出版社

图书在版编目（CIP）数据

查拉图斯特拉如是说 /（德）尼采著；储琢佳译. — 南京：江苏凤凰文艺出版社，2017.2（2025.9重印）
（北斗译丛：精编版）
ISBN 978-7-5399-9345-4

Ⅰ.①查… Ⅱ.①尼… ②储… Ⅲ.①超人哲学 Ⅳ.①B516.47

中国版本图书馆 CIP 数据核字(2016)第 125443 号

书　　名	查拉图斯特拉如是说
著　　者	（德）尼采
译　　者	储琢佳
责任编辑	黄孝阳　邹晓燕
出版发行	凤凰出版传媒股份有限公司
	江苏凤凰文艺出版社
出版社地址	南京市中央路 165 号，邮编：210009
出版社网址	http://www.jswenyi.com
经　　销	凤凰出版传媒股份有限公司
印　　刷	南京新洲印刷有限公司
开　　本	880 毫米 ×1230 毫米　1/32
印　　张	11
字　　数	275 千字
版　　次	2017 年 2 月第 1 版　2025 年 9 月第 4 次印刷
标准书号	ISBN 978–7–5399–9345–4
定　　价	37.00 元

（江苏凤凰文艺版图书凡印刷、装订错误可随时向承印厂调换）

目 录

- **001　查拉图斯特拉的序言**
- **001　查拉图斯特拉的演说**
- **001　第一卷**
  - 001　论三种变形
  - 003　论道德讲坛
  - 006　论背后世界的人
  - 011　论身体的蔑视者
  - 013　论快乐与激情
  - 015　论苍白的罪人
  - 018　论读写
  - 021　论山上的树
  - 024　论死亡的鼓吹者
  - 026　论战争与战士
  - 028　论新偶像
  - 031　论市场的蚊蝇
  - 035　论贞洁
  - 036　论朋友
  - 039　论一千零一个目标
  - 041　论友爱邻人
  - 044　论创造者之路
  - 047　论年老与年少的女人
  - 049　论毒蛇咬的伤口

051　论孩子与婚姻
053　论自愿死亡
056　论给予的美德

062　第二卷
062　带着镜子的孩子
065　在幸福岛
068　论怜悯者
072　论教士
075　论有德之士
079　论下层人
082　论舞蛛
086　论著名哲人
090　夜之歌
092　舞之歌
095　坟墓之歌
098　论战胜自我
102　论卓越的人
105　论文明之地
109　论纯粹的知识
112　论学者
114　论诗人
118　论大事件
122　论先知
126　论救赎
131　论做人的智慧
134　最安静的时刻

138　第三卷
138　漫游者

142	论幻象与谜题
148	论并非所愿的赐福
151	日出之前
155	论小人之德
161	在橄榄山上
164	论路过
168	论背叛者
172	回家
176	论三件恶事
181	论重力之神
186	论新旧标准
207	痊愈中的人
214	论伟大的渴望
217	另一首舞之歌
221	七印记（或：赞同之歌）
226	**第四卷**
226	蜜糖祭品
231	痛苦的呼叫声
235	与国王们的谈话
239	水蛭
243	巫师
251	退职者
256	论最丑之人
261	自愿行乞的人
267	影子
271	正午
275	问候
281	晚餐

283	论上等人
294	忧郁之歌
300	论知识
303	在沙漠的姑娘中间
309	觉醒
313	驴子的庆典
317	醉者之歌
326	征兆

查拉图斯特拉的序言

在查拉图斯特拉三十岁的时候,他离开了自己的家乡和他家乡的湖泊,去了山间。在那里,他享受着与自己灵魂独处的快乐,乐此不疲地度过了十年的光阴。但是后来,他改变了心意——在一个黎明破晓的清晨,他迎着晨曦,来到了太阳的面前,对它如是说:

"你这伟大的星球啊,如果不曾有被你照耀的世间万物,你的幸福在哪里呢?

"十年以来,你日复一日地照耀着我的山洞;如果不是因为我,我的鹰和蛇,你一定已经厌倦了你的光芒和你这每日的旅程。

"但是,每天清晨,我们都一如既往地等待着你,以获得你充裕的光辉,并为此祝福你。

"看啊!我就像那采集了过多蜂蜜的蜜蜂一样,已经厌倦了我自己的智慧,现在我只需要有人伸出手来接取我的智慧。

"我愿意赠予并传播我的智慧,直到智者在自己的爱好中重获快乐,而穷人因为自己的财富而再度欢欣。

"因此,我必须下山,伟大的星球啊!就像你夜晚下沉到海的那一边,将阳光施泽于下面的世界一样。

"我像你一样,也要下山,就像人们所说的那样,我将要到他们那里去。

"那么,祝福我吧,你这平静的眼睛,你能够不带一丝嫉妒地将无限的快乐尽收眼底!

"为这只满得将要溢出水来的杯子祝福吧!因为它将溢出的金子般的水流会把你的快乐传播到四面八方!

"看!这只杯子愿意再次变空,就像查拉图斯特拉愿意重新为人一样。"

——就这样,查拉图斯特拉开始了他的下山之路。

查拉图斯特拉独自一人下山,没有遇见任何人。然而,当他进入树林的时候,忽然发现自己的面前站着一位老人。这位老人离开了自己神圣的茅舍,来树林中找寻树根。老者对查拉图斯特拉如是说:

"这个路人对我来说并不陌生,多年之前你曾路过此处。你叫查拉图斯特拉;不过现在你已今非昔比。

"当初你把你的灰烬搬到山上,如今你要把你的火苗带到山谷中去吗?你难道不怕被人以'纵火犯'的罪名定罪吗?

"是的,我认出了查拉图斯特拉。他的眼睛是如此清澈,他的嘴角没有流露出一丝厌恶之情。他走路的样子不像是一位舞者吗?

"查拉图斯特拉确实改变了;变成了一个孩子,查拉图斯特拉已经醒了,你现在要到一群仍在熟睡中的人那里去做什么呢?

"你置身于孤独之中,就像身处于大海里一样,大海承载着你。哦,你现在打算上岸了吗?哦,你想要再度拖曳着你那沉重的躯体行走吗?"

查拉图斯特拉回答道:"我爱人类。"

"为什么,"这位圣人说,"我孤独一人来到这片树林中,难道不是因为我太爱人类了吗?

如今我爱上帝,我不爱人类。对我来说,人类太不完美。对人类的热爱会将我毁于一旦。"

查拉图斯特拉答道:"我怎么说起爱来!我要向人类赠予

一件礼物！"

"别给他们任何东西！"圣者说，"不如减轻他们的负担，并为他们分担一些——这样做对他们来说是百利无害的好事，只要这样做于你有利！

"然而，如果你想给他们一点什么，那么除了施舍之物，不要给予更多，而且要让他们为此而向你乞求！"

"不，"查拉图斯特拉回答道，"我不施舍别人，我还不至于可怜到那个程度。"

圣者对查拉图斯特拉哈哈大笑，如是说："那就让他们接受你的财宝吧！他们不相信隐居者，也不相信我们会给他们带来礼物。

"隐居者行走在街上的脚步声在他们听来太过响亮。就像在夜里，当他们躺在床上听见黎明破晓前街上的脚步声时，就会暗自揣测：这个窃贼要到哪家去作案呢？

"不要到人类那里去，留在树林里吧！不如到动物中间去！为什么不像我这样呢？做一只置身于熊群中的熊，生活在鸟群中的鸟。"

"那么圣者在树林里做什么呢？"查拉图斯特拉问道。

圣者回答说："我谱写颂歌并且吟唱；我作曲时，时而笑，时而哭，时而独语：我以此来赞美上帝。

"我以颂歌，以哭泣、欢笑和独语来赞美上帝，那是我的上帝。但是你给我们带来了什么礼物呢？"

当查拉图斯特拉听到这番话，便向圣者鞠了一躬，说道："我能给您带来什么呢？还是让我快点离开吧，省得我要带走您的什么东西！"于是这位老人和查拉图斯特拉互相道别，他们俩笑得像孩子一般高兴。

然而，与老人分别后，当查拉图斯特拉又独自一人之时，他禁不住扪心自问："这一切是真的吗？一位圣者居然待在树林里，并且未曾听说，上帝已经死了！"

当查拉图斯特拉来到离树林最近的一个城镇时，他发现许多人聚集在广场上。因为有人宣称：一个走绳索的人将在这里进行演出。于是，查拉图斯特拉向围观的群众如是说：

"我来告诉你们什么是超人吧。人类是某种应当被超越的东西。你们做过什么来超越人类呢？

"至今为止，一切物种都创造出了超越自己的东西。我们应当顺应这历史的潮流，超越人类，而不是逆流而上，重返兽类的时代。

"在人类眼中，猿类是什么？一个笑柄或是一个耻辱的象征。而人类在超人眼中也是一样，一个笑柄或是一个耻辱的象征。

"你们已经完成了由虫到人类的进化，然而你们的内心却仍有虫性。你们曾经是猿类，现在你们却比任何一只猿猴都更像猿猴。

"即使你们之中最明智的人，也只不过是某种植物与妖魔杂交而成的不协调的产物。但是我让你们变成植物或妖魔了吗？

"瞧，我来告诉你们何为超人！

"超人是世界存在的意义。让你们的意志说：超人应当成为世界存在的意义！

"我恳请你们，我的兄弟们啊，忠于尘世吧，不要相信那些空谈超越尘世希望的人！不管他们有意或无意，你们都将深受其毒害。

"他们是些轻视生命的人，他们本身也深受其毒害，并且无可救药。人世已经厌倦了他们，所以，就让他们毁灭吧！

"曾经，亵渎上帝是最大的罪过；如今，上帝已经死了，这些亵渎上帝的人也将一并消失。现在最大的罪恶莫过于亵渎尘世，并且把一切不可探究之物的脏腑位于尘世的意义之上加以推崇！

"灵魂曾经蔑视肉体，这种蔑视在当时看来是极为神圣的事情——灵魂想要肉体消瘦、想要它丑恶、想要它饥饿。灵魂想要以此逃避身体与尘世。

"哦，那个灵魂本身还很消瘦、令人厌恶、饥饿，而残忍对它来说便是极乐之事！

"但是，我的兄弟们啊，也请你们告诉我，你们的肉体又是如何展现了你们的内心？你们的精神世界难道不是贫乏、肮脏并且充满了可怜的安逸吗？

"确实，人是一条被污染的河流。只有成为大海，才能纳百川而不受其污浊。

"现在，我教你们何谓超人：他就是这大海，你们的伟大轻蔑会沉没在其中。

"你们所经历过的最美好的体验是什么？就是当你们对别人表示轻蔑的时候。在那样的时刻，你们的快乐，连同你们的理智与美德，都会变得令人厌恶。

"这个时候你们会说：'我的快乐有什么用呢？它不过是贫乏、肮脏和令人可怜的安逸。但是我的快乐本应当肯定我的存在本身！'

"这个时候你们会说：'我的理智有什么用呢？它难道像狮子贪求食物一样求知若渴吗？它不过是贫乏、肮脏和令人可怜的安逸！'

"这个时候你们会说：'我的美德有什么用呢？它并没有使我激情洋溢。我的善行和罪恶已经把我折腾得精疲力竭！所有这一切都不过是贫乏、肮脏和令人可怜的安逸罢了！'

"这个时候你们会说：'我的正义有什么用呢？我并没有看出自己是炽热的炭火与木炭。然而正义应当是炽热的炭火

与木炭!'

"这个时候你们会说:'我的怜悯有什么用呢?怜悯难道不是那个钉着博爱者的十字架吗?但是我的怜悯并不是钉着耶稣的受难十字架。'

"你们曾经这样说过吗?你们曾经这样喊过吗?唉!但愿我曾听到过你们这样喊叫!

"这不是你们的罪恶——这是你们的自我满足在仰天呼喊;甚至是你们罪恶的贪心在仰天呼喊!

"那想要用舌头舔舐你们的闪电在何处?那应该灌输给你们的疯狂又在何方?

"现在,我来教你们何为超人:他便是这闪电,他便是这疯狂!"

查拉图斯特拉说完这段话,众人中有一个人喊道:"关于那个走绳索的人,我们听说的已经足够多了,现在让我们来看一看他为我们做的表演吧!"所有人都开始嘲笑查拉图斯特拉。然而那个走绳索的人,以为此番话是指他而言,于是开始了自己的表演。

然而,查拉图斯特拉看着众人,非常惊讶。他接着如是说:

"人类是一根连接在动物和超人之间的绳索——一根系于悬崖之上的绳索。

"走过去很危险,停滞在半途中很危险,往后看很危险,战栗或畏缩不前,也很危险。

"人类的伟大之处在于,他是一座桥梁,而非一个目标;人类的可爱之处在于,他是一个过渡,也是一种沉沦。

"我喜欢那些只懂得如何像沉沦者那样生活的人,因为他们是向彼处的过渡者。

"我喜欢那些目空一切的人,因为他们也是崇拜一切的人,是射向彼岸的欲望之箭。

"我喜欢这样的人:他们不是到星星的那边去寻找沉沦与牺牲的理由,而只打算捐躯于大地,使大地终有一天能属于超人。

"我喜欢那些天性求知,而且乐于求知,以便让超人能有朝一日降临于地球的人。这样他便开始了自己的衰落之路。

"我喜欢那些辛勤劳作和创造,为超人的到来建造房屋、准备好土地、动物和植物的人:因为这样他便开始了自己的衰落之路。

"我喜欢那些热爱自己美德的人:因为美德是衰落的意志,是一支欲望之箭。

"我喜欢那些不给自己保留任何精神空间,而愿意完全成为自己道德精神的人:因为如此一来,他就渡过了精神上的桥梁。

"我喜欢那些把自己的道德变成自己的爱好和命运的人:因为这样他就会为了道德的缘故选择生存或者死去。

"我喜欢那些不愿有过多道德的人:一种美德要胜于两种美德,因为它是一种连接命运的更为牢固的纽带。

"我喜欢那些挥霍自己的灵魂、不愿接受感谢、也不愿回报的人:因为他们一直在赠予,却不曾为自己保留什么。

"我喜欢那些因为自己在掷骰子上占了上风而感到内疚,并问自己'我没有作弊吧'的人。因为他们自甘灭亡。

"我喜欢那些先做出金子般的承诺,后付诸行动,并且坚持做的胜过承诺的人:因为他愿意追寻自己的衰落之路。

"我喜欢那些还未来者以正义,并为过去者赎罪的人:因为他希望作为现世者而毁灭。

"我喜欢那些因为热爱自己的上帝而惩罚上帝的人:因为他们需要凭借上帝的愤怒来成就自己的毁灭。

"我喜欢那些即使在受伤时,灵魂依旧保持深度的人,喜欢那些一件小事就会将其置于死地的人:因为这样他就会心甘情愿地越过桥梁。

"我喜欢那灵魂太过充实,以至于忘却自我而牵挂着万事的人:这样万事都会成为他走向沉沦的理由。

"我喜欢那些拥有自由的精神与心灵的人:这样,他的头脑只不过是他心灵的脏腑,而他的心却导致他走向沉沦。

"我喜欢这样的人:他们好像沉重的雨点一般,从乌云中一滴滴坠落在人们的头顶,因为它们预示着闪电的到来,并作为预言家而毁灭。

"瞧,我就是那闪电的预言者,是从云中落下的沉重的雨点。然而,这闪电就是超人。"

查拉图斯特拉说完这番话,又看了一眼众人,然后不再发话。"他们站在那里,"他心里说,"他们嘲笑我说的话。他们并不能理解我的意思,我真是在对牛弹琴。

"难道非要撕裂他们的耳朵,让他们学会用眼睛去聆听吗?难道非要像敲铜鼓那样喧哗不休,或者像苦行僧、传教士那般四处叫喊吗?还是他们只相信口吃之人的话呢?

"他们有一样引以为豪的东西。他们把这个值得骄傲的东西称作什么?他们将其称为文明;就是文明将他们与牧羊人区别开来。

"因此,他们不喜欢听到别人用'轻蔑'这个词来谈论他们。所以我就要诉诸他们的骄傲。

"我会向他们提及最可鄙的人,就是那些最后的人!"

于是,查拉图斯特拉对众人如是说:

"是时候让人类确定自己的目标了。让人类种植他们最大希望的种子的时候到了。

"如今他的土壤还足够肥沃。但是终有一天,它会变得贫瘠而匮乏，再也孕育不出参天的大树。

"多么不幸啊！如今人类不再把他的欲望之箭射过众人的头顶，而他的弓弦也不再发出嗖嗖之声，这样的时刻正在来临！

"我告诉你们，世人必须在自身中留有混沌，才能生出一颗舞蹈的星星。我告诉你们，你们仍然留有混沌。

"真是不幸！人类不再为世界诞生新星的时候临近了。真是不幸！人类成为最值得鄙视、同时也最不会自轻自贱的时刻临近了！

"瞧！我来告诉你们什么是最后的人！

"'爱情为何物？创造为何物？欲望为何物？星球又为何物？'——最后的人眨了眨眼睛，这样问道。

"那个时候地球将变得很小，最后的人跳跃于其上，他将一切也变得很小。他的种群如同跳蚤一样难以根除；最后的人活得最为长久。

"'我们发现了幸福。'——最后的人眨着眼睛说道。

"他们离开了难以居住的地区，因为他们需要温度。他们还热爱邻里，并且与他们的身体相互摩擦，因为他们需要温度。

"他们将生病与猜忌看做是罪恶，他们小心谨慎地前行。仍然被石头或人群所羁绊的人不过是傻子而已！

"他们偶尔吃点毒药，好让自己做个美梦。最终他们也会服用过量的毒药，在舒适中死去。

"他们仍然工作，因为他们把工作当做一种消遣。但是他们必须小心谨慎，以免这一消遣给他们带来任何伤害。

"他们不会再变得贫穷或富有：这两者都是负担。谁仍然愿意一统天下？谁仍然愿意俯首称臣？这两者都将成为负担。

"没有牧羊人，只有一群羊！每个人的追求都一样，每个人都是平等的：那些怀有其他情绪的人，就自觉地进疯人院吧！

"'以前整个世界都疯了。'——他们当中最聪明的人眨着眼睛说。

"他们很明智，知道所发生的一切事情。因此，他们才会讥讽个没完。他们也会发生争执，但是很快就会握手言和——因为谁都不想破坏食欲。

"他们白天或晚上都有供自己消遣的小娱乐，但是他们很重视自己的健康。

"'我们发现了幸福。'——最后的人一边说着，一边眨着眼睛。"

查拉图斯特拉的第一篇，即被称之为"序言"的演讲到此结束，因为此时人群的欢欣和呼喊声打断了他。"把这最后的人给我们吧，哦，查拉图斯特拉！"他们喊道，"把我们变成这最后的人吧！那样我们将把你变成献给超人的礼物！"于是所有的人都欣喜若狂地打着响舌。但是查拉图斯特拉却郁郁寡欢，他对自己的内心说：

"他们不能理解我，我所说的话他们根本无法明白。

"也许我在山里待的时间太久，听了太多树林和溪流的声音，以致我现在对他们说话，还像与牧羊人说话一样。

"我的灵魂是如此平静而清澈，就像沐浴在清晨中的山群一样。但是他们认为我冷漠无情，只擅长嘲弄和可怕的讥讽。

"他们现在看着我大笑：他们的笑中掺杂着愤恨；他们的笑中蕴含着冰霜。"

然而，在这个时候，发生了一件事情，使得所有人都缄默不语，所有目光都汇集于一处。因为在此时，那个走绳索的人开始表演了：他从一扇小门里走出来，在系于两座塔楼、俯瞰着广场和人群的绳索上行走。当他走到路途的一半的时候，小门又一次打开了，一个衣着花哨的小丑似的少年跳了出来。这个少年快步尾随着那个走绳索的人。"快走啊，你这跛子，"少年用可怕的声音喊道，"快走啊，懒骨头，多事的家伙，面如土色的胆小鬼！小心我用脚后跟来给你搔痒！你在这两座塔楼之间干什么？塔里面才是你应该待的地方！我的技术比你高明，你挡住了我的路！"他每说一句话，就离前者更近一步，但是，当他离走绳索者只有一步之遥的时候，可怕的事情发生了。这让所有的人都缄默不语，让所有的目光都汇集于一处——这少年突然如同魔鬼般地发出了一声吼叫，从挡他道的前者头上一跃而过。而被他越过的那个人看到他的对手获胜，顿时慌了手脚，在绳索上失去了平衡。他扔掉了平衡棍，身体比棍子更快地向下跌落。他的四肢就像漩涡中的枯叶，坠入了无底的深渊。广场和人群就像暴风雨中的大海一样，群众四处分散，乱作一团，特别是在走绳索者将要坠落的地方。

然而，查拉图斯特拉仍然站在原处不动，走绳索的人的躯体就坠落在他的旁边。他受伤严重，肢体破碎，但尚存一丝气息。过了一会儿，他恢复了清醒，看到查拉图斯特拉跪在他的身旁，便问道："你在这里干什么呢？我早就知道魔鬼会把我绊倒，现在他要将我拖入地狱。你难道想阻止他么？"

"我的朋友，我以我的名誉担保，"查拉图斯特拉答道，"你所说的一切都不存在：世上并没有魔鬼，也没有地狱。你的灵魂将比你的肉体消逝得更快。因此，现在并没有什么好害怕的！"

走绳索者用怀疑的眼光看着他，说："如果你说的都是事实，那么我的死亡并不意味着失去什么。我不过是一只动物，在人们少量食物的喂养和棍棒的威逼下学着走绳索。"

"你并没有失去什么,"查拉图斯特拉说,"你的职业很危险,但并没有什么值得轻视的。如今你以身殉职,因此我要亲手将你安葬。"

查拉图斯特拉说完这番话,这个将死的人没有再说话,他只是伸出手臂,好像要抓住查拉图斯特拉的手,以示感谢。

这时候,夜幕降临,整个广场都被黑暗所笼罩。于是群众渐渐散去,甚至连他们的好奇心和惊恐情绪都已经消退了。然而,查拉图斯特拉仍然坐在死者的身边,陷入深思,他因此而忘记了时间。最后,夜晚来临,阵阵凉风吹在这位孤独者的身上。于是查拉图斯特拉站起身来,在心里说:

"查拉图斯特拉今天确实收获不小啊!他没有捉到活人,倒捉到了一具尸体。

"人生无常,而且毫无意义,一个小丑似的人物就足以将生命变成厄运。

"我想要教会人们生存的意义,那就是:超人,从人类这乌云中射出的闪电。

"但是我离人类仍然很远,我的感觉与他们根本无法交流。在人类的眼中,我不过介于傻子与尸体之间。

"在夜色的笼罩下,查拉图斯特拉的路途也一片阴霾。来吧,你这僵硬似冰的同伴!我要带你前往墓地,并亲手将你埋葬。"

查拉图斯特拉在自己的心里说完这些话,就背着尸体开始了他的行程。他还没有走出一百步,就有一个人悄悄地溜到他身边,对他低声耳语起来——瞧!说话的人居然是那个塔中的丑角!

"哦,查拉图斯特拉,离开这个城市吧!"他说,"这里讨厌你的人太多了。品行端正的人痛恨你,认为你是敌人,认为你看不起他们;有宗教信仰的人痛恨你,称你为人民的公害。你遭人嘲笑是你的福气,因为,你说起话来确实就像个小丑。你和这只死狗有所牵连也是你的福气,因为通过这样的自我贬低,你今天逃过了一劫。不管怎么说,离开这个城市吧!否则,明天我又将从你的头顶上跳过,一个生者跳过一个死者。"

丑角说完了这番话,就消失了;然而,查拉图斯特拉却在漆黑的街道上继续行走。

在城门口,几个掘墓者遇到了他,他们用火把照亮了他的脸,认出了查拉图斯特拉,便开始对他大肆讥讽:"查拉图斯特拉背着这只死狗,真是件好事,查拉图斯特拉要亲自做掘墓人了!给这死狗挖墓,会弄脏了我们的手。查拉图斯特拉难道想与魔鬼争食?那好,祝你好胃口!只要你比魔鬼的技术更为高明就行!他说不定会把你们一起偷去吃了!"说罢,他们把头凑在一起,大笑起来。

查拉图斯特拉对此什么话也没说,只管继续前行。他走了两个小时,穿过了森林与沼泽地,听到林中饿狼的嚎叫,突然感到有些饥饿。于是他就在一个亮着灯的孤零零的小屋前停了下来。

"饥饿像强盗一般袭击了我,"查拉图斯特拉说,"夜深人静,在森林和泥沼地中,我的饥饿袭击了我。

"我的饥饿的脾性有些奇怪。平时往往吃过饭它才会来临,然而今天它却整日不见踪影。它究竟在哪里被耽误了呢?"

于是,查拉图斯特拉敲了敲小屋的门。一位提着灯的老者出现了,他问道:"这是谁?知道我难以入睡,还来打扰?"

"一个活人和一个死者,"查拉图斯特拉说,"给我一些吃的喝的吧,我一整天都没进食了。圣贤说:赐予穷人食物,将使自己的灵魂得到洗涤。"

老者退回到屋里,但是很快就回来了,将手里的面包与葡萄酒递给查拉图斯特拉。"对于饥饿的人来说，这里不是个好地方，"他说，"这就是我住在这里的原因。动物和人们都来向我这个隐居者求助。但是，让你的同伴也分享一点食物吧，他看上去比你更加疲惫。"

查拉图斯特拉说："我的同伴已经死了，我没有办法再劝他吃东西了。""那可跟我没有关系，"老者阴沉着脸说，"敲我门的人就必须接受我的馈赠。吃吧，祝你们一切顺利！"

在这之后，查拉图斯特拉又借着星光，沿着大路继续行走了两个小时，因为他已习惯了在夜间行走，并且乐意面对一切熟睡的东西。然而，当黎明破晓之时，查拉图斯特拉发现自己身处于一片茂密的丛林之中，前路已不见踪影。于是，他把死者放在一个跟他一样高的树洞里——因为他不想让它成为饿狼的美食——然后自己躺在了长满苔藓的地上。他几乎立刻就睡着了，虽然身体疲惫，心灵却很宁静。

查拉图斯特拉睡了很久，任凭黎明和清晨的曙光从他脸上掠过。然而，最后，他终于睁开眼睛，惊讶地注视着寂静的树林，又惊讶地看了看自己。接着，他很快站了起来，好像一个突然发现了大陆的航海家，欣喜地欢呼起来：因为他刚刚发现了一个新的真理。于是，他在心里如是说：

"我突然觉得茅塞顿开：我需要同伴，活着的同伴——而不是死去的同伴，就像我身上正背负的这具尸体。

"我需要活着的同伴，那些自愿跟随我前往任何地方的同伴。

"我突然觉得茅塞顿开：查拉图斯特拉的听众不应当是群众，而应当是同伴！查拉图斯特拉不应当成为一群羊群的牧羊人或者猎犬！

"我此行的目的就是把羊群中的羊带走。群众和羊群一定会对我很恼火：查拉图斯特拉应当被牧羊人称为强盗。

"我称他们为牧羊人,然而他们却自称为善良和正义之士。我称他们为牧羊人,然而他们却自称为正统宗教的信仰者。

"看看这些善良和正义的人们吧!他们最痛恨的是什么呢?是那些打破了他们价值体系的破坏者、违法者,但是那正是创造者。

"看看这些正统宗教的信仰者吧!他们最痛恨的是什么呢?是那些打破了他们价值体系的破坏者、违法者,但是那正是创造者。

"创造者寻求的是同伴,而非死者,也不是羊群或者宗教信仰者。创造者寻求的是与他类似的创造者,是那些建立新的价值体系的人。

"创造者寻求的是同伴,以及与他们共同获得丰收的人:因为在他那里,一切都已成熟,只待收获。他需要的只是数百把镰刀;因此他愤愤不平地拉扯着大把大把的麦穗。

"创造者寻求的是同伴,是那些知道如何磨砺镰刀的人。他们被人们称为破坏者与善行和恶行的蔑视者,但是他们却在欣喜地从事着收获。

"查拉图斯特拉寻求的是与他相同的创造者,与他共同庆祝、共同收获的同伴:那些羊群、牧羊人和尸体对他来说又有什么用呢?

"至于你,我的第一个同伴,请你安息吧!我已将你妥善地安葬于这中空的树洞里,从而免于狼群侵害的危险。

"但是,我现在要离你而去了,离别的时刻到了。在两个拂晓之间,我明白了一个新的真理。

"我不应该成为一个牧羊人,也不应当做一个掘墓者。我不会再向群众演讲;这是我最后一次对一个死者说话。

"我要加入那些创造者、收获者与在收获中欢乐欣喜的人们：我将向他们展示彩虹和通往成为超人之路的全部阶梯。

"我将唱歌给那些独居一隅的人和双宿双栖的人听。对于那些有兴趣聆听闻所未闻的事情的人，我会让他们心满意足的。

"我向着自己的目标前行，我遵循自己的道路；我将会超越那些虚度光阴和行动迟缓的人们。这样我的行进之路就成了他们的沉沦之路！"

当查拉图斯特拉在自己的心里说完这番话的时候，已是正午时分；他好奇地抬头看了看天空，因为他听到自己头顶上传来声声刺耳的鸟鸣声。看啊！一只鹰在天空中绕着大圈子盘旋，它的身上还悬着一条蛇，不像是它捕获的猎物，而更像是一位朋友，因为这条蛇缠绕在鹰的脖颈上。

"这是我的鹰和蛇！"查拉图斯特拉满心欢喜地说。

"一个是世上最骄傲的动物，一个是世上最聪明的动物：它们是来侦察的，它们想知道查拉图斯特拉是不是还活着。确实，我还活着吗？

"我发现，自己身处于人群中所面临的危险比身处于兽群中还要多，查拉图斯特拉走在危机重重的道路上。让我的动物来为我指路吧！"

在查拉图斯特拉说这番话的时候，他想起了森林中那个老者的话。于是他叹了一口气，在心里对自己如是说：

"我想变得更聪明一点！就像我的蛇一样，内心足智多谋！

"但是我所期盼的一切都是不可能的，因此我希望我的骄傲永远与我的智慧相伴。

"如果有一天我的智慧抛弃了我——唉！它总是喜欢离我而去！那么就让我的骄傲和我的愚蠢一起远走高飞吧！"

查拉图斯特拉就这样开始了他的沉沦之路。

查拉图斯特拉的演说

第 一 卷

论三种变形

我要告诉你们精神的三种变形：精神如何变成骆驼，骆驼如何变成狮子，最后狮子如何变成孩子。

忍辱负重而蕴含着令人敬畏之物的精神承担着满满的重负，因为它那强健的力量渴望着沉重的和最重的负担。

"沉重的负担是什么？"承载着重压的精神如是问道，然后像骆驼一般跪了下来，渴望背负重担。

"你们这些英雄们啊，最沉重的负担是什么？"承载着重压的精神如是问道，"这样我便可以将它背负在肩上，并为我自己的强健而欢欣雀跃。"

为了羞辱并刺痛自己的骄傲，将自己的愚蠢展示于众以嘲笑自己的智慧，这难道不是最重的负担？

或者是，在庆祝自己成功的同时放弃自己的事业，登上高山去诱惑引诱者，这才是最重的重负？

或者是，以知识之果与知识之草为食，而为了真理的缘故忍受灵魂的饥饿，这才是最重的重负？

或者是，打发走在你患病时前来看望的慰问者，而与那些对你的要求一向充耳不闻的人为友，这才是最重的重负？

或者是，义无反顾地跳入真理之水，不顾其污浊与否，也不介意冰冷的青蛙或是温热的癞蛤蟆，这才是最重的重负？

或者是，热爱蔑视我们的人，而向那些恐吓我们的幽灵伸出援助之手，这才是最重的重负？

负重的精神承载了所有这一切沉重的负担——它快步地奔向它的荒漠，就像满载了重物的骆驼，匆匆地向着沙漠前行一样。

然而，在这最孤独的荒原中，发生了第二种变形：在这里，精神变成了企图获得自由的狮子，想成为这片荒原的统治者。

精神在这里寻求它最后的主人：它要成为主人的敌对者，就像它是最后的神的敌对者一样；为了胜利，它要与巨龙搏斗。

精神不愿再称其为主人与神的那只巨龙是什么呢？它的名字叫做"你应该"。但是狮子的精神说："我将要。"

"你应该"披着金光闪闪的鳞甲，躺在它的路上守候着狮子，它的每一片金灿灿的鳞甲上都写着"你应该"！

这些鳞片闪烁着，展示着其千年的价值，这群巨龙中最强大有力的如是说："一切有价值的东西——都在我身上闪现。"

"一切的价值都已经诞生了，而我就代表了——一切已经创造了的价值。确实，不应该再有'我想要'了！"这只巨龙如是说。

我的兄弟们，精神的这只狮子还有什么用处呢？有那只放弃了欲念而忍辱负重的动物难道还不够吗？

创造新的价值——这一点甚至连狮子也做不到；但是为自己争取从事新创造的自由——这却是狮子的力量所能及的。

为自己创造自由，即使面对责任也作出神圣的否定：我的兄弟们,这就是狮子需要承担的责任。

承担创造新价值的责任——这对于背负着重任的恭敬的精神来说是最为可怕的责任。确实,对于它来说,这无非是掠夺者的行径,或是捕食者的作为。

从前它喜欢"你应该",将其作为圣物推崇;现在即使在最神圣的事物中,它也看得到幻象与专横,从而放弃它的所爱,重获自由:一只狮子是获得这种自由的必需。

但是,我的兄弟们,告诉我吧,狮子都无法做到的事情,孩子们能做到吗?为什么有着掠夺本性的狮子要变成孩童呢?

孩子是纯真与遗忘,是一个新的开始,是一场游戏,是一个自转的轮子,是一个起始的动作,是一个神圣的允诺。

是的,我的兄弟们,神创造新生,需要一个神圣的肯定:精神现在需要的是自己的意志;被这个世界所抛弃的人需要的是赢得自己的世界。

我已向你们指明了精神的三重变体:精神如何变为骆驼,骆驼如何变为狮子,最后狮子又如何变为儿童。

查拉图斯特拉如是说。这个时候,他正停留在一个叫做"花母牛"的城镇上。

论道德讲坛

人们在查拉图斯特拉面前夸奖一位智者,说他对于睡眠和道德有着精辟的见解,从而受到了人们的推崇并且收获了名利,很多年轻人因此慕名而来向他求教。于是查拉图斯特拉也来到智者身边,与年轻人一起围坐着听他讲学。这位智者如是说道:

"重视并以谦逊的态度对待睡眠吧!它是头等大事!与那些睡眠不好和彻夜不眠的人保持距离!

"即使是窃贼,在熟睡的人面前也是谦逊谨慎的:在夜里,他们总是蹑手蹑脚地悄悄前行。而守夜者却是傲慢不逊的,无礼地拿着他们的号角。

"睡眠绝不是件微不足道的小事:它对于人们保持一天的清醒至关重要。

"你必须在白天克制自己十次:那会使人完全疲倦,是麻醉精神的罂粟花。

"你必须在白天做到自我和解十次:因为克制太过痛苦,不自我和解便无法安然入睡。

"你必须在白天中发现十条真理:否则,你就必须在夜间探求真理,而你的灵魂必定会忍受饥饿的煎熬。

"你必须在白天里开怀大笑十次:否则,你的胃,这个痛苦之父,将会在夜间将你折磨得不得安宁。

"很少有人知道:一个人必须具备种种美德才能在夜间睡得安稳。我会为人作伪证吗?我会犯下通奸罪吗?

"我会对邻居家的女仆动心思吗?这一切都与是否能安然入睡息息相关。

"然而,即使一个人拥有了上述的美德,还有一件事是很必要的:你必须在适当的时候也让你的美德得到休息。

"让它们不要相互争执,那些美德的乖乖女们!尤其是为了你这个不幸的人!

"与上帝和你的邻人友善共处,好的睡眠有这般欲望。同时也要与隔邻而居的魔鬼和睦相处!否则,你定会在夜间被它所困扰。

"尊重、顺从政权,甚至是腐败的政权!好的睡眠有这般欲望。如果权力偏爱瘸着脚走路,我能有什么办法呢?

"在我看来,赶着自己的羊群去郁郁葱葱的绿草地上吃草的牧羊人,始终是最好的牧羊人,这才能与好的睡眠协调一致。

"我并不需要功名利禄,也不需要荣华富贵——那会刺激脾脏。然而,没有一个好名声和一笔小小的财富也让人无法安睡。

"我宁愿要一个狭小的交际圈,而不要一个糟糕的关系网,但他们必须能够适时地来去。这才能与良好的睡眠协调一致。

"同时,我也喜欢与精神匮乏的人打交道:因为他们能帮助睡眠。他们是幸福的,尤其是当人们总是向他们妥协的时候。

"有德之人的白天就应该这样度过。当夜晚来临,我并不用召唤睡眠。睡眠——这美德的主人,并不喜欢被人召唤。

"可是,我想到了自己白天的所为、白天的所想。带着母牛一般的耐心,我在反复思考中自问:你的十次自我克制是指哪一些?你的十次自我和解是哪一些?十条真理是哪一些?十次开怀大笑又是哪一些?

"当我反复思考时,在对四十个问题的考虑中摇摆不定时,睡眠这不请自来的美德的主人,在突然间偷袭了我。

"它轻轻地敲了敲我的眼睛,我的眼皮就变得沉重。它触碰了我的嘴唇,我的嘴巴就张开了。

"确实,睡眠,我这最亲爱的小偷,它轻手轻脚地潜入我身边,偷走了我的思想;而我,则呆呆地站在一边,就像这个讲坛一般。

"但是我当时站不了多长时间:就已经躺倒了。"

查拉图斯特拉听到智者如是说,心里觉得很好笑;因为此时一线光明在他心中闪现。于是他在心中自语道:

"在我看来,这位智者终日思考这些问题,真是愚蠢;但是我相信,他一定很了解如何睡眠。

"与这位智者毗邻而居的人是多么幸运啊!因为这种睡眠是能够传染的,即使是隔着厚厚的墙壁。

"他的讲坛甚至充满了一种魔力。那些围坐在他身边听他讲学的年轻人并不是一无所获。

"他的智慧在于,让我们知道:保持清醒是为了更好的睡眠。确实如此,如果生命毫无意义,而我又要选择这一无意义之事,那么我认为,这对我来说就是最令人向往的无意义了。

"如今我已经很清楚地懂得了,曾经人们在寻求道德之师时,首先追求的是什么。他们为自己找寻的,是良好的睡眠,以及催人入睡的令人麻醉的美德。

"对于讲坛上的所有这些备受称赞的道德圣者来说,智慧不过是无梦的睡眠,他们并不知道生命还有更高层次的意义。

"甚至在如今,确切地说,还存在很多这样的美德说教者,而他们并不始终那么可敬,然而他们的时代已经一去不返了。他们再也站不了多久,他们已经躺倒了。

"这些昏昏欲睡的人们是多么幸运啊,因为他们很快就会进入梦乡。"

查拉图斯特拉如是说。

论背后世界的人

查拉图斯特拉也曾经像所有背后世界的人一样,将他的幻想扔到了超越人类的地方。

那时的世界在我眼中,就像是一位遭受了痛苦折磨的上帝的杰作。

在我眼中,那时的世界就像一个梦境,像一位神灵的措辞，一位贪得无厌的神灵眼前的彩色雾气。

善良与邪恶、快乐与痛苦、我与你——在我看来，都是造物主眼前的彩色雾气。造物主希望把自己身上的目光引开，于是他创造了这个世界。

对于正在遭受苦难的人们来说，忽视自己的痛苦，遗忘自身，是令人陶醉的欣喜。我曾经认为，这个世界是令人陶醉的欣喜与自我遗忘。

这个世界，这个永恒的并不完美的世界，一个永恒的矛盾的意象和一个不完美的意象——对于不完美的造物者来说，这是一种令人陶醉的欣喜：这曾经就是我眼中的世界。

于是，我也曾经像所有背后世界的人一样，将我的幻想扔到了超越人类的地方。然而，我真的将它抛到了那里吗？

啊，我的兄弟们啊，我创造的这位上帝，曾是人类的杰作、人类的疯狂，就像其他所有神灵一样！

他曾经是人，但只是人类和其自我的一片可怜的碎片：那个幽灵，那个出自于我的灰烬中的幽灵向我走来，确实，在我看来，他不是来自人类以外的那个世界！

我的兄弟们，当时发生了什么？我超越了自身，克服了我的痛苦，我把自己的灰烬运到山上；我为自己发明了一种更加明亮的火焰。瞧啊，那幽灵便离我而去了。

相信这样的幽灵，现在对我这大病初愈的人来说是一种痛苦与折磨；现在这对我而言无异于痛苦与侮辱。我对背后世界的人如是说。

他曾是痛苦与无能——这创造了所有背后世界的人；以及幸福的短暂疯狂，这只有受苦最深的人才能体验到。

疲乏，那种想要追求一劳永逸的疲乏，那种可怜而无知的疲乏，甚至丧失了欲望的疲乏：是它创造了所有的神灵和背后的世界。

我的兄弟们啊，相信我吧！这是对身体绝望了的身体——它用令人神魂颠倒的手指摸索着那最后的墙壁。

我的兄弟们啊，相信我吧！这是对大地绝望了的身体——它听到了存在的脏腑在向它倾诉。

此时，它要带着它的脑袋一起穿越那最后的墙壁——不仅仅是它的脑袋而已——到那"另一个世界"去。

可是，那"另一个世界"是完全不为人知的，那个去人性化的、非人性的世界，那是一个上天的虚无；而存在的脏腑除非是作为人类，否则是不会对人类说话的。

确实，一切存在都很难证明，也很难让它开口发话的。我的兄弟们啊，告诉我，万物之中最奇特的事物难道还没有被加以证明？

是啊，这个自我，以及它的矛盾与混乱，在最诚实地讨论它的存在——这创造性的、有意志的、给一切以评价与衡量的自我。它是万物的标准与价值。

而这个最正直的存在，这个自我——甚至当它在冥神沉思，在胡言乱语，在用破碎的翅膀拍击的时候，它还在谈论着肉体，渴求着肉体。

这个"自我"总是学会越发正直地谈论；而它学习得越多，便有越多的溢美之词来称颂这肉体与大地。

我的自我教我一种新的高傲，而我将这一种高傲教给人类：不要将脑袋埋入天上之物的沙子里，而是轻松地扛着它，一个赋予了尘世意义的大地的脑袋！

我教给人类一种新的意志：选择人类盲目走过的道路，并且认可它，而不要偷偷地绕道而行，像病人与垂死之人那样。

病人与垂死之人——他们鄙视肉体与尘世，他们发明了天国与救赎的血滴；可是，甚至连这些甜蜜而忧伤的毒药，他们也是取自身体与尘世！

不要将脑袋埋入天上之物的沙子里,而是轻松地扛着它,一个赋予了尘世意义的大地的脑袋!

他们想逃离他们的苦难,而星辰却距离他们太远。这时候,他们叹息道:"哦,天堂之路将悄悄地引领你们进入另一种存在与幸福中去!"于是,他们为自己发明了花招伎俩和血腥的饮料!

这些忘恩负义的家伙们,他们现在认为自己已经超越了肉体与尘世。可是,他们那超越时的痉挛与狂喜应该归功于谁呢?他们的肉体与大地!

查拉图斯特拉对待病人的态度很温和。确实,他并不因为他们的自我安慰与忘恩负义的方式而愤怒。但愿他们能够快点痊愈,超越自己,并且为自己创造出一个更好的身体!

查拉图斯特拉对于大病初愈者也并不愤怒,他们由于留恋自己过去的幻想而总是深更半夜在上帝的墓边潜行。然而,在我看来,痊愈者的眼泪仍然是疾病和他们病态的身体所酿成的。

在这些沉思和因渴望上帝而苦恼的人中间,总是有很多病人:他们极其痛恨有识之士和最新的美德,那就是——正直。

他们总是回顾那黑暗的时代:那时候,幻想与信仰确实是另一回事。理智的癫狂与神类似,怀疑是罪恶。

我太了解这些与上帝类似的人了:他们坚持要得到别人的信任,一旦怀疑便是罪恶。同样,我也太过了解他们最相信什么。

确实,他们并不相信那个背后的世界或是救赎的血滴;他们最相信的是肉体,对于他们来说,肉体便是他们的自在之物。

但是,他们仍然认为肉体是一个病态之物,他们很想褪去这层躯壳。因此,他们倾听死亡的说教者的演说,而他们自己也宣扬背后的世界。

我的兄弟们，听听那健康的身体发出的声音吧：那才是一种更为正直、更为纯净的声音。

健康的身体、完美而健壮的身体发出的声音更为正直和纯净：它叙说的是尘世的意义。

查拉图斯特拉如是说。

论身体的蔑视者

对于蔑视身体的人，我要献上几句忠言。我希望他们既不要从头学习，也不要重新教授，而只要向他们自己的身体挥手道别——从而保持缄默。

"我是肉体，也是灵魂"——小孩子们这样说。而为什么人们不能像孩子们这样说话呢？

但是，醒悟者和博学者则说："我完全是肉体，而不是别的任何东西；灵魂只是我身体上某一部分的名字。"

身体是一个大智慧，是一种意义的多样性，是战争与和平，是羊群与牧羊人。

我的兄弟啊，你的小智慧也只是你的肉体的工具，那个被你称之为"精神"的东西——你的大智慧的一件小工具与玩物。

你说"自我"，并为这个词感到骄傲。但是这一伟大的东西——这一你不愿意相信的东西——便是你那拥有大智慧的肉体。它不说"自我"，而是实行"自我"。

所有感官所感受到的，精神所认知到的，本身都永无终止。但是，感官和精神却在试图说服你，它们是万物的止境，它们是如此虚妄。

感官与精神不过是工具与玩物：在它们的背后就是"自身"。那个"自身"用感官的眼神寻找，用精神的耳朵聆听。

"自身"始终不断地聆听与寻找：它比较、克制、征服、摧毁、统治。它甚至是"自我"的统治者。

我的兄弟啊，在你的思想与感情后面，站立着一个强有力的统治者，一个不为人知的圣人——名叫"自我"。他居住在你的身体里，他就是你的身体。

在你的肉体中，比在你的最高智慧中，存在更多的睿智。究竟有谁知道为什么你的肉体需要你的最高智慧呢？

你的"自身"嘲笑你的"自我"以及它欢快的跳跃。"这些思想的欢跃与飞翔对于我来说意味着什么呢？"它问自己。"只是达到我的目标的另一条途径罢了。我是牵引'自我'的绳索，是其观念的推动者。"

"自身"对"自我"说："感受一点痛苦吧！"于是"自我"便品尝了痛苦，并且思考着如何摆脱这种痛苦——它就是该考虑这个问题。

"自身"对"自我"说："感受一点快乐吧！"于是"自我"便品尝了快乐，并且思考着如何能够经常体验这种快乐——它就是该考虑这个问题。

对于蔑视身体的人，我有句话要说。他们蔑视肉体，正是因为他们尊敬肉体。是什么创造了尊敬与蔑视，价值与意志呢？

创造性的"自身"为自己创造了敬重与蔑视，它为自己创造了快乐与痛苦。创造性的身体，作为意志之手，为自己创造了精神。

你们这些身体的蔑视者啊，即使在你们的愚蠢与蔑视之中，你们也是为你们的"自身"服务的。我告诉你们：你们的"自身"愿意死亡，愿意抛弃生命而去。

你们的"自身"再不能做它最渴望的事情了：创造超越自身的东西。那是它最为渴望的事情，是它的全部热情所在。

但是，现在这样做为时已晚：所以，你们这些肉体的蔑视者啊，你们的"自身"愿意自我毁灭。

你们的"自身"愿意毁灭，因此你们变成了肉体的蔑视者！因为你们再也无法创造出超越你们之物。

所以你们现在迁怒于生命与尘世。这种不自觉的嫉妒，已经从你们那蔑视的眼神中流露出来了。

你们这些肉体的蔑视者，我不会重蹈你们的覆辙！对于我来说，你们绝不是通往超人的桥梁！

查拉图斯特拉如是说。

论快乐与激情

我的兄弟，如果你拥有某种美德，而且它确实是你自己的美德，那就不要与任何人共享它。

确实，你可以为它命名，珍爱它，逗弄它，让它为你解闷。

瞧啊！你给这一美德取了名字，它就会被众人共享，而你也最终会因为这一美德而与普通大众无异。

你最好这样说："使我的灵魂感到既痛苦又甜蜜，使我的内心向往不已的东西，是不可言喻、无可名状的。"

把你的美德提升到无法用任何熟悉的词汇来形容的境界吧，而如果你不得不对它有所提及，那么你就不要为自己的口吃感到羞愧。

所以你这样结结巴巴地说："这正是我所钟爱的善，它能够全心全意地取悦我，我所渴求的正是这样的善。

"我对它的渴求并不是像对上帝指令那般的渴求，或是对人类的法规或人类所需的渴求：对我来说，它并不是指向另一世界或者天堂的路牌。

"我所热爱的是它世俗的美德：其中几乎没有丝毫的智慧，而理性则更为缺乏。

"但是，它就像鸟儿一样在我旁边筑起了巢，因此，我热爱并珍视着它。现在它正在我旁边孵着金蛋。"

因此你就应当这样口齿不清地称赞自己的道德。

你曾满怀激情，并将它们称为邪恶之源。然而现在你只拥有自己的美德——它们都来源于你的激情。

将你的最高目标灌输进这些激情之中：这样它们就变成了你的美德与快乐。

即使你的性格是属于暴躁易怒，或者骄奢淫逸，或者狂热盲从，或者睚眦必报的任何一类。

你的全部激情最终都将变为道德，而你的全部魔鬼最终也将变为天使。

从前你地窖里的那些野狗，如今已经变成了鸟儿和迷人的歌唱家。

这就好像你用毒药为自己制成了香膏；从"苦难者"奶牛身上挤出了牛奶。现在你所饮用的正是它甘甜的乳汁。

在你身上，再不会诞生出什么邪恶的东西了，除非是从你的美德间的冲突中所滋生的邪恶。

我的兄弟啊，如果你是这般幸运，那么你就应该只拥有一种道德，而无需更多；这样，你渡过人生之桥就会更加容易。

拥有众多的美德固然是卓越的，但同时也是一项艰苦的重任；很多人就因为疲于应付各种美德的纷争而逃亡到沙漠里，结束了自己的生命。

我的兄弟，战争和争斗是邪恶的吗？然而，这种邪恶是必要的；嫉妒、猜忌和恶意中伤在你众多的美德之中都是必不可缺的。

瞧！你的每一种美德都是如何地贪求着最高的境界；它需要你的全部精神作为它的先驱，它需要你投入自己的全部力量，不论是愤怒、仇恨还是挚爱。

美德之间会相互嫉妒，而嫉妒是一种可怕的情绪。美德甚至会因为嫉妒而消亡。

被嫉妒的火焰所包围的人，最终会像蝎子一般，被自己的毒针所蜇伤。

唉，我的兄弟！你难道不曾目睹一种美德自我诽谤，自我毁灭的吗？

人类是某种应当被超越的东西：因此你应该热爱你的美德，因为你最终会因他们而消亡。

查拉图斯特拉如是说。

论苍白的罪人

你们这些法官和祭司们，在牲口低头屈服之前，你们是不愿大开杀戒的，是吗？瞧啊！这苍白的犯人已经屈服了：他的眼神中所流露出的极大的轻蔑开口说话了。

罪人的眼睛好像在说："我的'自我'是应当被超越的东西：我的'自我'对我来说，便是对人类的极大轻蔑。"

当他自我审判时——这是他的巅峰时刻；不要让这个崇高者再次落入他的卑贱中去！

对于自我折磨的人，除了快点灭亡，再没有什么别的救赎方法。

你们这些法官啊，你们在杀戮时应该怀揣着慈悲之心，而不是出于报复心理；你们在杀戮时还要考虑为生命辩护！

你们只与你们所杀死的对象和解是不够的。把你们的悲伤转化为对超人的爱吧，这样你们的存在才会合乎情理！

你们应当称罪犯为"敌人",而不是"恶棍";你们应当把他们叫做"病人",而非"混蛋";你们应当把他们当成是"蠢人",而不是"罪人"。

而你们这些红衣法官,如果你们把自己脑海中曾幻想过的一切说出来的话,那么每个人都会喊叫:"快把这污物与有毒的爬虫清除掉吧!"

然而,思想是一回事,行动是另一回事,而行动的意念则又是一回事。它们之间并没有前因后果的关联。

犯罪的意念使这个苍白之人的脸色雪上加霜。当他做出犯罪行为的时候,他胜任于自己的行为,然而一旦事情做完时想到这行为的意念,他却不堪忍受了。

他始终认为自己只犯下了一桩罪行。我将其称之为疯狂:人们总认为发生在他们身上的特例会变成普遍法则。

如同一条白粉笔画的线可以迷惑母鸡,这罪犯的行为也足以迷惑他可怜的理智——我将其称之为事后的疯狂。

法官们,你们听我说!除此以外,还有另一种疯狂——犯罪前的疯狂。啊!你们对这个灵魂的理解还并不足够深入!

红衣法官如是说:"这个罪犯为什么犯下谋杀罪?他原本是准备抢劫的。"但是,我告诉你们:他的灵魂向往的是血腥,而不是掠夺财物,他渴望的是使用屠刀的快感!

但是凭他那点可怜的理智并不能理解这种疯狂的行为,却反而促成了它的产生。"流点血有什么关系?"它说,"你难道不想趁此机会抢劫掠夺,实施报复吗?"

他听信了自己可怜的理智:这些话像铅块一般压在他的心头,于是他杀了人,又实施了抢劫。他不愿因为自己的疯狂而感到羞愧。

如今,他的负罪感又一次像铅块一般压在他心上,他可怜的理智又一次变得如此麻木、如此瘫痪、如此沉重。

他现在只要摇摇头,就能把身上的重负抖落:可是谁来摇这个头呢?

这个人是什么呢?他是疾病的集合体,这些疾病通过精神延伸到外部世界,企图在那里捕获它们的战利品。

这个人是什么呢?他是一盘缠绕在一起,难以和平共处的蛇,它们分散在各处,在这世上寻找着自己的猎物。

你们看看这可怜的肉体!这可怜的灵魂向自己解释了身体的痛苦与渴望。认为那就是杀人的欲望与用刀实施犯罪的迫切与快感。

如今,患病的人被邪恶所袭击,不免变得邪恶:他试图用使自己痛苦的方式来让别人感受到痛苦。然而曾经有过其他的时代,有过其他的善与恶。

猜忌曾经是恶,个人的意志曾经也是恶。那时,病人变成了异教徒与巫师:因为他们如异教徒与巫师一般,自己在痛苦的同时也给别人带来痛苦。

我知道你们听不进我的话:你们告诉我,这将会损害你们这些好人。然而,你们这些好人对我来说又有什么关系呢?

在你们这些善良的人身上,有很多东西都令我生厌,确实,但这些东西却并不是他们的罪恶。我真希望他们身上有某种疯狂,能让他们像这个苍白的犯人一样毁灭。

确实,我希望他们的疯狂被称作真理、忠诚或者正义:但是他们美德存在的意义就在于在卑微的自我满足中长生不老。

我是激流旁的栏杆:谁能抓住我,就来抓吧!然而,我可不是你们的拐杖。

查拉图斯特拉如是说。

论读写

在一切的作品中,我只喜欢作者用自己的心血写出的那些作品。用心血写作吧!你会发现那心血便是精神所在。

理解别人的心血,或许不是件易事:我痛恨懒散的阅读者。

了解读者的作家,并不能为读者提供更多的东西。这样的读者再过一个世纪就将消失了——而精神本身也将散发出腐臭的味道。

如果每个人都有学习读书的权利,长远下去不仅将败坏了写作,也将损害了思想。

精神一度曾是上帝,然后它变成了人类,现在它竟然沦落为平民大众。

用心血与格言书写出的作品不是被人阅读的,而是被人用心领会的。

群山之中,最短的距离是从一座山峰到达另一座山峰,但是为此你必须拥有一双长腿。格言应当犹如山巅,而能够领会这些格言的人,应当是伟大而高尚的。

空气稀薄而纯净,危险触手可及,精神中充满着一种快乐的邪恶:一切都是如此地协调默契。

我希望有小精灵围绕在我周围,因为我很勇敢。勇气吓跑了鬼神,为我创造了许多小精灵,勇气希望嘲笑。

我的感受不再与你们相同:我所看到的自己脚下的这片云,我嘲笑的这沉重的乌云,这正是你们的雷电云。

当你们渴望提升时,你们便往上看;而我却往下看,因为我已上升到高处。

你们当中,有谁能在大笑的同时又高高在上呢?

那个登上高山之巅的人,嘲笑着世间的一切悲欢离合。

勇气、冷漠、嘲讽、残暴——这就是智慧希望我们拥有的：智慧只是一个女人，始终只爱一个战士。

你们对我说："生命太过艰难。"可是，你们为什么会早晨高傲而夜晚谦恭呢？

生命难以忍受，但是不要在我面前矫揉造作，装出一副脆弱的样子！我们都应当像负重的驴子一般吃苦耐劳。

我们和那玫瑰花蕾有什么不同吗？它只因为落在自己身上的一滴露珠就颤抖起来。

确实，我们热爱生命，并不是因为我们已习惯了生活，而是因为我们已习惯了去爱。

爱情之中总是存在着某种疯狂。但是疯狂当中总是包含某种理智。

而在我这个热爱生命的人看来，蝴蝶、肥皂泡以及人间一切诸如此类的东西，似乎是最懂得幸福的。

看到这些轻盈、愚蠢而活泼动人的小精灵们轻快地翩翩起舞，查拉图斯特拉不由地感动落泪而歌唱起来。

我只信仰一个知道如何翩翩起舞的上帝。

当我看见我的魔鬼时，我发现他严肃、周全、深刻、庄严，他是重力之神——万物都因他而下坠。

人们并不通过愤怒，而是通过笑声来杀戮。来吧，让我们来杀死这重力之神吧！

我学会了行走，从此我便让自己奔跑。我学会了飞翔，从此我便不需要一个推动力才能离开一个地方。

现在我已变得轻盈，现在我飞了起来；现在我发现了下方的自我，现在有一个神灵在我的心中舞蹈。

查拉图斯特拉如是说。

我学会了行走，从此我便让自己奔跑。我学会了飞翔，从此我便不需要一个推动力才能离开一个地方。

论山上的树

查拉图斯特拉发现，有一个青年在躲避着他。一天晚上，当他独自从那个名叫"花斑牛"的城市边的群山中走过的时候，瞧啊，他发现这个青年倚靠着一棵树坐着，用疲倦的眼神凝视着山谷。查拉图斯特拉抓住那个青年倚靠的那棵树，如是说道：

"如果我想要用我的双手去摇动这棵树，我是不可能做到的。

"但是，为我们所不见的风，却可以随心所欲地折磨它、弯曲它。我们同样也遭到这看不见的双手的无情扭曲与摧残。"

这个青年突然惊慌失措地站起身来说："我听到了查拉图斯特拉的声音，我刚才还想到了他！"

查拉图斯特拉回答道："你为什么要因此而害怕呢？人与树其实是相同的。

"他越是想上升到光明的高处，他的根就越是坚定地伸向泥土中，向下深入，进入那黑暗的深处去，进入那罪恶中去。"

"是啊，进入到罪恶中去！"青年喊起来，"你已经发现了我的灵魂，这怎么可能呢？"

查拉图斯特拉笑着回答道："很多灵魂人们永远也发现不了，除非人们先将他们发明出来。"

"是啊，进入罪恶中去！"青年再一次叫喊起来。

"你说出了事实，查拉图斯特拉。自从我上升到高处以来，便不再信任自己，也没有人再信任我了。可这是什么原因呢？

"我改变得太快：我的今天驳斥了我的昨天。我在攀岩的时候，常常会跳过一些台阶，然而所有的台阶都没有因此而原谅我。

"在高处的时候,我总是发现自己孤身一人。没有人对我说话,孤独的寒霜令我全身打颤。我究竟来这高处做什么呢?

"我为自己的攀登与跟跄感到多么羞愧!我是如何嘲弄我自己沉重的喘息!我是多么憎恨那飞行者!在那高处,我是多么疲倦!"

说到这里,青年沉默了。查拉图斯特拉打量着站立在他们旁边的那棵树,如是说:

"这棵树孤独地生长在这里的山中;它生长得如此之高,甚至超越了人类与动物。

"如果它要开口说话,那么没有人能够理解它:它长得如此之高。

"现在它一再地等待,可是它在等待着什么呢?它所居之处离云层太近了;它也许在等待着第一道闪电?"

当查拉图斯特拉说完此话,这青年反应强烈,打着手势喊道:"是啊,查拉图斯特拉,你说的都是实话。当我向着高处攀登之时,其实是在追求自我的毁灭,而你就是我所等待的闪电!瞧!自从你出现在我们中间以来,我都做了些什么?是我对你的嫉妒毁灭了我!"青年一边如是说,一边痛哭流涕。然而查拉图斯特拉用手臂搂住他,领着他一同走开了。

他们一起走了一会儿,查拉图斯特拉开始说道:

"这使我很痛心。你的眼神比你的语言更好地表达了你所有的危险。

"因为你还不自由,所以你仍在追寻着自由。你的追求使你过于清醒,彻夜难以入眠。

"你想要到达那自由的高处;你的灵魂渴望着星辰。但是甚至你那糟糕的本能也在渴望着自由。

"你的野狗想要自由;当你的精神正努力地冲破一切牢笼

的时候，它们在地窖中快乐地吠叫。

"在我看来，你仍然是一个为自己虚构出自由的囚犯：啊，这些囚犯的灵魂变得机敏，同时也变得奸诈和邪恶。

"精神上的自由者仍有必要净化自己。他的身上仍然存在着很多禁锢和污垢：他的眼神仍然需要变得更为纯净。

"是的，我了解你的危险。但是，我用我的爱与希望恳请你：不要抛弃你的爱与希望！

"你仍然感觉自己很高贵，而其他对你心怀怨恨，或是向你投来恶意目光的人也仍然觉得你很高贵。因为，你要知道这一点，那就是，高贵的人会成为任何一个人的障碍物。

"甚至对于一个好人来说，高贵的人也是障碍物：即使好人们把他称之为好人，他们也总是极力想排挤他。

"高贵的人想要创造一种新事物与一种新美德。好人需要旧事物，需要旧事物始终得到妥善的保留。

"高贵之人的危险，并不在于他会变成好人，而在于他会变成一个狂妄之徒、一个冷嘲热讽者，或是一个破坏者。

"啊，我曾了解一切丧失了最高希望的高贵的人。而此时，他们诋毁一切崇高的希望。

"于是他们毫无羞耻地及时行乐，得过且过。

"'精神只不过是骄奢淫逸。'他们如是说。此时，他们折断了精神的双翼：现在他们四处爬行，将他们所啃噬之处弄得一片狼藉。

"从前他们想成为英雄；现在却仅仅是纵欲者。对于他们来说，英雄是一种折磨与恐惧。

"但是，我用我的爱与希望恳求你：不要抛弃你灵魂中的英雄！维护你那神圣的最高的希望吧！"

查拉图斯特拉如是说。

论死亡的鼓吹者

世间有死亡的鼓吹者的存在：因为世间也充满了这样一些人，他们需要接受放弃生命的说教。

这个世界上充斥着多余的人，生命已遭到过多人的毁坏。但愿有人能用"永生"这个诱饵，来劝说他们告别这个人世吧！

"黄色人"或者"黑色人"——人们这样称呼那些死亡的传道士。但是我将要让你们看到他们别的特征。

那些包藏着兽心的人是最为可怕的，他们除了满足贪欲和自残之外别无选择。甚至连他们的贪欲也是自残。

这些可怕的家伙，他们根本还没有变成人类，让他们去鼓吹远离生命吧！让他们去灭亡吧！

他们的灵魂已无药可救，他们几乎从一出生便开始走向死亡之路。他们渴望的是厌世与放弃的学说。

他们乐意死亡，我们应该赞同他们的意愿！我们千万不要唤醒这些死者，或者破坏这些生者的棺材！

每当他们遇见一个病人，或者一位老人，或者一具尸体；他们就会说："生命遭到了反驳！"

然而，被否定的只是他们自己，和他们那只看得到存在的某一方面的眼睛。

这些死亡的宣教者就这样被浓厚的忧郁情绪所笼罩，急切地盼望着有一些小小的意外事件能导致死亡。于是，他们就这样咬着牙，一天天地等待着。

或者，他们伸手去拿糖果，同时又嘲笑自己像孩子一般贪吃；他们将生命寄托于一根救命稻草上，却还在嘲笑自己所身处的可悲境地。

他们的智慧如是说："一个仍然活着的傻子，而我们正是这些傻子。这实在是生命中最愚蠢的事情!"

"活着就是受苦受难!"其他人如是说,并不是在说谎,所以,你们留意让自己停下来吧!所以,你们留意让这只是令人痛苦的生命终止吧!

你们的道德教条应该如是说:"你们应当自杀!你们应当从自身潜逃!"

"淫欲是一种罪恶,"有一些鼓吹死亡的人说,"让我们彼此分离,不要生儿育女吧!"

"生育是一件麻烦的事情,"另一些鼓吹死亡的人说,"既然人们所生育的孩子只会经受不幸,那么为什么还要生育呢?"

"怜悯之心是必需的,"第三批人说,"把我的一切都拿去吧!把我本人也拿去吧!那样生命对我的束缚就会少一点!"

如果他们始终怀揣着怜悯之心,就会使他们的邻人也对生命心存厌恶。作恶——也许是他们真正的善良之处。

但是他们希望放弃生命,又怎么会在乎用锁链和礼物牢牢地拴住别人呢?

可是对于你们来说,生命不过是劳作和动荡不安:你们难道不会厌倦生命吗?你们难道还没有成熟到可以接受死亡的说教吗?

你们所有这些热衷于艰苦劳动,喜爱一切新奇、陌生事物的人们,你们很难忍受自己,你们的勤劳只是一种逃避,只是自我遗忘的意志。

如果你们更多地相信生命,那你们就不该拜倒在这短暂片刻的脚下。但是你们却没有足够的能力等待下去——甚至连偷懒的能力都没有。

死亡说教者的口号声无处不在:这世上充满了应当接受脱离人世的宣讲的人,或者说寻求"永生"的人,这对于我来说没有什么不同——只要他们能够快点奔赴黄泉!

查拉图斯特拉如是说。

论战争与战士

我们不愿被自己的仇敌所宽恕,也不愿被我们由衷挚爱着的人们所原谅。所以,让我告诉你们事实吧!

我战争中的兄弟们啊!我从心底里深深地热爱着你们。我过去是,现在也是你们的同类。而我也是你们最大的敌人。所以,让我告诉你们事情的真相吧!

我了解你们心中的仇恨和嫉妒。你们并没有伟大到足以忘却仇恨和嫉妒的程度,那么至少应该变得足够伟大而不要以它们为耻。

如果你们不能成为知识渊博的圣贤,那么至少要成为知识的战士。他们是圣徒的伴侣和先驱。

我看到很多士兵——但愿我看到的都是战士!他们穿的是清一色的"制服":但愿他们的内心不会像那些制服一般统一!

在我看来,你们的眼睛应当时刻用来搜寻敌人——搜寻你们的敌人。而你们当中的有些人,第一眼看上去就心怀仇恨。

你们应当寻找你们的敌人,发动你们的战争,并且是为了你们的思想而进行的战争!即使你们的思想消亡了,你们的正直与忠诚也应在这时仍然高呼胜利!

你们应当热爱和平这一新的战争手段,并且热爱短暂的和平甚于长久的和平。

我建议你们去战斗,而不是去工作。我劝告你们去获得胜利,而不是求得和平。但愿你们的工作成为战斗,但愿你们的和平成为胜利!

只有当你弯弓搭箭的时候,才能赢得片刻的安宁和平静,否则,别人就会喋喋不休,争论不停。让你的和平成为一种胜利吧!

你们认为,好的动机甚至使战争神圣化了?我告诉你们,是好的战争使每一个动机神圣化了。

战争和勇气所创造的伟大功绩,比起慈善来要大得多。迄今为止,是你们的勇敢,而非你们的怜悯之心,拯救了如此多的苦难者。

"何谓善行?"你们问。我的回答是,勇敢就是善行。而女孩子们会说:"美丽动人,这才是善。"

有人指责你们没心没肺:但你们是真心实意的,而我喜欢你们那羞涩的真诚。你们为自己的涨潮而感到愧疚,而别人却为他们的落潮而脸红羞愧。

你们丑陋吗?那么好吧,我的兄弟们!就让崇高包裹着你们,因为崇高是掩盖丑陋之物的外套。

当你们的灵魂日益成长,变得伟大而高傲的时候,在你们的崇高之中也会生出邪恶来。我了解你们。

在邪恶里高傲和软弱可以并存,但是两者势不两立。我了解你们。

对于敌人,你们只应该仇恨而不应该蔑视。你们应当以拥有这样的敌人为荣。如此一来,你们的敌人获得的成功就相当于你们的成功。

反抗——这是奴隶的高贵。让你们的高贵成为服从吧!让你们的命令本身也成为一种服从吧!

一个优秀的战士,更愿意听到"你应该",而不是"我愿意"。而你们所喜爱的一切,你们都应当首先让自己接到命令去实施。

让你们对生命的热爱，成为你们对最大希望的热爱吧：让你们最大的希望成为关于生命的最高思想吧！

然而，你们应当让我来把你们的最高思想命令给你们——那就是：人类是某种应当被超越的东西！

所以，享受你们这服从与战斗的生活吧！长寿有什么意义呢？哪个战士愿意被人宽恕呢？

所以，我战斗中的兄弟们，我不宽恕你们，我从心底里热爱你们！

查拉图斯特拉如是说。

论新偶像

我的兄弟们，别的地方仍有民族和人群，但是此处没有——这里只有国家。

国家？国家是什么？来，现在给我侧耳倾听，因为现在我要向你们谈谈有关民族灭亡的言论。

国家是所有冷酷的怪物中最为冷酷的一个。它也冷酷地说谎；这样的谎言从它的嘴里爬出来："我，国家，就是民族。"

这是一个谎言！他们是一些创建了民族，并将信仰与爱高悬于自己头顶上的创造者：他们就是如是为生命服务。

这是给很多人设下陷阱，并称之为国家的破坏者：破坏者在他们的头上高悬着利剑和数百种欲望。

但凡仍有民族存在的地方，那里的国家就不为人所理解。那里的人们憎恶它，将它视作厌恶邪恶的眼睛和违背法律与风俗的罪恶。

我告诉你们这个特征：每个民族都有其特殊的善恶的语言，这是他们的邻族也不能理解的。每个民族都为其自身的法律与风俗创造出它自己的语言。

但是国家却利用各种善恶的语言来说谎,而无论它说什么,都只是谎言而已;无论它拥有什么,都是偷窃所得。

它身上的一切都是虚伪的,这个爱好咬人的家伙,它用偷来的牙齿咬人。就连它的五脏六腑都是假的。

善恶之语言的混杂:我将此作为国家的特征给予你们。确实,这个特征代表的是死亡的意愿!确实,它招引来死亡的教唆者!

过多的人被带到这个世界,而国家就是为了这些过多的人而发明的!

你们看看吧,它是如何吸引这些多余的人的!它是如何吞食他们!如何将他们放进嘴里咀嚼,再咀嚼!

"在尘世间,没有什么比我更伟大的:我就是上帝发号施令的手指。"这只怪物这样吼叫着。而跪地向它顶礼膜拜的,不仅是那些长耳短视的人们。

啊!你们这些伟大的灵魂啊,甚至对你们,它也低声说着它阴暗的谎言!啊!它猜出了热衷慷慨给予的富有的心灵!

确实,它甚至识破了你们,你们这些战胜了古老上帝的人!你们已经厌倦了战斗,而现在,你们的疲倦又为新的偶像而效劳!

这新的偶像,它乐意将英雄和其他值得尊敬的人安插在其左右!它热衷于沐浴在良知的阳光下,这冷酷的怪物!

如果你们崇拜它,它就愿意给予你们一切,这新的偶像!它就这样将你们那种美德的光辉和自豪的目光买去了。

你们将被它当做诱饵,去引诱太多太多的人!是啊,这是它发明的一个毒招,创造的一匹死亡之马,披挂在马匹上的神圣荣誉的装饰叮当作响!

是啊,这是为很多人发明的一种死亡,一种自夸为生命的死亡。确实，一种为所有死亡的教唆者提供的诚挚服务！

所有的人，不论善恶，都饮毒酒的地方，就是我所谓的国家；所有的人，无论善恶，都自取灭亡的地方，就是我所谓的国家；所有人的慢性自杀都被称为"生活"的地方，就是我所谓的国家。

你们看看这些多余的人吧！他们从发明家那里窃取了作品，从智者那里偷取了财富；他们将自己的偷窃行为称作文明——然而，在他们那里，一切都成为了疾病与灾祸！

你们看看这些多余的人吧！他们总是病态的，他们向别人倾吐苦水，却称之为新闻。他们相互吞食，却难以消化。

你们看看这些多余的人吧！他们获取财富，却因此而变得更加贫穷。他们追求统治权，首先是权力和大量的金钱——这些软弱无能的家伙！

你们看看这些四肢灵活的猴子的攀爬之术吧！他们彼此相互攀爬，相互推搡，最终落入深渊泥潭之中。

他们都在努力地争取王位。这是他们几乎疯狂的追求，似乎幸福就存在于王位之中。其实王位的宝座上往往沾满了泥泞，即使宝座本身也常常是稀泥堆砌起来的。

对我来说，他们所有人就像是些疯子，或是一些攀爬的猴子，过于急切。他们的偶像，这冷酷的怪物，散发出腐臭的味道；他们所有这些人，这些偶像的崇拜者，都散发出令我作呕的腐臭的味道！

我的兄弟们，你们难道愿意在他们的嘴巴和胃里散发出的腐臭味道中窒息吗？不如打破窗户，跳到窗外！

远离这腐臭的味道吧！与这些多余的人的偶像崇拜保持距离！

远离这腐臭的味道吧！与这些人肉祭品的气味保持距离！

如今，只有伟大的灵魂，才能在尘世间享受自由的生活。

现在仍有许多地方，沉浸于安静的海洋的气息之中，形单影只的人或是成双结对的人都适于在那里居住。

现在有一种自由自在的生活仍然为伟大的灵魂敞开着。确实，一个人所占有的越少，他所负担的也就越少：清贫者应当受到赞美和保佑！

只有在国家不复存在的地方，才不会有多余的人：真正的需求之歌，那独一无二、不可取代的旋律，才开始奏响。

在国家终止的地方——你们向我这边看啊，我的兄弟们！你们难道没有看见它，那彩虹和通往超人的桥梁吗？

查拉图斯特拉如是说。

论市场的蚊蝇

逃避吧，我的朋友，逃入你的孤独中去！我看见你被大人物的喧哗所淹没，被小人物的讥讽所蜇伤。

在那里，森林与岩石知道如何怀着敬意与你一同沉默。重新效仿你所喜爱的那些粗枝茂叶的大树吧——它安静而专注地铺展在大海之上。

孤独终止之处，便是市场开始的地方；而市场开始的地方，也就是那些伟大的演员的喧闹和毒蝇的嗡嗡之声开始的地方。

在这个世界上，即使是最美好的事物，如果没有人展示它们，也会变得毫无价值：民众将这些展示者称之为大人物。

民众很少能理解何谓伟大，也就是创造性。但是他们却能够欣赏一切伟大事物的展示者与演员。

这个世界以新价值的发明者为中心——它无形地旋转。可是群众与荣誉却围绕着演员旋转：这正是世事的运转。

演员有精神，却很少有精神的良知。他总是相信那些使别人对他百般信任的东西，使人相信他自己。

明天他将有一个新的信仰，后天他会有一个更新的信仰。他如同群众一样，拥有敏锐的洞察力和复杂易变的幽默。

颠覆——对他来说，意味着证明。使人疯狂——对他来说，意味着说服。在他看来，流血无异于一切理由中最有力的论据。

只有敏锐的耳朵才能够捕捉到的真理，他将其称之为虚伪与空谈。确实，他只相信那些在世间大声喧哗的神祇们！

市场中充斥着吵吵闹闹的小丑们。然而民众们却以他们这些大人物为荣；在民众们看来，他们就是当今世界的主宰。

但是时间紧迫，所以他们逼迫你。他们甚至逼迫你说出"赞同"或是"否定"。那么，你是打算"支持"还是"反对"呢？

为了这些专横而不耐烦的人的缘故，不要心怀嫉妒吧，你这热爱真理的人啊！真理从来不会依附于任何一个专制蛮横之人。

因为这些唐突者的缘故，还是离开这片是非之地，回到你的安宁中去吧：只有在市场上，人们才会遭遇到"是"与"非"的问题。

对于所有的深井来说，体验事物十分缓慢：它们必须历经很久的时间，才会知道坠入井底的究竟是什么。

只有在远离市场和荣誉的地方，一切伟大的事情才会发生：新价值的创造者，总是居住于远离市场与荣誉的地方。

我的朋友，逃离吧，逃入你的孤独中去！我看到你全身都被毒蝇所蜇伤。逃到那吹着刺骨的狂风的地方去吧！

逃回到你的孤独中去！你生活在太接近这些卑微的小人物与可怜虫之处。远离他们那无形的报复吧！对于你，他们一心只想着寻求报复。

不要再向他们举起手臂！他们多得不计其数，而你也并非命中注定要成为一个蝇拍。

这些卑微的小人物与可怜虫多得不计其数；而许多巍然屹立的高大建筑物，只是因为雨点和杂草而毁于一旦。

你不是石块，然而细密的雨点已经在你身上留下了千疮百孔。这无数的雨点会将你粉碎、爆裂。

我看出你已经因为毒蝇的蛰咬而精疲力竭；我看出你身上的千百个伤口因此而受伤流血；然而你的高傲甚至不屑于发泄怒火。

它们懵懂地只想吸吮你的鲜血，因为它们贫乏的灵魂渴求着你的血液——因此，它们懵懂地蛰咬你。

但是，你这位深沉者，即使是轻微的创伤，也会使你遭受深深的痛楚；而且旧伤尚未愈合，同样的毒虫就又在你的手上爬行。

我知道你太过高傲，不会杀死这些贪吃甜食的家伙。但是请你小心，你并非注定要忍受它们所有罪恶的不公正行为。

它们围绕着你嗡嗡乱叫，甚至对你大加赞颂。可是它们的称颂无异于骚扰，它们的目的也只是接近你的皮肤与你的血液。

它们奉承你，就像是奉承一个神祇或是魔鬼；它们在你面前哭泣，就像是在一个神祇或是魔鬼面前哭泣一般。这又有什么关系呢！它们不过是一些谄谀者和哀诉者罢了。

它们往往也会在你面前表现出友善可亲的样子。但这始终是胆小懦弱者的计谋。是啊，懦弱者是狡黠的！

它们总是用自己狭隘的灵魂考量你，它们认为你始终是不可信任的！常常被人们加以考虑的一切最终都是值得怀疑的。

它们因为你的全部美德而惩罚你。它们在心底里宽恕你的只是——你的错误。

因为你为人正直，仁慈善良，你说："它们卑贱地生存着，它们是无辜的。"但是它们狭隘的灵魂却在想："一切伟大的生存都是有罪的。"

你对它们再仁慈和善，它们也总是觉得你在轻视它们；它们用隐秘的罪恶行径来回报你对它们的恩惠。

你沉默的骄傲始终与它们的趣味相左；当你一旦足够谦卑而显得轻佻时，它们便会欣喜异常。

我们在一个人身上所辨认出的东西，我们也在他身上激发出来。因此，我们要提防那些卑微小人！

在你的面前，它们会感到卑微，它们的卑微在无形的报复中向你发光发热。

难道你没有发现，你一走近它们，它们就会立即缄默不语？它们的力量就会立即消失殆尽，就像黑烟从熄灭的火中消散一样？

是啊，我的朋友，你让你的邻人们感到羞愧不安，因为他们不配得到你的善待。因此他们痛恨你，并一心想吸你的血。

你的邻居将永远是一些毒蝇；而你的伟大之处——它本身就必然使他们变得更加恶毒，更像毒蝇。

逃走吧，我的朋友们，逃入你的孤独中去！逃到那刮着刺骨强风的地方去！你并非命中注定要做个蝇拍！

查拉图斯特拉如是说。

论贞洁

我爱森林。在城市里生活太糟糕了,因为那里充满了太多强烈的欲望。

落入一个谋杀者的手中,难道不比落入一个充满强烈情欲的女人的梦中要好吗?

请你们看看这些男人的嘴脸吧:他们的眼睛出卖了他们——他们不知道世间还有什么事情会比躺在一个女人身边更美好的了。

他们的灵魂深处充满了污秽;啊,但愿他们的污泥中仍然还有精神!

但愿你们是完美的——至少作为动物是如此!但是即使是兽类,也有其纯真的一面。

我劝你们磨灭了自己的本性了吗?我只劝你们保持本性中的纯真。

我劝说你们恪守贞洁了吗?贞洁对于一部分人来说是一种美德,而在很多人眼中,却几乎是一种罪恶。

这些人的确十分自制,但是母狗一般的淫欲嫉羡地从他们的所作所为中体现了出来。

这只动物紧随着他们到达了他们美德的高度,直至进入了他们冷酷的精神。

当这一兽欲索要一块肉的要求遭拒之时,它将多么懂得如何用最温柔的态度来乞讨一点点的精神!

你们热爱悲剧和所有令人心碎的东西吗?但是我不能信任你们那兽类的淫欲。

你们拥有太过残酷的眼睛,充满贪婪地注视着那些处于苦难中的人们。你们不是伪装起你们的淫欲,并为其取名为苦难之友吗?

我再给你们打个比方：想驱逐他们的恶魔，却最终落入了猪群的人们并不在少数。

对于难以保守贞操之人，则应当劝说他，不要让贞操成为通往地狱之路——也就是导致灵魂的污秽与淫荡。

我是在谈论着淫秽之事吗？在我看来，这还不算是最糟糕的事。

求知者不愿涉入真理之水，不是在真理之水污秽之时，而是在真理之水浅薄之时。

确实，有很多人由表及里都是贞洁的：他们内心更为温柔，他们笑得比你们更由衷、更频繁。

他们也常常嘲笑贞洁，并问道："贞洁是什么？"

贞洁难道不是一件愚蠢的事情吗？但是，这一蠢事往往是主动送上门来，而不是等着我们去找它。

就让我们为这位客人提供港湾，敞开心扉吧：让他与我们住在一起——想住多久就住多久！

查拉图斯特拉如是说。

论朋友

"即使是一个人，对我来说也是太多了。"隐居的人这样想着，"以前总是一个，到了最后就变成了两个！"

因为我与自己总是在进行着热切的交谈，如果没有一个朋友，我如何能够忍受得了呢？

对于一个隐居者来说，朋友永远都是一个第三者：这个第三者就好像浮在水面上的一段软木，它阻止两个人的交谈向深处发展。

啊！对于所有的隐士们来说，他们有太多的深渊。所以他们如此渴望一个朋友，渴望着他的提升。

我们信任别人，却透露出我们喜欢信任自己之处。我们对朋友的渴求，暴露了我们的思想。

我们常常想用爱来超越嫉妒之情。我们常常攻击别人，并与别人为敌，只是为了掩盖我们自己的脆弱。

"你至少应该成为我的敌人吧！"真正的尊严这样说，它不敢冒险要求友谊。

如果你需要一个朋友，你就不得不也愿意为他而进行战争；而为了作战，你就必须具备做敌人的能力。

一个人仍然应该尊敬他的朋友身上敌人的那一面。你能走近你的朋友，而不凌越他吗？

一个人应当在他朋友的身上找到自己的死敌。当你反对他的时候，应该最为贴近他的内心。

你愿意在你的朋友面前一丝不挂吗？你在你的朋友面前显露出你的真实面目，应该是出于你对他们的尊敬吧？但是，他却因此而将你打发给魔鬼！

对自己毫不掩饰的人很震惊：你们有多么充足的理由来畏惧裸体啊！是的，如果你们是神灵，你们就会因为自己穿了衣服而感到耻辱！

对你的朋友来说，你怎么装饰都不为过：因为，对于他来说，你应当是一支箭，是一种对超人的渴望。

为了想知道你朋友的模样，你曾经见过他睡觉吗？你朋友的面貌通常是什么样子的？那正是你自己的面容，是映在一面粗糙而残缺不全的镜子里的你的面容。

你曾经见过你朋友睡觉时的样子吗？你不为他的这副相貌感到吃惊吗？哦，我的朋友，人类就是某种必然被超越的东西。

朋友应该成为预言与保持沉默的大师：你不必想要看见这一切。你的梦境将会向你揭示在你的朋友清醒时所做的一切。

你的怜悯之心也应当成为一种预测：首先要了解你的朋友是否愿意接受你的同情。也许他喜爱你那无动于衷的眼神和你永恒的目光。

应该将你对朋友的同情深藏于一个牙齿都咬不动的坚硬的外壳里。只有这样，这种同情才能充满体贴与温情。

对于你的朋友来说，你是新鲜的空气、清净、面包与药物吗？许多人无法解脱自己的束缚，然而他们却是朋友的救星。

你是一个奴隶吗？那么，你就无法成为一个朋友。你是一个暴君吗？那么，你就无法拥有朋友。

长久以来，女人身上既潜藏着奴隶的一面，也隐藏着暴君的一面。因此女人不会理解友情，她们只懂得爱情。

恋爱中的女人总是会以偏激或盲目的态度来看待她所不爱的一切。即使是在理智的女人的爱情中，与光明俱来的，也始终有意外、闪电与黑夜。

女人尚不懂得友谊，她们始终只是些母猫和小鸟。或者，说的好听一点，是母牛而已。

女人尚不懂得友谊。但是，请告诉我，你们这些男人们当中，又有谁了解友谊呢？

哦，你们这些男人们啊！你们的贫乏，你们灵魂的肮脏，多么可怜！你们给予朋友多少，我就同样要给予我的敌人多少，而我丝毫也不会因此而变穷。

现在已经成为了伙伴关系：但愿还将拥有友情！

查拉图斯特拉如是说。

论一千零一个目标

查拉图斯特拉曾见过很多国度、很多民族：于是他发现了许多民族的善与恶。在这尘世间，查拉图斯特拉没有发现比善恶更强大的力量。

任何民族要想生存就必须首先进行评价；而一个民族想要自我维系，就必须与其他民族的评价标准有所区分。

许多被这个民族认为是好的事物，往往被另一个民族视作可耻与蔑视的对象——我发现的情况大致如此。很多在我看来是恶的东西，在别处却被视为至高无上之物。

一个人永远无法理解他的邻人，他的灵魂始终会为邻人的疯狂与邪恶而惊讶无比。

每个民族的头顶上都高悬着一块美德之匾。你瞧，这是他们的胜利之匾；你瞧，这是他们权力意志所发出的声音。

他们认为得来不易的，正是值得赞美的；既不可或缺又得来不易的正是好的。而那最为独特、最为难得的，能够将事物从极大的困境中解救出来的——则被称为神圣。

它统治一方、身经百战、光辉灿烂，激起了它左邻右舍的恐惧与嫉妒：它被视为至高无上之物，被视为评价其他事物的标准与原则。

确实，我的兄弟们啊，如果你了解一个民族的需求、土地、天空与邻居：你就会理解它无往不胜的法则，以及它为什么会登上这条通往希望的阶梯。

"你应当始终力争优秀，超越他人。除了朋友之外，你那嫉妒的灵魂不应当再爱任何人。"这使一个希腊人的灵魂为之颤抖，他由此而踏上了伟人的征途。

"要说实话，要擅长使用弓箭。"这句话对于那个出自我的名字的民族来说，似乎既令人高兴又难以做到。

"尊敬父母，并从灵魂深处顺从他们的意志"——另一个民族将这块无往不胜的匾额高悬于他们的头顶，并因此变得强大而长盛不衰。

"忠诚守信，为了忠诚之故而不惜将荣誉与鲜血投入到危险而可怕的事业中去"——另一个民族如此教导自己，并且通过这样的自我克制，它孕育了沉重、巨大的希望。

确实，人类将他们一切的善与恶赠予自己。确实，他们未曾索要，也未曾察觉，善恶并非是上天赐予他们的。

人类为了自我生存，而赋予万物以价值——他创造了万物的意义，也就是人类的意义！因此，他们称自己为"人"，即评价者。

评价就是创造。听啊，你们这些创造者！评价本身对于一切被评价之物来说，是最为珍贵的。

只有通过评价才能产生价值，缺乏了评价，一切生存的坚果就只是空壳。听吧，你们这些创造者！

价值的改变——也就是创造者的改变。创造者总是摧毁旧价值。

创造者首先是整个民族，后来才成为个人；确实，个人本身就是最新的创造物。

各个民族都曾在自己的头上高悬着一块善行的匾额。对统治与对服从的偏爱共同创造了这样的匾额。

群体的快乐总是比自我的快乐更为悠久。只要群体问心无愧，那么感到愧疚不安的就只会是"自我"。

确实，狡猾的"自我"，这个企图在大多数人的利益中追求自己利益的无情者。这并不是群体产生之源，而是群体毁灭的祸首。

始终是充满爱心的人与创造者创造了善与恶。无论是爱火还是怒火，都以道德的名义在熊熊地燃烧。

查拉图斯特拉走过很多地方，见过很多民族。他发现在这尘世间没有比充满爱意的人的作品更伟大的力量了。他们将这一作品称之为"善"与"恶"。

确实，这种赞美与责备的权力是一种怪物。你们告诉我，我的兄弟们，谁能帮我制服它呢？你们告诉我，谁能在这怪物的上千条脖颈上套上这一锁链？

迄今为止，我们有一千个目标，因为有一千个民族。但是仍然没有套在上千根脖颈上的那条锁链。所以，还缺少那一个目标，那是人类应有的目标！

可是，请你们告诉我，我的兄弟们，如果人类仍然没有目标，是不是说，也就没有人类本身呢？

查拉图斯特拉如是说。

论友爱邻人

你们围聚在邻人的周围，向他们大献殷勤，并且将此事形容得很美好。但是让我来告诉你们吧：你们对邻人的爱，不过是你们对自己的错爱。

你们为了躲避自己而逃向邻人，并且欣然将此当做一种美德，但是我看透了你们的这种"无私"。

"你"比"我"更老，"你"被视若神灵，而我却无此殊荣，所以人们都急切地向邻人示好。

我劝说你们去友爱自己的邻人了吗？我不如劝说你们远离近邻，而去关爱远邻吧！

关爱最遥远的人与未来之人，要比关爱近邻崇高得多；同理，对事物与幽灵之爱，要高于对人类之爱。

我的兄弟，这奔跑在你面前的幽灵要比你更为美丽；为什么你不把自己的血肉之躯全部奉上呢？但是，你畏惧了，你

有人去邻人那里,是为了找寻自我;而另外一些人去邻人那里的目的在于忘却自我。你们糟糕的自爱将孤独变成了你们的一座监狱。

逃到邻人那里去。

你们不能容忍你们自己,也并不足够关爱自己;因此现在你们试图引诱邻人去爱,而用他的错误来为自己镀金。

但愿你们不要容忍任何近邻与近邻的邻人;因此,你们不得不从自身中创造出你可以对其尽情倾诉的朋友。当你们想要自我称赞的时候,就去为自己找来一位证人;如果你们能引导他,使他对你有所颂扬,其实是你们在心里称赞自己。

不仅说话违背自己的认识的人说谎,更有甚者,说话违背了自己的纯真的人也说谎。所以,你们在谈话中讨论自己,并且用你们自己来欺骗邻人。

蠢人会这样说:"与人交往会破坏一个人的个性,尤其是对那些毫无个性的人而言。"

有人去邻人那里,是为了找寻自我;而另外一些人去邻人那里的目的在于忘却自我。你们糟糕的自爱将孤独变成了你们的一座监狱。

远方的人会因为你们友爱邻人而付出代价;相当于当你们五个人相处友好的时候,第六个人常常可能总得死去。

我甚至也不喜欢你们的那些节日活动,因为我在那里发现了太多的演员,甚至观众的行为举止也与演员类似。

我教给你们的不是关爱邻人,而是结交朋友。让朋友成为你们在尘世间的节日吧,让他们成为对超人的预感吧。

我向你们宣讲朋友与他们感情丰富的内心。可是,你们如果想被朋友以洋溢着热情的内心所关爱,你们就必须学会像海绵一样汲取那样的友谊。

我向你们宣讲这个内心中存在着完整世界的朋友,一个盛满了善的容器,一位始终拥有完美的世界以供奉献的创造者朋友。

世界为他而旋转着展开,又重新为他一圈圈地旋转着聚拢，正如从恶中生出善，由偶然生成目的一样。

让将来与最远者成为你今日的动机吧，对于你的朋友，你应当爱他身上所具备的超人的品质，并将此作为你的动力。

我的兄弟们，我不劝说你们关爱邻人，我只劝你们关爱最远的人。

查拉图斯特拉如是说。

论创造者之路

我的兄弟们，你愿意处于孤独之中吗？你愿意寻找通往你自己世界的道路吗？请你停留片刻，听我说几句话。

"寻觅者很容易迷失自我，一切孤独都是错误的。"群体会这样说，而你很久以来就属于这个群体。

这个群体的声音仍将在你心中回响。当你说"我与你们再没有共同的良知了"的时候，那将成为一种悲叹与痛苦。

瞧啊，这同样的良知孕育了这痛苦本身，而这一良知的最后一丝微光仍然灼烧着你的苦难。

但是你愿意走上那条通往你自己的苦难之路吗？那么就把你这样做的权威与魄力表现出来吧！

你是一种新的力量与新的权威吗？你是一种原始的动力或者自身旋转的轮子吗？你也能够吸引星球们围绕着你而旋转吗？

啊！世间有那么多向上攀爬的欲望和野心！请证明给我看你并不属于这个利欲熏心的阵营吧！

啊！有那么多伟大的思想，它们不过充当了一只风箱的功能，它们不断地膨胀，同时也变得更为空虚。

你认为自己获得了自由吗？我希望听听你的主导思想，而不是听你说你已经摆脱了一种束缚。

你有权逃离一种束缚吗？很多人在摆脱他们的束缚的同

时，也失去了他们自身最后的价值。

摆脱了什么呢？这对于查拉图斯特拉来说有什么关系？然而，你明亮的眼神应该清楚地告诉我：为了什么而摆脱？

你能够把你的善恶给予自己吗？你能够将你的意志作为法律置于自己的头顶吗？你能够既成为自己的法官，又充当你自己法律的复仇者吗？

与既是法官又是你自己法律的复仇者单独相处是最为可怕的。就好像一颗星星被投入荒凉的夜空，或被抛入透着冰冷气息的孤独之中。

你一个人，如今仍然忍受了众人的苦头，今天你仍然拥有自己毫无减退的勇气和你的希望。

然而，有朝一日你会因孤独而心生厌倦，你的高傲将俯首屈服，你的勇气将土崩瓦解。那时候你会大叫："我好孤独！"

终有一日，你将再看不到自己的崇高，而更接近地看到自己的卑微低下；即使你的崇高品质也好像幽灵一般使你害怕。有一天你会大喊："一切都是虚伪的！"

有一些感情想要毁灭孤独者；如果做不到这一点，它们就不得不自己消亡。但是你能扼杀这些感情吗，就像一个谋杀犯那样？

我的兄弟，你理解"轻蔑"这个词吗？你是否知道，你的正义之苦，在于为蔑视你的人伸张正义？

你强迫很多人改变对你的看法；他们要让你为此付出沉重的代价。你走近了他们，然后又离他们远去，因此他们永远不会原谅你。

你超越了他们；可是你攀爬的高度越高，你在他们嫉妒的眼中就显得越小。然而，飞行的人是最会遭人憎恨的。

"你们怎么可能对我公正？"你必然说，"我要将你们对我的不公正当做我命中应得的一部分。"

他们将不公与诋毁抛向了孤独者,不过,我的兄弟,如果你想要当一颗星星,你就必须既往不咎地去照亮他们!

同时,要对那些善良而公正的人保持警惕!他们总是很愿意把那些为自己创造出道德的人钉在十字架上,加以折磨。他们憎恨孤独者。

也要警惕神圣的单纯!因为对于他们来说,一切不单纯的东西都是不神圣的;同样,他们也很喜欢玩火,那处死犯人的柴火或刑火。

还要警惕你的爱情的突然来袭!隐居的人总是太过急切地把自己的双手伸向他所遇到的人。

对于很多人,不要向他们伸出你的双手,只需要伸出你的脚:并且是那长着利爪的脚。

可是你所能遇到的最大的敌人永远只是你自己;你在洞穴或森林中伏击的只是你自己。

孤独者,你走上那通往自己的道路吧!行路的途中你经过了你自己,也经过了你的七个魔鬼!

你将成为自己的异教徒,成为巫师、算命者、傻瓜、怀疑论者、亵渎者和恶棍。

你情愿在你自己的火焰中焚毁自己,如果你未曾先燃烧成为灰烬,你如何想要获得新生!

你这孤独的人,你走在创造者的道路上,你要从你这七个魔鬼中为自己创造出一位上帝!

你这孤独的人,你走在钟情者的道路上,因为你最爱自己,所以你轻视自己。就像钟情者之间的相互轻视。

钟情者渴望创造,因为他蔑视!一个人如果不是被迫去恰恰轻视自己的所爱之物,那他对于爱又知道些什么呢!

我的兄弟,带着你的爱、你的创造,回到你的孤独中去吧。最终,公正会拖着跟跄的脚步尾随你而来。

我的兄弟，带着我的眼泪，回到你的孤独中去吧。我热爱那些追求超越自己而进行创造，并因此而奔赴死亡的人。

查拉图斯特拉如是说。

论年老与年少的女人

"查拉图斯特拉，你为什么要在这黄昏的暮色中悄悄地潜行呢？你在你的大衣里小心地藏着什么东西呢？

"是别人送给你的一件宝贝，还是一个你亲生的婴儿？抑或是你干起了偷盗的行当，你这恶人的朋友？"

确实，我的兄弟！这是别人赠予我的一件珍宝，我怀揣着的是一个小小的真理。

但是它像一个孩子那样顽皮，如果我不捂住它的嘴，它就会过于大声地尖叫。

今天当我独自漫步在路上，在日落西山的时候，遇到了一位老妇人。于是她对我的灵魂如是说：

"查拉图斯特拉对我们女人说过很多话，可是他从来没有说过有关女人的话题。"

于是我回答她："关于女人的话题，人们只与男人谈论。"

"也与我谈谈女人吧！"她说，"我已经够老了，听过很快就会忘记的。"

于是我答应了那位老妇人，对她如是说：

"关于女人的一切都是一个谜，女人身上的一切都只有一个谜底：那就是怀孕。

"对于女人来说，男人不过是一个工具，那个目的始终是孩子。但是女人对于男人来说意味着什么呢？

"真正的男人需要两种不同的东西：危险与娱乐。所以他们想要女人充当他们最为危险的玩物。

"男人应当接受战争的训练,而女人则应当接受为战士提供娱乐的训练,其余的一切都是蠢行。

"战士们不喜欢太甜的水果。因此他们喜欢女人;即使最甜的女人也带有苦味。

"女人比男人更了解孩子,但是男人比女人更加孩子气。

"在真正的男人身上也藏着一个孩子,一个贪玩的孩子。来吧,你们这些女人们,把男人身上的那个孩子找出来吧!

"让女人成为一个玩物,像宝石一样纯洁、美好,被一个尚未到来的世界的美德所照耀。

"让那颗星辰的光芒在你们的爱中闪耀吧!让你们的希望说:'但愿我孕育了超人!'

"让你们的爱中充满勇气吧!用你们全部的爱意去袭击那些使你们感到恐惧的人吧!

"让你们的爱成为你们的荣誉吧!否则,女人对荣誉一无所知。但是,让它成为你们的荣誉吧,你所付出的爱永远要比你得到的爱多,决不要与之相反。

"让男人畏惧恋爱中的女人吧,这时的女人总是愿意为爱付出一切,因为别的一切东西在她们看来都毫无价值。

"让男人畏惧仇恨中的女人吧,因为男人的灵魂深处只是邪恶,而女人的灵魂深处却是使坏。

"女人最憎恨谁?正如铁对磁石说:'我最恨你,因为你吸引我,然而吸引力又不够强大到使我靠近你。'

"男人的幸福在于:'我要。'女人的幸福在于:'他要。'

"'你瞧,世界现在变得完美了!'当每一个女人以她全部的爱来顺从的时候,她就会这样想。

"女人必须服从,并且为她的肤浅寻找一个深度。肤浅是女人的灵魂,就好像漂浮在浅水上的一层游移不定的水雾。

"然而,男人的灵魂则是深邃的,就好像在地下的洞穴中涌动的奔流，女人能体会到它的力量，却无法理解它。"

这时候，那个老妇人回答我说："查拉图斯特拉说过很多绝妙的东西，尤其是对于那些年轻的女人来说浅显易懂的警言妙语。

"很奇怪啊，查拉图斯特拉对女人知之甚少，但是他所说的有关女人的谈论却言之有理！其原因是否在于，对于女人来说，没有什么事情是不可能的？

"现在，出于感激之情，请你接受一个小小的真理吧！我的年纪已经够大了，足以说出这个道理！

"把它裹起来，捂住它的嘴巴，否则，这个小小的真理就会高声尖叫！"

"把你那个小小的真理给我吧！女人！"我说。而那个老妇人如是说：

"你要到女人那里去吗？别忘了带上你的鞭子！"

查拉图斯特拉如是说。

论毒蛇咬的伤口

有一天，由于天气炎热，查拉图斯特拉用手遮住脸，在一棵无花果树下睡着了。这时候，有一条毒蛇过来在他的脖子上咬了一口，查拉图斯特拉痛得尖叫起来。他把手臂从脸上移开，注视着毒蛇；而毒蛇此时也认出了查拉图斯特拉的眼睛，它立刻笨拙地扭动着身体，想要逃走。

"没事儿，"查拉图斯特拉说，"你还没有接受我的感谢呢！我的旅途还长着呢，幸亏你及时叫醒了我。""你的旅途很短了，"毒蛇悲伤地说，"我的毒液是致命的。"查拉图斯特拉笑着说："一条龙怎么会死于一条蛇的毒液呢？不过，还是把你的毒液拿回去吧，你还没有富裕到要将它赠予我的程度。"于是毒蛇再一次爬上了他的脖子，舔干了他的伤口。

当查拉图斯特拉把这件事情告诉他的门徒的时候，他们问道："哦，查拉图斯特拉啊，这个故事的寓意是什么呢？"查拉图斯特拉这样回答他们：

"善良与正义的人们称我为道德的破坏者，我的故事是非道德的。

"然而，当你们有敌人时，你们不要以德报怨：因为那样会使他感到羞愧。你们应当向他证明，他做了对你们有益的事情。

"宁愿对人发怒，也不要使人难堪！如果你们受到诅咒，我并不赞成你们以祝福回报。不如也报之以些许的诅咒吧！

"如果你们遭受了一个极大的不公，那么赶紧制造出五个稍小的不公吧！独自承担不公看起来是件很可怕的事情。

"你们知道吗？被分享的不公正是半个公正。能够承受不公正的人，就应当将它承担起来！

"一个小小的报复比毫无报复更为人道。如果惩罚对于违法者来说并不同样意味着一种权利与荣誉，那么我并不喜欢你们的惩罚。

"承认自己的错误比为自己的错误辩护更加高尚，尤其是当你站在正义的一边时。只是你必须有足够的宽容这样做。

"我不喜欢你们冷冰冰的正义；在你们那法官般的眼神中，总是透出刽子手与他那冰冷的刀剑似的寒光。

"你们告诉我，我们在哪里能够找到正义，即那体察一切的爱意呢？

"那你们就为我发明出这样的爱吧，它将不仅承担一切的惩罚，而且承担一切的罪恶！

"那你们就为我发明出这样的正义吧，除了法官之外，它能够赦免所有的人！

"你们还想听一听诸如此类的话吗？对于那些由衷地追求正义的人来说，甚至谎言也能变成慈善。

"但是我怎么能由衷地想追求正义呢！我怎么能给予每一个人他的所求呢？我能做到这一点就已足够：把属于我自己的给予每一个人。

"最后，我的兄弟们，千万别对任何一个隐士有所不公！隐士又怎会遗忘！他怎会回报！

"隐士就像一口深井。往井里扔一块石头很容易；然而，如果石头沉入井底，告诉我，谁又将它重新取出来呢？

"不要伤害那些隐士！可是如果你现在已经伤害了他，那么，干脆把他杀了吧！"

论孩子与婚姻

我的兄弟，我想单独问你一个问题，我将这个问题作为探测的铅坠扔进你的灵魂，据此了解它的深度。

你很年轻，渴望娶妻生子。可是让我问你：作为男人，你有资格渴求孩子吗？

你是个胜利者吗？你战胜了自己吗？你能掌控自己的感情吗？你能够主宰自己的美德吗？我要问你的就是这些。

在你那渴望中体现出来的是兽性及其需要吗？还是对孤独的恐惧？或是自己内心矛盾的体现？

我希望是你的胜利与你的自由渴望有一个孩子。你应当为你自己的胜利和你的解放建立鲜活的纪念碑。

你应该建立超越自己的东西。不过，你应当首先建造出自己，建造出自己方正的灵魂和肉体。

你不仅应当繁衍种族，而且应该努力向上！让婚姻的花园来帮你达到这个目的吧！

你应该创造出一个更高种类的身体，一个起始的运动，一只自转的轮子,总之,你应该创造一个创造者。

婚姻,我将其称作双重意志,它所创造的要强于创造者本身。彼此相互尊重,婚姻就是对这一意愿的执行。

但愿这成为你婚姻的意义和真理。但是,那些为数众多的、无用而多余的人的婚姻。啊,我又应当如何称呼呢?

啊!是成双人对的灵魂的贫乏!啊,是成双人对的灵魂的肮脏!啊,是成双人对的灵魂可怜的自满!

他们将这一切称之为婚姻,并且还声称,他们的婚姻是上天注定的。

好吧,我可不喜欢它,那多余者的天堂!不,我不喜欢他们,那些被缠在天网里的动物!

让上帝也远离我吧!他曾步履蹒跚地走来祝福那些尚未配偶者。

不要嘲笑这样的婚姻!哪个孩子会没有理由为自己的父母哭泣呢?

深谙尘世意义的男人,在我看来,是值得尊敬的男人、成熟世故的男人。但是当我看到他的妻子时,我觉得世间就好像一个收容疯子的居所。

是啊,当我看到一个圣徒与一只鹅成为配偶时,我真希望世界会在抽搐中颤动。

这个人像英雄一般出发去找寻真理,最后为自己找到的却是一个掩饰不佳的小谎言。他将其称之为他的婚姻。

另外一个人有所保留、有所选择地与人交往。当有一天,他永远地毁坏了所有的同伴时,他就称其为他的婚姻。

还有一个人在寻找一个拥有天使般美德的女仆。但是突然间他变成了一个女人的女仆,他现在只需要变成一个天使。

我现在发现,所有的人在买东西的时候都十分小心,眼中流露出精明的神色。但是即使是他们当中最精明的人,在选择妻子时都难免犯糊涂。

很多短视的愚蠢行为——被你们称之为爱情。这些短暂的蠢行往往以婚姻的形式而结束，取而代之的是为时更长的愚蠢行为。

你们对女人的爱，和女人对男人的爱：啊，但愿这是对痛苦者和被蒙蔽的神灵的怜悯！不过，一般来说，爱情总是两个人的彼此照亮。

然而，即使是你们最美好的爱情，也只不过是一个令人痴迷的比喻和一种痛苦的热情。它是一个火炬，可以为你照亮通往高处的路途。

终有一天你们应该超越自己去爱！因此你们首先应当学会如何去爱。为此你必须将那杯爱的苦酒一饮而尽。

即使是最美好的爱情的杯中也有苦味：这样才能引发你对超人的渴望；这样它才能引起你的干渴，你这位创造者！

干渴对于创造者来说，是爱之箭与对超人的渴望：说吧，我的兄弟，这就是你婚姻的意志吗？

我将这样的一种意志与这样的一种婚姻称之为神圣。

查拉图斯特拉如是说。

论自愿死亡

很多人死得太晚，而另一些人则死得过早。"在合适的时间死去！"这样的准则听起来很令人奇怪。

在合适的时间死去——这就是查拉图斯特拉的教导。

确实，那些没有在合适的时间出生的人，如何能在合适的时间死去呢？但愿他就从未出生！这是我对那些多余的人的忠告。

可是，即使是那些多余的人，也对他们的死煞有介事，就好像即使是中空的坚果，也愿意被砸开一样。

所有的人都将死亡看得很重要，但是死亡并非一个节日。人们还没有学会该如何为最美好的庆典举行开幕典礼。

我要向你们说一说完美的死亡，成为对生者的一种激励与希望的死亡。

完美的死亡，是作为胜利者，死于成功之中，周围被满怀希望者与许愿者所包围。

因此，人们应当学会死亡；如果垂死之人不能在庆典中将生者的誓言神圣化，就不该有这样的庆典。

这样死去是最好的方式；其次就是在战争中死去，为伟大的精神而牺牲生命。

但是，既遭到战士的讨厌，同样也遭到胜利者的憎恨的，是你们那奸笑的死神，它就像小偷一样悄悄地逼近，却像主人一般到来。

我要向你们赞扬我的死神，这位自由的死神，它向我走来，因为我愿意。

而我将在什么时候愿意它的到来呢？拥有一个目标和一位继承人的人，愿意在合适的时间为了目标与继承人而迎接死神。

并且，出于对目标与继承者的尊重，他将不会再把凋谢的花环悬挂在人生的殿堂中。

确实，我不愿意像那些制绳子的人那样，绳子编得越长，自己越往后退。

有很多人都活得太长了，承受不了他们的真理与胜利；老到牙齿都掉光了的人不再拥有掌握每一条真理的权利。

追求名誉的人，必须尽早地放弃荣誉，操练那能够适时离开的高难度的技巧。

当你最为美味的时候，就不应当让别人再来品尝你：那些想要长久地得到别人喜爱的人都懂得这一点。

毫无疑问，酸苹果的命运必须等到秋季的最后一天才能明了，但是与此同时，它们也会变黄、萎缩、烂掉。

有些人是心力先衰，另一些人则是精神先萎靡。有些人在年轻时就已衰老，而迟来的青春则会保持得更为长久。

对于很多人来说，生命是一种失败，就像一条有毒的虫子在啃噬他们的内心。那么让他们看到自己的死亡，反而是一种成功。

很多果实永远不会变甜，它们在夏天就已经腐烂。是怯懦将它们牢牢地挂在枝头。

很多人在这世上活得太长，他们像果实那样在枝头挂了太久的时间。但愿来一场暴风雨，将所有这些挂在枝头的腐烂和被虫蛀的果实摇落！

让速死的鼓吹者到来吧！对我来说，他们才是及时雨和人生之树的摇撼者！但是我只听到那些延缓死亡的教导，和耐心地对待整个"尘世"的宣讲。

啊，你们要宣扬对这个"尘世"的忍耐吗？这尘世所忍耐你们的已经太多了，你们这些亵渎神灵的家伙！

确实，被那些倡导延缓死亡的布道者所尊崇的那位希伯来人死得太早了：他过早的死已经被很多人证明是一场灾难。

这位叫耶稣的希伯来人，当时他只能理解希伯来人的眼泪和悲哀，以及对善良与正义的憎恨，于是，渴求死亡的念头控制了他。

但愿他仍留在荒野中，远离善良与正义的人！那样，也许他能学会生活，学会热爱尘世以及大笑！

兄弟们啊，相信我吧！他死得太早了；如果他能活到我这个岁数，一定会放弃他的学说！他足够高尚，能够做得出这种行为。

可是他仍然不够成熟。他不成熟地爱，也不成熟地恨，恨着人类与尘世。他的灵魂与精神的翅膀依然由于受到束缚而显得笨拙。

但是成年人比年轻人有更多的童心，更少的忧伤——他们更能够理解生与死。

奔赴死亡的自由，在死亡中获得的自由，既然肯定者的时代已经过去，那就作出神圣的否定，这就是他对于生与死的理解。

你们的死亡并不是对人类和对尘世的谴责，我的朋友们，那是我对你们甜美的灵魂的请求。

愿你们在临终前的精神与美德如大地的夕阳一般放射出最后一丝光辉，否则，你们的死亡就是不完美的。

所以，我愿意自己死去，以便你们这些朋友会因为我的缘故而更热爱人世；我愿再一次变成尘土，栖息在那孕育我的地方。

确实，查拉图斯特拉曾有一个目标，他抛出了他的球，朋友们啊，现在你们成为了我的目标的继承人，我将我的金球抛给了你们。

我的朋友们，我现在最想要看到的，就是你们抛出的那个金球！因此我依然要在人世间停留一会儿，原谅我吧！

查拉图斯特拉如是说。

论给予的美德

当查拉图斯特拉恋恋不舍地离开那个名叫"花母牛"的城市的时候——有很多自称为他的信徒的人尾随着他。当他们走到一个十字路口时，查拉图斯特拉告诉他们，现在他要独自离开，因为他喜欢孤独。然而，临别前，门徒们送给查拉图斯特拉一根手杖，手柄是金质的，上面雕刻着一条缠绕着太阳的蛇。查拉图斯特拉很喜欢这根手杖，就拄着它，对他的门徒们如是说：

请你们告诉我，为什么金子成为了最贵重的东西呢？因为它不同寻常而无用，闪闪发光而色泽柔和，它总是将自己作为赠予之物。

只有作为最高道德的象征，金子才能具有最高的价值。给予者的目光像金子一般闪闪发光。金子的光芒有如日月之辉。

最高尚的美德是罕见的、无用的，它放射出柔和的光芒，给予的美德就是最高尚的美德。

确实，我的门徒们啊，我能猜出你们的心思：你们和我一样，都向往着给予的道德。不然，你们与狼和猫又有什么不同呢？

你们渴望自己成为祭祀品和礼品，因此你们希望能在你们的灵魂中聚集起所有的财富。

你们的灵魂贪得无厌地追求金银珠宝，因为你们的美德不知满足地渴望着给予。

你们把世间万物都包揽过来，装进自己的心里，以便有一天让它们作为爱的赠予，从你们的源泉中迸发而出。

确实，这种赠予之爱一定会成为所有价值的占有者；但是我认为这种自私是完美而神圣的。

还有另一种自私，一种贫乏的、饥饿的、总以偷窃为目的的自私，那种病人的自私，病态的自私。

它用窃贼一般的目光注视着所有闪光的东西；它用饥渴的贪婪眼神打量着富有的人；它总是围绕着给予者的桌子悄悄地爬行。

这种欲望中，诉说的是病态以及无形的退化；这种自私的窃贼般的欲望，诉说的是一个病态的肉体。

我的兄弟们，请告诉我：我们认为什么事情是罪恶的，什么事情是万恶之恶呢？难道不是退化吗？当给予的灵魂缺失时，我们就会怀疑身体退化了。

我们的道路向上延伸，从物种上升到超物种。可是那种退化的意识让我们感到恐怖，它被称之为"一切都为了自己"。

我们的意识向上攀升，因此这是我们肉体的一种比喻，一种上升的比喻。我们把这种提升的比喻称之为美德。

于是身体就这样穿越历史，成为一位改变者和斗士。而精神——对于肉体来说又意味着什么？它是斗争与胜利的先驱，是它的伴侣与反响。

所有的善恶之名都是比喻，它们并不直说什么，它们只是示意。只有傻瓜才向其寻求知识。

我的兄弟们，要小心你们的精神想用比喻来说话的每一个时刻，那就是你们美德的起源。

正是在这一刻，你们的肉体得到了提升，高高在上，它在极乐中使精神欣喜若狂，好让它成为创造者、估价者、施爱者和万物的赠予者。

当你们的心潮如同河流一般宽阔雄浑而翻腾滚滚的时候，那对于居住在下游的居民来说，既是一种恩惠又是一种祸患，这就是你们美德的起源。

当你们超越了一切的称赞与贬低之时，你们的意志要像一个博爱的人的意志那样统领世间万物，那就是你们美德的起源。

当你们轻视享乐之物和柔软的睡床时，当你们不能在缺乏温暖床铺的地方安然入睡时，那就是你们美德的起源。

当你们只怀有一个意愿，当一切需要的改变成为你的需要时，那就是你们美德的起源。

确实，这就是一种新的"善与恶"！确实，这是一个崭新而深沉的潺潺之声，是一个新源泉的涌动之声！

它是力量，这种新美德；它是一种统治性的思想，围绕着它的是一个谨小慎微的灵魂，就像一轮红日，被知识之蛇所缠绕。

说到这里，查拉图斯特拉停顿了一会儿，慈祥地看着他的门徒们。然后，他继续说下去——不过他的声音已发生了改变。

我的兄弟们，用你们所有美德的力量，来保持对尘世的忠诚吧！让你们的给予之爱和你们的知识，来服务于人世的意义吧！我祈求并恳请你们这样做！

不要让它脱离尘世，不要让它的翅膀触碰到永恒的高墙！啊，总是有那么多美德偏离方向！

像我一样，把飞离方向的美德带回到尘世间吧——是的，带回到肉体，带回到生命，这样它才能赋予尘世某种意义，即人类的意义！

到目前为止，人类的精神和美德已经上百次地偏离和迷失过方向。啊，在我们的体内现在还依然寄居着所有这些错觉和失误，它们已在那里成为了肉体和意志。

至今，精神和美德已经数以百次地进行了尝试，也数以百次地遭遇过失败。是啊，人类就是一种尝试。啊，我们身上竟包含着如此多的无知与谬误！

不仅是几千年的理智——还有几千年的疯狂，都在我们身上闪现。作为继承人是很危险的。

我们仍然步步为营地与机会这一巨人做着斗争。可是，迄今为止，整个人类仍被谎言和非理性所统治。

我的兄弟们啊，将你们的精神与美德投入到人世的意义中去吧：让一切事物的价值由你们来重新评估吧！所以，你们应该成为战士！所以你们应该成为创造者！

身体以智慧净化自身，它尝试以智慧提升自己，在求知者面前，一切的冲动都使自己神圣化，崇高者的灵魂会变得愉悦。

医生，治愈你们自己吧，那样你也医治好了你的病人。让你们的病人亲眼看到一个自己恢复了健康的人，这对他来说就是最好的治疗手段。

有上千条没有人走过的道路，上千种健康和上千个隐藏的生命之岛。人类与其大地始终是没有穷尽、未被发现的。

你们这些孤独者，清醒吧，好好地听着！一阵阵由拍击翅膀而形成的悄悄潜行的疾风从未来吹来，给敏锐的耳朵带来好消息。

你们这些今天的孤独者啊，你们如今虽然隐秘而居，但终有一日会成为一个民族：你们今日选择了自我，终有一日会组成一个精选的民族——而超人就将从中诞生。

确实，人世有朝一日会成为一个治疗之所！已经有一种新的芳香在大地的周围弥漫。一种拯救的芳香——以及一个新的希望！

查拉图斯特拉说完这些话，停顿了下来，好像一个意犹未尽的人似的，陷入了沉默。他久久地掂量着手中的那根手杖，似乎心有疑惑。最后，他终于开了口，如是说——但是他的声音已经改变了：

我的弟子们，我现在要独自走了！你们也是一样，独自离开吧！我希望你们这样做。

确实，我劝告你们：离开我，提防查拉图斯特拉吧！甚至，我还要劝告你们，最好以他为耻！也许他欺骗了你们。

有识之士必须不仅能够喜爱他的敌人，而且能够憎恨他的朋友。

如果一个人始终身处学生的位置,他就不能很好地尊敬他的老师。你们为什么不想毁坏我的花冠呢?

你们尊敬我。但是,如果有一天你们的崇拜之情突然消失了,那会如何呢?你们要当心,不要让一尊雕像倒下来压倒你们!

你们说,你们信任查拉图斯特拉吗?可是查拉图斯特拉又有什么要紧的呢?你们是我的信徒:但是信徒有什么要紧的呢?

你们尚未找到自己,就已经找到了我。所有的信徒都是如此,因此,所有的信仰才是这般微不足道。

现在,我命令你们,放弃我,去寻找你们自己,只有当你们将我完全否定了之后,我才会回到你们中间去。

确实,我的兄弟们,那时候我应当用另一双眼睛来寻找迷失的人们,那时候我应该用另一种爱来爱你们。

你们将再一次成为我的朋友,以及一个怀有同一种希望的孩子,那时,我将第三次回到你们中间,与你们共同庆祝那伟大的正午。

在这伟大的正午,当人们处于从动物到超人的路途之间,庆祝他向夜晚这个最高希望的前行,因为这是向着一个新的黎明的前行。

此刻,所有的沉沦者都会祝福自己,好去往另一个世界,而知识的太阳将高悬于正午。

"诸神已经死去,现在,我们希望超人活着!"但愿这句话有朝一日能在伟大的正午成为我们的最终遗愿!

查拉图斯特拉如是说。

第 二 卷

只有当你们都将我否定了之后,我才会回到你们中间去。

确实,我的兄弟们,那时候我将用另外的眼睛来寻找迷失的人们;那时候我将用另一种爱来爱你们。

——查拉图斯特拉:《论给予的美德》

带着镜子的孩子

随后,查拉图斯特拉又回到了群山间,回到了他岩洞的寂寞中,远离人群,像一个播种者一样在等待着他的收成。

然而,他的灵魂开始变得烦躁不安,充满着对他所爱的人的渴望,因为他还有很多东西要给予他们。因为这是最难做到的事情,握紧为爱而张开的手,作为给予者心怀谦逊。

于是,孤独者就这样度过了一些岁月;可是他的智慧与日俱增,而智慧的丰盈也给他平添了痛苦。

有一天早晨,他在玫瑰色的晨曦中醒来,在床上沉思了良久,最后自言自语道:

"为什么我在梦中惊醒?难道不是有一个拿着镜子的小孩来到了我的身边吗?

"'哦,查拉图斯特拉,'那个孩子对我说,'看看镜子中的你自己吧!'

"可是,当我看到镜中的自己时,我尖叫起来,我的内心为之悸动,因为我在镜子中看到的不是我自己,而是魔鬼的冷笑与嘲讽!

"确实,我太明白这个梦境的预兆与警示了:我的教义陷入了危险。稗草想要被称为小麦呢!

"我的敌人变得很强大,歪曲了我的教义,以至于我最亲爱的人也不得不以接受了我的馈赠而感到耻辱。

"我的朋友迷失了方向,我去寻找那些迷失者的时候到了!"

说完这些话,查拉图斯特拉跳了起来,可是他并不像一个在痛苦中寻求解脱的人,倒像是一个充满激情的先知与诗人。他的鹰与蛇诧异地望着他,因为他红润的脸色上洋溢着一种即将到来的幸福。

"我怎么了,我的动物们?"查拉图斯特拉说,"我没有改变吗?天堂的幸福不是像旋风一般降临到我身上了吗?

"我的幸福是愚蠢的,它会说出蠢话,它还太年轻——所以,你们对它耐心点吧!

"我被我的幸福所伤害,所有的受苦者都应当成为我的医生!

"我愿意重新下山,回到我的朋友们当中,同时也回到我的敌人中间!查拉图斯特拉可以重新演说、赠予,为他最亲爱的人献上自己最好的爱。

"我那狂躁不安的爱汇聚成溪流,向下,奔涌向日出与日落的地方。我的灵魂冲出沉寂的群山与痛苦的暴风雨,奔向了山谷。

"对于远方,我渴望得太久,也眺望得太久。孤独长久以来已经控制了我,于是我忘记了沉默。

"我已成为了一条从高崖上奔涌而下的咆哮的溪流,我要把我的言论倾泻到山谷中去。

"让我的爱河冲刷那荒芜的河道吧!一条河流怎会发现不了入海的道路?

"确实,我的心中有一个湖泊,一个隐秘而充沛的湖泊;可是我的爱河带着它奔流而下——直至奔流入海!

"我踏上了新的征途,迎接新的话语。我像所有的创造者一样,已经厌倦了陈词滥调。我的精神不愿再穿着破旧的鞋子行走。

"对我来说,所有的演讲都显得太慢。疾风暴雨啊,我要跳上你的战车!我甚至要用我恶意的鞭子抽打你!

"就像一阵呐喊与欢呼,我要跨越重洋,直到发现我的朋友们所逗留的幸福的岛屿;

"我的仇敌也在他们中间!我如今是多么热爱那些可以听我倾诉的人们!甚至是我的仇敌也属于我天堂的幸福。

"当我想跨上我最狂烈的骏马之时,我的长矛始终是我绝佳的助手,它随时随地为我的腿脚效忠。

"我那掷向仇敌的长矛啊!我是多么感激我的敌人,因为我终于可以向他们投出这最后一矛!

"我的云层密布,在闪电的欢声笑语之中,我要将冰雹撒下深渊。

"我的胸口剧烈地起伏,它用暴风雨猛烈地拍打着群山,这样才能使我放松。

"确实,我的幸福与自由如暴风雨一样降临了!但是我的敌人会认为,那是邪恶在他们的头顶上咆哮。

"是的,我的朋友们,你们也许会被我野性的智慧所惊吓;也许你们会与我的仇敌一起逃跑。

"啊,但愿我能懂得如何用牧人之笛把你们引诱回来!啊,但愿我那雌狮的智慧能学会温情地咆哮!我们相互之间已经学到了很多!

"我那野性的智慧在孤独的群山中怀了孕,并在粗糙的石头间生下了她的孩子,最小的孩子。

"现在她傻颠颠地在荒荒的狂野中奔跑,一再地寻找,寻找那最为柔软的芳草地——我那古老而野性的智慧啊!

"在你们心灵的芳草地上,我的朋友们!她热衷于将她的最爱者放入你们的爱中!"

在幸福岛

无花果从树上掉落下来,个个甜美可口。当它们掉落的时候,红色的果皮就已经裂开。对于那些成熟的果实来说,我就是将它们吹落的北风。

我的朋友们啊,这些教导就好像无花果一般,纷纷为你落下。现在你们品味它们细腻的果肉,品尝它们鲜美的果味!这是秋日的一个清新的下午,晴空万里。

瞧啊,我们周围的一切景色是多么丰富啊!在这一切的富足之中眺望远海,真是一件令人惬意的事情。

以前当人们眺望远海时,总要说起上帝;可是现在我要教给你们的是——超人!

上帝只是一个猜测,我希望你们的这个猜测不要超越你们的创造欲望。

你们能创造出上帝来吗?那么,你们就不要再跟我提起诸神。但是,你们确实能够很好地创造超人。

我的兄弟们,你们也许本身无法成为超人,但是你们却可能成为超人的父亲或祖父,就让它成为你们最成功的创造吧!

上帝只是一个猜测,但是我希望你们的猜测被约束在可以想象的范围内。

你们能构想出上帝来吗?这意味着你们仍然心存求真的意愿,在你们眼里,所有的一切都能够变得可以想象、可以看见、可以感知。将你们的想象力发挥到极限吧!

你们所称为的世界首先应该是由你们自己创造出来的,你们的理智、你们的喜好、你们的意志、你们的爱,都应该成为你们的世界本身！千真万确，你们这些有识之士，这样做都是为了你们天堂的幸福。

况且，你们这些有识之士，你们如何忍受失去了希望的生活呢？你们既非降生在不可想象的世界中，也非降生在不可理喻的世界中。

可是，你们这些朋友们啊，我希望向你们完全敞开心扉。如果诸神真的存在，我又怎么能够忍受它不是上帝的事实呢？因此，众神并不存在。

是的，我已得出了结论；然而，现在，是这个结论指引着我。

上帝只是一个猜测，可是谁能够饮下这猜测的苦酒而不致丧命呢？创造者能被剥夺信仰，雄鹰能被剥夺在高空翱翔的权力吗？

上帝是一种信仰，它使一切直者变弯，使一切立者旋转。怎么？时间终将不复存在，一切短暂之物不过是一个谎言。

这些想法会让人头晕目眩，甚至令人反胃：确实，我把这样的猜测称作一种眩晕病。

所有这一切宣扬唯一、绝对、永恒、坚定不移、充足、不朽的学说，我都认为是恶劣的、反人性的。

一切永恒不朽的东西——只不过是一种比喻！诗人们太爱说谎了。

绝佳的比喻应该讨论时间与变化生成：它们应该是一种赞美与一种对所有易逝之物的辩护。

创造——这是对苦难的巨大拯救和对生命的极大解脱。但是，创造者的出现需要经历莫大的苦难和许多的变故。

是啊，你们这些创造者们，你们的生命中必然要经历许多痛苦的消亡，这样你们才能成为易逝之物的辩护者和代言人。

创造者本人要想成为新生的婴儿,他就必须成为母亲,忍受那分娩的阵痛。

确实,我顺着自己的道路前行,穿过数百个灵魂,经过数百个摇篮,尝过数百种分娩之痛。我也做过很多次告别,我理解那最后时刻的心痛。

但是我的命运,我的创造之意志就希望如此。或者,让我更坦白地告诉你吧:我的意志所要求的——正是这样的命运。

我的一切感情都在忍受折磨,都在遭受监禁,不过我的意志总是作为解放者与安慰者体现在我身上。

希望解脱:这就是意志和解脱的真正教义——这正是查拉图斯特拉教给你们的道理。

不再盼望、不再评估、不再创造!啊,但愿这样的衰弱能永远远离我。

甚至在求知中,我也只能感受到我意志的产生与转变的乐趣;如果说我的认识中有纯真无瑕,那是因为在其中有生殖的意志。

这一意志引诱我远离了上帝与诸神;如果有诸神的存在,那还有什么需要创造的呢?

可是,我热烈的创造意志总是一再地将我推向人类,就像锤子砸向石头一样。

啊,你们这些人啊,在石头里藏着一个形象,是我的梦想的一个形象。唉,它就应当沉睡于这最坚硬、最丑陋的石头里!

现在我正用锤子猛烈地敲打着这座监狱。那块石头上碎片四溅:可这与我又有什么关系?

我就要大功告成了,因为一个影子正向我逼近,一个万物中最安静、最轻盈的影子曾经来到我身边!

超人的美如同影子一般靠近了我！啊，我的兄弟们！如此一来，诸神与我还有什么关系呢？

查拉图斯特拉如是说。

论怜悯者

我的朋友们，一些嘲讽之词已经传入了你们的朋友耳中："你们看看查拉图斯特拉吧！他来到我们之中，就好像置身于动物之中一样。"

其实，说得明白一点，就是："有识之士行走于人类之中，就好像身处于兽类之中一样。"

对于有识之士来说，人类不过是会面红耳赤的动物。

他为什么要这样称呼人类呢？难道不是因为人类常常感到羞愧不安吗？

哦，我的朋友们啊！求知者就是这样断言的。羞愧，羞愧，羞愧——这就是人类的历史！

因此，高尚的人绝不会让别人在自己面前感到羞愧难当，他宁可自己在苦难者面前无地自容。

确实，我不喜欢他们，这些从怜悯别人中获得乐趣的慈善者！他们太缺乏羞愧之心了。

如果我不得不怜悯，我也不愿别人称之为怜悯；如果我要这样做，我宁愿保持一定的距离。

我也喜欢遮掩自己的面目，在被别人认出之前逃离，我的朋友们啊，因此我也命令你们这样去做吧！

但愿我的命运能始终像你们一样将毫无痛苦的人引领到我的道路上，还有那些我能够与之共同分享希望、宴席与蜜糖的人！

确实，我已经为那些受苦者做了这些那些：但是当我明白如何使自己更加快乐的时候，我似乎觉得自己可以做到更好。

自从人类诞生那日开始，人们就很少感到过快乐；我的兄弟们，只有这一点才是我们的原罪！

只有当我们学会了如何使自己更加快乐，才能彻底忘却伤害别人和创造痛苦。

所以当我帮助受苦者之后，要洗净双手，就像是使自己的灵魂得到了净化。

因为当我看到受难者所经受的折磨之时，我会因为他的羞愧而感到自惭形秽。那么当我帮助他的时候，只会深深地伤害他的自尊心。

巨大的恩惠无法使人心存感激，只会换来别人的报复之心；而小恩小惠如果仍留存于记忆中，最终将成为一条啮噬人心的蛀虫。

"受人恩惠，切勿来者不拒；受人恩惠，要有所甄别！"这是我对一无所有，甚至无可施予的人的忠告。

然而，我是一个施予者——我喜欢以朋友的身份，向朋友施予。不过，如果你是外来者或穷困者，不妨来采摘我树上的果实吧！这样做能够免去不少耻辱。

然而，乞丐确实是一种应该予以彻底清除的职业！确实，无论向他们施予与否，都会令人感到不快。

同样，罪人和一些居心叵测之人也应当予以清除。我的朋友们，相信我：良知的烈焰将教会他们灼伤别人。

然而，最恶劣的思想是那些卑鄙的想法。确实，即使作恶多端的行径也比终日胡思乱想好得多。

不错，你们会说："沉浸于一些作恶使坏的幻想的乐趣可以使我们避免酿成更大的过错。"但是我们不应当有如此的想法。

恶行，就像一块溃疡：不适、溃烂、突然发作——坦白直率。

"瞧，我就是一种疾病。"恶行这样说。这正是它的可贵之处。

但是，这些可鄙的想法就像是真菌，它爬行、躲藏于各个角落，不想为人所见——直到有一天，占据你的全部躯体，并使之败坏、萎缩。

然而，我还是要悄悄地告诉那些被魔鬼缠身的人们："最好让你身上的恶魔长大吧！那对于你来说，又何尝不是一条通往伟大的路途呢？"

啊，我的兄弟们，人们对每一个人了解得太多了！虽然他们中的许多人对我来说透明如镜，我仍不能清楚地洞察他们的内心。

与人共处何其困难，因为沉默最难保持。

我们并非对冒犯我们的人不公正，而是对那些与我们毫无关系的人最不公正。

可是，如果你有一位正遭受痛苦的朋友，那你就应该成为使他远离折磨的避难所。如果你能成为一张硬床，一张行军床，那么对他将最有好处。

如果有一位朋友做了对不起你的事，你不妨对他说："我可以原谅你带给我的伤害；然而，你若对自己也犯下同样的错误，我将如何原谅你呢？"

一切伟大的仁爱都会这样说，它甚至超越了宽恕与怜悯。

我们必须紧随自己的内心；因为如果它从我们手中流失，我们将很快失去自己的理智。

唉，在这个尘世间，在这个世上，还有什么比怜悯者做的蠢事更加愚昧的吗？在这个世间，还有什么事比怜悯者的愚昧更加伤人的呢？

一切伟大的爱都超越它所有的怜悯之上：因为它要创造——它所爱的一切！

满心仁爱的人如果无法达到超越他的怜悯的高度，那是何等地不幸啊！

魔鬼曾经对我如是说："甚至上帝也有他的地狱：那就是他对人类的爱。"

最近他又对我如是说："上帝死了；是他对人类的怜悯杀死了他。"

所以，请你们留心不要怜悯吧，它终将成为人类头顶上积聚的一块沉重的乌云。确实，我早已察觉出了这一天气的征兆！

可是，也请你们牢记这句话："一切伟大的爱都超越它所有的怜悯之上：因为它要创造——它所爱的一切！"

"我将自己奉献给我的爱，也把我的邻人像我自己一样奉献给我的爱。"创造者们都这样说。

然而，所有的创造者们，都是铁石心肠。

查拉图斯特拉如是说。

论教士

有一天，查拉图斯特拉对他的门徒们做了一个手势，并向他们说了如下的一番话：

"这里是一些传教士，虽然他们是我的敌人，但是你们要安静地从他们身边走过，而不要剑拔弩张！

"他们当中也有一些英雄；他们中间很多人曾经经历过诸多的苦难：所以他们也要让别人受苦。

"他们是很可怕的敌人——没有什么比他们的谦恭顺从更具有复仇心的了。与他们接触的人，难免自取其辱。

"可是，我与他们血脉相连；并且我希望自己的血脉也得到他们的敬重。"

当他们从教士面前走过时,查拉图斯特拉顿时感到一阵痛苦袭来;但在他与这种痛苦情绪斗争了一会儿之后,就开口如是说:

"我怜悯这些教士,他们让我感到厌恶;但是自从我来到人世间,这对我来说已经是最不值一提的小事了。

"然而,我过去与现在都陷于与他们同样的痛苦之中,他们对我来说不过是蒙受污名的囚徒而已。而他们称之为救世主的人却给他们加上了镣铐。

"他们被囚禁在虚伪的价值与空乏的言辞中!啊,但愿有人能将他们从救世主那里解救出来!

"当他们在大海中颠簸的时候,自以为已经登上了一座岛屿;然而,瞧,那不过只是一只熟睡中的巨大怪物罢了。

"虚伪的价值与空乏的言辞,对于凡人来说,这是最危险的怪物,命运沉睡了很久,一直在它们身边潜伏。

"可是,它最终还是来临,清醒过来,并吞噬了所有建造在它身上的神殿。

"哦!我们来看看那些教士们为自己建造的神殿吧!他们竟将这芳香的洞窟称之为教堂。

"啊!这虚幻的光明!这污浊的空气!在这里,灵魂——如何能飞升到自己的高度呢?

"他们的信仰发出这样的命令:'你们这些有罪的人,跪着用你们的膝盖爬上阶梯吧!'

"确实,我宁愿看见一个不知廉耻的人,也不愿看见他们那因羞愧和虔信而扭曲的眼神。

"是谁为自己建造了这些洞穴和赎罪的阶梯?难道不是那些一心想将自己藏起来,羞于见到清澈天空的人吗?

"只有当那纯净的天空重新透过颓败的屋顶,静观断壁残垣上纷杂的野草和罂粟的时候,我才会愿意再次倾心于这座上帝的居所。

"他们将反对和折磨自己的那个人称之为上帝。确实,在他们的崇敬之情中有着英雄的气概!

"除了把人们钉于十字架上,他们不知道如何去爱上帝。

"他们愿意如同行尸走肉一般地生活,他们用黑色的裹尸布遮掩自己的尸体;甚至在他们的说教中,我也闻到停尸房的陈腐味道。

"靠近他们的人,就好像居住于这污黑的泥潭边,这里能够听到池塘中青蛙轻柔忧伤的歌曲。

"他们还得唱得更动听些,我才能学着相信他们的救世主。在我看来,他们的信徒们必须更加表现出获救的样子!

"我真想看到他们对我坦诚相见,因为只有美才能令人心有懊悔。可是这种遮掩着的痛苦又有谁会信服?

"确实,你们的救世主并非来自于自由和自由的七重天!确实,他们自己从未踩踏过知识的地毯。

"这些救世主的精神世界是多么空虚啊。可是在每一个空虚中,他们填充了自己的幻觉,他们的替代品,他们将其称之为上帝。

"当他们的精神因终日沉浸于怜悯之中,而日益膨胀起来,满溢着怜悯的时候,将会有更大的愚昧浮于其上。

"他们总是叫喊着,急切地把羊群赶上他们的小木桥,好像这一条小木桥是通往未来的唯一途径!其实,这些牧羊人仍然是属于羊群的。

"这些牧羊人的精神是何等狭隘,而心胸又是何等宽广!但是,我的兄弟们啊,迄今为止,即使最宽广的灵魂,又是多么的狭窄啊!

"他们在他们所经的路途中都留下血的记号。他们疯狂的行为教导人们,只有血才能证明真理。

"但是,血是真理最拙劣的证明。它毒化了最纯净的教义,并将其转变为心灵的幻觉和怨恨。

"如果一个人为了自己的学说而甘愿赴汤蹈火——这证明了什么呢?确实,属于自己的学说唯有历经烈火的洗礼才能出炉。

"忧郁的心灵与冷静的头脑:当这两者一经结合,便诞生了被人称之为'救世主'的旋风。

"确实,存在着比人们称之为'救世主'的,狂喜的旋风中产生出的人更伟大、出身更高贵的人!

"我的兄弟们啊,如果你们想要找到通往自由的道路,你们就必须求救于这些比救世主更伟大的人啊!

"超人还从来没有诞生过。但是我已清楚地洞悉了这两种人:最伟大的人和最渺小的人。

"他们还是太过相似了。确实,我觉得即使是最伟大的人,也太过——人性化了!"

论有德之士

我们必须以雷霆和天火对倦怠和懒散的感官说话。

然而美的声音却是温柔低沉的,它只悄悄潜入最清醒的灵魂中。

今日,我的盾微微颤动,开始对我发笑;这是美的战栗和神圣的笑容。

你们这些有德之士,今日我的美笑话的是你们。它的声音如是传入我的耳朵:"他们还想——得到回报!"

你们这些有德之士,你们还想索取回报吗?你们还想凭借自己的道德获得报酬吗?为尘世要求天堂,为你们的今日索取永恒吗?

我教导过你们,没有人会给予你们酬劳,也不会有人会给你们发薪。现在你们会因此而怨恨我么？确实，我甚至从未教导过你们，美德是其自身的酬劳。

唉！这正是我的悲哀所在，奖赏与惩罚和世间万物如影随形，你们这些有德之人啊，它们甚至正悄悄地潜入你们的灵魂深处！

因此，你们可以将我称之为一具犁铧，因为我的言语如同野猪的獠牙，撕开了你们灵魂的深处。

你们灵魂中的一切秘密都应大白于天下，当你们被除去伪饰，躺在光天化日之下，你们的虚伪就会与你们的真实自然地分离。

因为这就是你们的真实，你们是如此纯洁，不能遭受复仇、惩罚、补偿和报复这些字眼的亵渎。

你们热爱你们的道德，就像母亲热爱她的孩子。可是你们是否听说过，一个母亲因为自己对孩子的爱而索取过回报的吗？

你们的道德，就是你们最为珍视的"自我"。你们心中怀有连环的欲望，每一个链环都为了再次达到自我而拼命地扭曲着自己。

你们对自身道德所做的一切就好像即将熄灭的星辰一样，它残留的光亮仍清晰地沿着恒星的轨道闪动，继续前行。什么时候它才会终止呢？

所以，你们道德的光芒也仍在它的路途中闪现，即使道德的作品已经完工。尽管这作品现在已被人遗忘，已不复存在，这光亮仍将继续留存下来，继续漫游。

你们的道德应该是你们的自我，而不是你们外在的附属物，不是一件皮囊或一种掩饰，你们这些有德之士啊，这就是出自你们灵魂深处的真实！

然而，确实在有些人看来，道德意味着鞭挞之下的痉挛和扭曲。在我看来,你们听到过他们太多的叫喊!

另外有一些人,他们将道德称之为他们恶习的倦怠。一旦他们的怨恨和嫉妒之情有一天伸展了四肢,他们的"正义"就会醒来,揉揉他们睡意惺忪的双眼。

另外还有一些人,他们被拉下水去,那是魔鬼在召唤他们。可是他们堕落得越深,他们的双眼就越是炯炯放光,他们对上帝的追随就越是热切。

唉!你们这些有德之士,这些人的叫喊声也已传入了你们的耳朵:"除了我自身之外,其余的一切都是上帝和道德!"

还有另外一些人,他们拖着沉重的步履,吱吱呀呀地走来,就像装载着石块下山的马车,他们一路高谈着尊严与道德——他们把他们的马嚼子视作道德!

还有一些人,他们就好像终日上紧发条的钟表;他们不停地滴答作响,希望别人把这滴答声称作——道德。

确实,这些人在我看来是多么有意思啊!无论身处何处,只要遇到这样如钟表般的人,我就会嘲讽般地给他们上好发条,让他们呼呼地摆动吧!

还有些人仅仅因为他们那不值一提的正义而得意忘形。甚至为了这微不足道的公正而目空一切。于是,整个世界都被溺死在他们的不公正之中。

唉!"道德"这个词由他们口中说出,是多么不合时宜啊!当他们说"我是正直公正的"时,听起来始终像是在说"我复仇了"!

他们想用自己的道德剜去敌人的双眼,他们抬高自己,只是为了可以压低别人。

还有一些人潜藏于他们的泥塘之中,从芦苇丛中如是说:"道德——就是安静地藏于泥地之中。

"我们不伤害别人,也要尽可能地躲避那些会伤害别人的人，在任何事情中，我们都习惯听取别人的意见。"

还有一些喜欢搔首弄姿的人，在他们看来，道德就是一种姿态。

即使他们总是在道德面前卑躬屈膝，他们的双手对美德赞美膜拜，但他们的内心却对此一无所知。

还有一些人，认为对别人说"道德是必不可少的"就是道德；然而，实际上，他们只相信警察才是必不可少的。

有些人虽然看不到别人身上高贵的一面，却将人身上卑劣的一面看得过于清楚，并到处宣称这就是道德。也就是说，他们将自己的恶毒眼光称之为道德。

有些人愿意接受教诲，以此得到提升，称之为道德；另一些人希望被彻底打垮——他们称这为道德。

这样一来，几乎每个人都自认为自己具备了道德；至少，每一个人都要当明辨"善"与"恶"的专家。

但是，查拉图斯特拉来到这里，并不是来与这些欺骗者和傻瓜说话的。他并不是来对他们说："对于道德，你们了解些什么呢？关于道德，你们又能知道些什么呢？"

但是，我的朋友们啊，你们也许会对从这些欺骗者和傻瓜那里学来的陈词滥调感到厌倦：

对"报酬"、"报复"、"惩罚"、"公正的复仇"这类字眼感到厌倦。

对"有一种行为是善良的，因为它是无私的"这句话感到厌倦。

啊！我的朋友们！你们的"自我"在行动中，就如同母亲在她的孩子心中一般——让它成为你们的道德信念吧！

确实，我夺去了你们数以百计的道德准则，还剥夺了你们最为喜爱的道德玩物。现在你们是在对我发火赌气吧，就像孩子生气时那样！

孩子们在海边玩耍，大浪袭来，卷走了沙滩上他们的玩具，将其卷入了深海，现在他们因此而哭泣。

然而，这相同的大浪也应该会为他们带来新的玩具，它将色泽鲜艳的贝壳卷到沙滩上，抛洒在他们的眼前。

这样，他们得到了安慰；我的朋友们，你们和他们一样，也会得到自己的安慰和那新的五颜六色的贝壳！

查拉图斯特拉如是说。

论下层人

生活是快乐的源泉。但是，一经卑贱之人的饮用，所有的泉水便会受到污染。

我热爱一切洁净的东西，我厌恶看到狰狞而笑的嘴脸和不洁者的贪欲。

他们将目光投向井底，现在井水呈现出他们邪恶的狞笑。

他们用自己的贪欲毒化了这神圣的泉水，当他们将他们的污秽之梦称之为快乐的时候，他们同时也玷污了这个字眼。

当卑贱之人将他们潮湿的心放在火上炙烤，连火焰也突然间因激愤而升腾；当他们靠近火焰的时候，精神本身也因沸腾而冒着热气。

果实在他们手中也会变得过甜而腐败，他们注视的目光使得果树在疾风中摇摆不定，枯萎凋零。

很多放弃了生命的人，只是远离了卑贱之人，他们不愿与卑贱者共同分享泉水、火焰和果实。

许多人逃避到荒漠之中，与野兽为伍，一起经受饥饿的煎熬，只是不愿与肮脏的骑骆驼的人一起坐在池塘旁边。

有些人以毁灭者的身份到来，就好像摧毁麦田的冰雹一样，只是为了将他们的脚伸入卑贱者的口中，堵住他们的咽喉。

明白生命本身需要敌对、死亡和痛苦的十字架，这并非是最令人难以下咽的苦酒。

但是有一天，我几乎为我自己所提出的这个问题窒息而死。怎么？难道生命本身也需要那些卑贱的人吗？

难道被毒化的泉水、气味难闻的火焰、污浊的梦想和生命的面包中的蛆虫都是必不可少的吗？

饥饿地吞噬着我生命的，并非我的憎恨，而是我的厌恶！唉！当我发现那些卑贱者也富有精神之时，我甚至厌倦了精神！

当我明白如今这些统治者们口中声称的"统治"的含义，不过是与那些卑贱之人交易权力、讨价还价的时候，我就转身而去，不再理睬他们！

我置身于陌生的民族中，塞住耳朵，不与他们搭讪。这样他们那些交易权力的话语与对权力的讨价还价对我来说仍将是陌生的。

此外，我屏住呼吸，灰心失落地穿梭在过去与如今的一切之间。确实，过去与如今的一切都散发出三流作家那卑贱者的气息。

长久以来，我就好像一个又聋又哑又盲的残疾人那样活着。这样，我便可以不必与这些掌握大权、舞文弄墨、寻欢作乐的卑贱之人共同相处。

我的灵魂艰辛而小心翼翼地攀登着阶梯；快乐的布施是使他振奋的饮料；与此同时，生命从这拄着手杖的盲人身上悄然流逝。

可是，我遇到了什么事情？我如何将自己从厌恶之情中解脱？谁使我的眼睛恢复往昔的神采？我又如何才能飞到更高远的地方，远离这些坐在泉边的卑贱之人呢？

是我的厌倦本身为我创造了翅膀和源泉般奔涌而来的预测力吗？确实，我不得不飞到至高之处，再度去找寻我快乐的源泉。

啊！我的兄弟们，我找到了它！在这最高的地方，我终于找到了欢乐的源泉！它正为我喷涌出汨汨清泉。还有一种没有任何卑贱者可以与我们专享的生命之水！

这快乐的源泉，向我喷射得是多么猛烈啊！你想将杯子盛满，却常常一再地倒空杯中之水。

我得学会更为谦卑地走近你，我的心太过猛烈地向你奔涌而去。

我的夏季在我的心里燃烧殆尽，那个短暂、炎热、忧郁和极度快乐的夏季！快乐之泉啊，我的夏季之心是多么渴望你所带来的凉爽啊！

都过去了，我那春季迟疑不定的痛苦！都过去了，我那六月雪花的恶毒！我完全变成了夏季和夏季的午后！

在那至高之处，守着清凉的泉水与那幸福的宁静，度过一个夏天。来吧，我的朋友们，让这份宁静成为幸福吧！

因为这是我们的高度，是我们的家乡。对于不洁者和他们的欲念来说，我们的居所太高，太过险峻，他们无法企及。

你们这些朋友们啊，把你们纯洁的目光投向我们那快乐的源泉中去吧！它为什么会因此而浑浊？它应该以它的纯洁回报给你微笑。

我们在未来之树上建造起我们的巢穴，鹰会为我们这些离群索居的孤独者衔来食物。

确实，这食物不能与不洁者共享！因为他们误以为吞食了火焰，烫伤了嘴巴。

确实，这里没有供不洁者栖息的家园！我们的幸福无论对于他们的肉体还是精神，都是冰窖！

我们要像劲风那样，在他们头顶上空生活。与鹰为邻，与雪为邻，与太阳为邻。

有朝一日，我也要像一阵狂风一般地吹到他们中间，用我的精神使他们的精神为之窒息：我的未来要求如此。

确实，对于所有的低洼之地来说，查拉图斯特拉是一股狂风。他对他的敌人和那些唾弃他、向他乱喷口水的人说："当心，不要迎风而唾！"

查拉图斯特拉如是说。

论毒蛛

瞧！这是毒蜘蛛的洞穴！你想要亲眼见见毒蜘蛛吗？这是它织的蛛网，伸手碰一碰，它就会颤动起来。

它不请自来，欢迎你，毒蜘蛛！你的背上带有黑色三角形，那是你的标志。我还知道你的灵魂里拥有什么。

你的灵魂里充满了报复。无论你在哪里咬上一口，哪里就会形成一层黑壳。你那报复的毒药能使灵魂头晕目眩！

你们这些宣扬平等的人，你们使灵魂为之眩晕，我就是要用这样的比喻来教导你们！在我眼中，你们就是那一心渴望暗中复仇的毒蜘蛛！

但是我很快将找到你们的藏身之处，将它大白于世人。所以我要用我高尚的面孔嘲笑你们！

所以我要撕破你们的网，好让你们因愤怒而爬出你们充满谎言的洞穴，并让你们的报复从你们的"正义"一词背后跳出来。

因为，将人类从报复中拯救出来，这在我看来才是通往最高希望的桥梁，才是漫漫暴风雨后的彩虹。

然而毒蜘蛛却期待着另一种局面。"让世界充满我们报复的暴风雨，这恰恰就是我们称之为的正义。"他们相互间这样说。

"我们要对所有的异己者施加报复，还要对他们进行侮辱！"毒蜘蛛们心中暗自发誓。

"还有，'平等意志'——今后我们就应该将它本身称之为道德。我们要大声疾呼，反抗拥有权力的一切。"

你们这些平等的鼓吹者，你们的无能在暴虐的疯狂中高喊着"平等"，你们隐秘于深处的暴君的欲望，就潜藏在你们华美的道德标榜背后。

这或许源于你们父辈的苦恼的自负和压抑的嫉妒，已经转变为报复的烈焰和疯狂，从你们身上迸发出来。

父亲闭口不提的事情，往往会从他的儿子那里透露出来。我常常发现可以从一个人的儿子那里发现他父亲讳莫如深的秘密。

他们是如此狂热，可是燃起他们激情的不是内心，而是报复。若是他们变得冷静或是机智，那也是嫉妒使然，而非精神促成。

他们的嫉妒也将其引向思想者的道路；这正是他们嫉妒的信号！他们总是走得太远，以至于最终疲惫不堪，不得不躺在雪地里睡着了。

他们的每句抱怨听起来都像是报复，他们的每句赞颂听起来都像是在列数罪恶的行径。在他们看来，能像法官那样宣判，无异于天堂般莫大的幸福。

但是，我的朋友们，我还是要给予你们一个忠告：千万不要相信那些惩罚欲过于强烈的人！

这是个具有劣根性的，血统不好的种族。他们的面目中透出刽子手和密探的气息。

切莫相信那些对正义高谈阔论的人！确实，他们灵魂中所缺失的不仅仅是蜜糖而已。

如果他们自称为"善良和正义之士"的话，请你们不要忘记，他们成为法利赛式的伪君子，只是缺乏了几分权力而已！

我的朋友们啊，我不愿与别人搅合在一起。

有些人在宣传我有关生命的学说，但是同时他们也是平等的鼓吹者和毒蜘蛛。

这些毒蜘蛛一般的人，他们躲藏在自己的洞穴中赞颂生命，却又在逃避生命，因为他们希望这样能毒害别人。

他们意欲毒害的是如今那些掌权的人，因为这些人仍然最善于关于死亡的说教。

否则，毒蜘蛛们就会有另一番说教。他们从前是世界最大的诋毁者，最擅长引燃焚杀异教徒的柴堆。

我不愿与这些平等的鼓吹者相互混同，沦为一路货色。因为正义对我如是说："人类根本并不平等。"

人类甚至本来就不应该平等！如果我换一种说法，那么我对超人的爱又将变成什么呢？

人们应当从那千百座大小桥梁，千百条道路中争先涌向未来。越来越多的战争与不公正将在他们当中出现，我伟大的仁爱要我这样说。

在相互间的敌意中，他们会创造出各类幻象和鬼影。然后，他们便运用这些幻象和鬼影在相互间进行最后的决战。

善良与恶毒，富裕与贫穷，崇高与卑下，以及各种名称的价值：都应该被用作武器和明确的象征，证明生命在于不断地超越自身！

生命本身构筑石柱，建造阶梯，以便到达高处。它想远眺远方的地平线，憧憬幸福的美景——这就是它需要不断提升自己的原因。

因为它需要不断地提高,因此它需要阶梯,需要阶梯与攀爬者之间的矛盾!生命愿意通过提升来超越自己。

我的朋友们,你们睁开眼睛看看吧!这就是毒蜘蛛的洞穴,旁边伫立着一座古老神庙的废墟。向那里看一眼吧,用你们那明辨是非的眼睛!

确实,曾经在这里用石块高高地垒砌自己思想的人,与最为睿智的人一样明白全部生命的奥秘!

甚至在美丽之中,也存在斗争和不公正,也存在对统治与霸权的争夺,因为他在此用最浅显、明白的比喻如是教导我们。

那些穹窿和拱门在相互的对峙中是多么神圣啊:它们是如何以光与影相互斗争啊,这些神圣的互不相让的东西。

那么,我的朋友们,就让我们也成为坚定而美好的仇敌吧!让我们神圣地相互斗争吧!

唉!可我竟被我的仇敌毒蜘蛛咬了!它用它神圣的美丽和神圣的坚定,把我的手指咬伤了!

"惩罚与正义必须得以实施!"毒蜘蛛这样想,"他在这里为敌意高唱颂歌并非徒劳无功!"

是啊,他已实施了复仇!是啊,如今他的报复使我的灵魂也为之眩晕!

不过,我的朋友们,把我紧紧地捆绑在这柱子上吧,好让我保持清醒的理智!我宁愿成为一个石柱上的雕像,也不愿做那阵复仇的旋风!

确实,查拉图斯特拉不是一阵狂风或龙卷风,就算他是一位舞者,也并非扮演着毒蜘蛛那样的角色!

查拉图斯特拉如是说。

论著名哲人

你们所有这些著名的哲人啊，你们都曾为民众和他们的迷信服务，而不是为真理而服务！正因为如此，民众才敬仰你们。

正因为如此，人们才容忍你们没有信仰，因为他们将无信仰看做一个玩笑和一种迂回之路。于是主人给予他的奴隶们自由，并且为他们的放肆无礼而感到高兴。

可是，那些如同被狗仇恨的狼一般被民众所憎恶的人，他是自由的精神，羁绊的仇敌，是那无所崇拜而栖身于森林中的人。

把他从隐居之处赶出来——这就是民众所谓的"正义感"。他们总是唆使最彪悍的恶犬去撕咬自由的精神。

"因为哪里有民众，哪里就有真理！哎呀，寻求真理的人总是要受到诅咒！"这是人们在任何时代都会重复的话。

你们这些著名的智者啊，你们要让你们的民众有理由得到尊崇：这就是你们曾经称之为的"真理的意志"！

你们常常在心里对自己说："我来自于民众，而上帝的声音也从那里向我传来。"

作为民众的代言人，你们始终像驴子一样倔强，也像它一样狡猾。

很多掌权者为了获得民众的喜好，常在他们的辕马前架上一头小毛驴——那个著名的哲人。

现在，你们这些著名的哲人啊，我想让你们卸下身上那伪装的狮皮，将它们彻底扔在身后！

这捕猎者的毛皮，这斑驳的毛皮，以及探究者、寻觅者和征服者的缕缕体毛！

唉，若要让我学会相信你们的"良知"，那就首先让我看

精神，就是像刀子一般切入生命之中的生命，通过自身的痛苦，生命增长了对自己的认识。

到你们打破崇拜的意志。

那个崇敬之心已经破碎,独自前往被上帝所遗弃的荒漠中的人,我将其称之为有良知的人。

在经受烈日炙烤的黄沙里,他无疑也热切地渴望那清泉涌动、绿树成荫的生命之岛。

然而,他的干渴并不能劝说他变成那些舒适安逸的人,因为哪里有绿洲,哪里就有偶像。

忍受饥饿、凶残狠毒、孤独寂寞、被上帝抛弃,狮子的意志便希望如此。

远离奴隶的快乐,从神祇与一切崇拜中恢复自我,无所畏惧而令人生畏,伟大而孤独:这就是良知者的意志。

求真者,拥有自由思想的人,总是居住于荒漠中,犹如沙漠的主人;而那些饱食终日的著名的哲人——那拉车的动物——却居住在城市中。

因为他们像驴一样,始终拖着——民众的大车!

我并不因此而责怪他们,但是即使拥有闪着金光的挽具,在我看来,他们始终只是受奴役的工具。

他们常常是得力的,备受褒奖的仆役。因为道德如是说:"如果你非得要做一个奴仆,那就去寻找那个最能从你的服务中获益的人吧!"

"你的主人的精神与道德,应该因为有你的服务而有所长进,所以你本人也会随他的精神与美德一同进步!"

确实,你们这些著名的哲人,你们这些民众的仆役!你们使得民众的精神和道德有所进步,而你们自己也与之共同成长。我这样说正是要对你们表示夸奖!

然而,在我看来,即使你们拥有属于自己的道德,你们仍然是民众,是目光短浅的民众,根本不了解何谓精神的民众!

精神，就是像刀子一般切入生命之中的生命，通过自身的痛苦，生命增长了对自己的认识。你们曾经知道这一点吗？

精神的幸福之处在于被涂上香膏，在人们的泪水中被当做燔祭的牺牲品被进献出去。你们曾经知道这一点吗？

盲人的失明，以及他的寻觅与摸索，应该仍能证明他所凝视的太阳的力量。你们曾经知道这一点吗？

求知者应当学会用山来建筑房屋！用精神来移除一座座山岭，不过是微不足道的小事。你们曾经知道这一点吗？

你们只知道精神的火花，你们却没有看到精神是一块铁砧，没有看见它是如何经过铁锤严酷地打磨而得来的！

确实，你们不知道精神的高傲！但是对于精神的谦卑，你们一定更加无法容忍，假如这种谦卑想要开口表白的话！

你们决不能把你们的精神抛洒于雪窟中，因为你们还没有足够的热度！因此你们也没有意识到它寒冷的妙处！

然而，无论如何，我觉得你们对自己的精神都太过熟悉。你们常常用智慧建造起三流诗人的收容所与避难处。

你们不是鹰，所以你们甚至感受不到精神处于惊慌中的快乐。你们不是鸟儿，因此你们不应该在深渊的上方筑巢。

在我看来，你们是温情的，但是所有深邃的知识都如寒流般流淌着。精神之泉的深处是冰冷的，这无疑让炽热的双手与行为感到清凉无比。

著名的智者啊，你们笔直地站在我面前，僵硬地挺立着，严肃可敬！你们不会为一股疾风或某个强烈的意志所打动。

你们难道从未见过一只颠簸于海上的航船吗？那船帆被肆虐的狂风吹成了饱满的弧形。

我的智慧如同这被精神的疾风所摇撼的帆船，穿越大海，我那狂野的智慧！

但是你们这些著名的哲人啊,你们这些民众的仆役啊,你们怎么能够与我同行呢?

查拉图斯特拉如是说。

夜之歌

夜幕降临,现在所有喷泉的声音更加响亮了。而我的灵魂也是一眼喷泉。

夜幕降临,现在才有所有的爱情之歌的唤醒。而我的灵魂也是一曲恋人之歌。

我的内心潜藏着一种从未平息,也无法平息的东西;它想大声疾呼。我的内心有一种对爱情的渴望,它表达着爱情的语言。

我是光,唉,如果我是夜晚多好!然而,我的周身被光芒包裹,可那正是我的寂寞!

唉!但愿我是阴沉的黑夜!我将如何吮吸光芒的乳汁!

闪烁的繁星和天上的萤火虫啊,我愿意祝福你们!我因为你们赠予的光明的礼物而感到异常欣喜!

然而,我却生活在自己的光芒中,我要重新汲取从我身上燃烧所发出的火焰。

我不曾体验过获取者的快乐;我常常梦想,偷窃一定比收获更加诱人。

这是我的贫困,我的双手从未间断过给予;这是我的嫉妒,我看见期待的眼神和被星辰照亮的渴望的黑夜。

啊,一切给予者的不幸啊!哦,我的太阳也变得黯然失色!哦,欲望也要追寻欲望!哦,满足中也有强烈的饥渴!

他们从我这里获取,但是,我是否触及了他们的灵魂?在施予和获取之间有一道深壑,而最小的沟壑将最终才被架以桥梁。

一种渴望源于我的美丽,我真想伤害受我施与的人们,我想抢夺那些接受我馈赠的人们,于是我很渴望为非作歹。

当别人向我伸出双手,我却将我的双手缩了回来;我迟疑犹豫,就像瀑布在飞流直下时仍在迟疑一样。于是我渴望着这样为非作歹!

我的丰裕构想着这样的报复,从我的孤独中奔涌出这些歹念。

我的给予之乐终止于给予;我的道德已经厌倦了它本身的充裕。

始终给予的人有丧失廉耻之心的危险;始终在分发的人,他们的手掌与心灵最终会因为纯粹的给予而磨出硬茧。

我的双眼不会再因乞讨者的羞耻而热泪盈眶。我的双手已经太过坚硬冷酷,感受不到接受者双手的战栗。

我双眼中的泪水和我内心的柔情都去了何处?哦,所有给予者的寂寞!哦,所有照耀者的沉默!

许多太阳在荒漠中旋转,它们用自己的光芒向着黑暗中的一切说话——只有对我,它们保持缄默。

哦,这必然是光线对其他发光之物的憎恨,它毫无怜悯地沿着道路继续它的行程。

在内心深处对所有发光之物的不公,对所有太阳的冷漠——每个太阳都如是继续着它的行程。

太阳们循着自己的道路前行,如飓风一般。它们坚定不移地遵从自己无情的意志,那就是它们的冷酷。

哦,你这些黑暗与夜色,只有你们才能从发光者那里获取温暖!哦,只有你们才从发光者那里吮吸振奋身心的乳汁!

啊,我已被寒冰所包围,我的双手因寒冷而发热!啊,我的内心被渴望控制,而且因为你们的渴望而更加热烈。

夜幕降临了，唉，为什么我一定要是光呢！为什么要渴望黑暗？渴望孤独？

夜幕降临了，现在我的欲望如清泉一般从我身上喷涌而出——我渴望表达。

夜幕降临了，现在所有喷泉的声音都更为响亮了。而我的灵魂也是一眼喷泉。

夜幕降临了，现在所有的恋人之歌都被唤醒了。而我的灵魂也是一曲恋人之歌。

查拉图斯特拉如是唱。

舞之歌

有一天傍晚，查拉图斯特拉和他的门徒们一起穿越一片森林去寻找泉水，瞧，他来到了一片宁静的绿色草场上，周围被树木与灌木丛所环绕，草地上还有一些姑娘们在跳舞。姑娘们一认出查拉图斯特拉，便停下了舞步，而查拉图斯特拉友善地走近她们，说出了以下的话：

"你们这些可爱的姑娘们，不要停止跳舞！来到你们身边的，不是眼神邪恶的败兴者，也绝不是你们的仇敌。

"我是魔鬼面前的上帝的代言人，那个魔鬼就是沉重的精神。而你们这些脚步轻盈的神圣者啊，我怎么能与神圣的舞蹈为敌呢？或者与拥有灵活的脚踝的少女之足为敌？

"毫无疑问，我是一片森林，一片黑暗的森林的夜晚，可是，不畏惧我的黑暗的人，就可以在我的柏树下找到开满玫瑰花的小径。

"他也可以找到最为姑娘们所爱的小神灵，他安静地躺在泉边，闭目休息。

"确实，这个游手好闲的家伙竟然在大白天睡觉！也许他追逐蝴蝶追得太过劳累?

"你们这些美丽的舞者,假如我对这个小神灵稍加责备,你们别对我生气!他确实会嚎啕大哭——然而,即使在哭泣中,他也显得很是可笑!

"他满含热泪地请求与你们共舞;我自己也要为他的舞蹈而高歌一曲。

"一曲舞蹈之歌与一曲对沉重的精神的讽刺之歌,我那强有力的恶魔,他号称'世界的主宰'。"

这就是当丘比特与姑娘们共舞的时候,查拉图斯特拉所唱的歌:

哦,生命,近来我凝视过你的眼睛。在那里,我好像坠入了深不可测的深渊。

但是,你用你那金色的钓钩把我钓上来;当我称你为深不可测时,你嘲讽般地笑了。

"所有的鱼类都这样说,"你说,"它们自己无法理解的东西,就认为是深不可测的。

"然而,我不过是变幻莫测的,野性的,总体而言,是一个女人,一个没有道德的女人。

"尽管我被你们男人叫做'深邃者'、'忠实者'、'永恒者'或是'神秘者'。

"可是,你们这些男人总是把你们自己的美德加在我们身上——唉,你们这些有德者!"

于是,这个不可信的家伙,她笑了;可是当她数落自己的不是时,我从来不相信她和她的笑。

当我与我那野性的智慧面对面地交谈时,她愤怒地对我说:"你要求、你渴望、你热爱,仅仅出于这一原因,你才赞美生命!"

我几乎要无情地做出回答,并把真理告诉这位愤怒者;向你的智慧"说出真相"便是最为恶毒的回答。

我们三者的关系就是如此。在内心深处,我只爱生命——确实,当我恨它的时候,也最爱它!

但是我钟爱智慧,往往太过钟爱,因为它很容易地使我联想起了生命!

她有她的眼睛,她的欢笑,甚至还有她的金色钓钩:它们是如此相似,难道是我的过错吗?

有一次,生命问我:"智慧,她究竟是谁?"——于是我急切地回答说:"啊,是的,智慧!

"智慧就是人们渴求她,却无法获得满足,人们只能隔着面纱看她,只能透过网孔去捕捉她。

"她美丽吗?我怎么知道!即使是经验最丰富的鱼,也会咬她的诱饵。

"她嬗变而又倔强;我经常看见她轻咬自己的双唇,倒梳自己的头发。

"也许她邪恶而虚伪,总而言之,她是个女人;可是当她数落自己的不是时,往往正是她诱惑力最大之时。"

当我向生命说完这番话的时候,她邪恶地笑了,并且闭上了双眼。"你们究竟在谈论谁呢?"她问。"也许是在说我?

"就算你们言之有理,——你们怎么胆敢当着我的面说出这番话来呢!现在,你们还是谈谈你们的智慧吧!"

啊,亲爱的生命!现在你又重新睁开了双眼!我好像觉得,我又落入了那深不可测的深渊。

查拉图斯特拉如是唱道。可是,当舞蹈结束,姑娘们离去后,查拉图斯特拉感到一阵悲哀。

"太阳早已落山,"他最后说,"草地一片潮湿,森林中凉风阵阵。

一个神秘之物在我旁边若有所思地注视着我。怎么,你还活着吗?查拉图斯特拉?

为什么活着?为何原因而活?凭什么而活?去向哪里?在何处?如何活着?继续活着,不是很愚蠢吗?——

啊,我的朋友们,这是夜晚在我心里如是审问我。请原谅我的悲伤吧!

夜晚降临了,请原谅我,夜晚已经来临了!"

查拉图斯特拉如是说。

坟墓之歌

"那里是坟墓之岛,宁静之岛;那里也是我的青春之墓。我要把一个常青的生命花环送到那里去。"

于是我下定决心,扬帆过海。

哦,你们这些青春的景象与幻觉!哦,你们这些爱的闪光!你们这神圣的转瞬即逝的闪光!对于我,你们消逝得是如此之快!如今我想起你们,就像想起我故去的亲人一样。

我最亲爱的死者啊,从你们那里,飘来了一阵甜蜜的芳香,令人心旷神怡,肝肠寸断。确实,它使孤独的航海者的内心为之悸动,为之融化。

我仍然是最富有的,也是最遭人嫉妒的——我这个孤独者!因为我曾拥有你们,你们也仍然拥有我,告诉我,这从树上掉落下来的红苹果可曾落在别人的身上,就像落在我身上一样?

我仍然是你们的爱的遗产与继承者,为了纪念你们,五彩缤纷的道德之花在我身上竞相开放,哦,我最心爱的人们!

啊，你们这些友善的、奇特的奇迹！我们天生就是形影不离的；当你们冲着我与我的渴望而来的时候，并不像胆怯的鸟儿，而像相互信任的人。

是的，就像我一样，为了忠诚与永恒的爱而诞生，如今，我不得不以你们的不忠来为你们命名。你们这些神圣的目光与转瞬即逝的时刻：我还没有学会别的名字呢！

确实，你们这些流亡者，对我来说，你们消逝得太早！然而，我们都没有逃离对方，谈到相互之间对彼此的不忠，我们都是清白无辜的。

为了杀死我，他们首先扼死了你们，你们这些为我的希望而歌唱的鸟儿！是的，我最亲爱的朋友，恶意总是向你们张弓射箭，以便击中我的内心！

箭已击中！因为你们始终是我最亲爱的人，我的所有和我的疯狂：因此你们不得不在年轻时便死去，死得过早！

他们总是把箭射向我最脆弱的地方——也就是你们，皮肤像绒毛，更像一瞥而过的微笑！

但是，我要这样向我的敌人说，比起你们对我所做的一切，所有对人类的屠杀又算得了什么呢！

你们对我所做的罪恶行径，比一切杀人罪都更为恶毒；你们从我这里夺走的，是我无可挽回的东西——我对你们这样说，我的敌人们！

你们谋杀了我青春的幻想与最亲爱的奇迹！你们夺走了我的玩伴，那个幸福的精灵！为了纪念他们，我献上这花环与诅咒。

我要诅咒你们，我的敌人们！你们缩短了我的永恒，使之成为寒夜中一个逝去的音符！永恒的降临几乎不及神圣之眼的眨眼时间——稍纵即逝。

在美好时光中，我曾天真地这样认为："一切对于我都是神圣的。"

就在此时，你们突然驱使肮脏的鬼魂来困扰我，啊，那快乐的时光逃向了何处？

"所有的时光对于我来说都是神圣的"——我青春的智慧曾经如是说：确实，一种快乐的智慧之言！

可是，你们这些敌人偷走了我的夜晚，换来的是无眠的折磨，啊，我那快乐的智慧逃到了何处？

我曾渴望快乐的征兆，你们却让我在路途中遇上了猫头鹰怪物，一个凶兆。唉，我那柔情的渴望逃往哪里去了？

我曾发誓抛弃令人憎恶的一切，你们却使我周围的人和我最亲近的人患上了溃疡。啊，我最高贵的誓言逃往哪里去了？

我曾像盲人一样走过幸福之路，你们却在盲人的道路上抛洒污秽之物，如今他已厌倦了那条老道。

当我执行最为艰巨的任务，或是庆祝我的胜利之时，你们却让那些爱我的人大声疾呼，好像是我给他们带来了极大的痛苦。

确实，这就是你们的所作所为，你们把我那最为勤劳的蜜蜂所酿造的最上等的蜂蜜变得苦涩。

你们总是把最放肆无礼的乞丐打发来接受我的施予；你们总是将无可救药的无耻之徒聚集在我的怜悯周围。于是你们破坏了我的道德信仰。

当我以我最为神圣之物来献祭的时候，你们的"虔诚"却立刻把它丰盛的礼品放在旁边——于是我那最神圣的祭品在你们那油腻的雾气中窒息。

我曾想要跳舞，因为我从未跳过舞，我希望跳着舞穿越整个天空。而此时你们却引诱我那最爱的歌手唱歌。

如今他演奏了一曲难听而忧伤的曲调。唉，他对着我的耳朵吹奏出悲哀的号角!

索命的歌手,邪恶的乐器,最无辜的工具啊!我已准备了最好的舞蹈:你却用你们的曲调谋杀了我的欣喜!

只有在舞蹈中我才懂得如何说出最高贵的比喻——如今,我这最高贵的比喻却沉默地潜伏在我的体内!

我的最高希望,始终没有被揭示,更没有实现!而我青春的幻影与安慰都已消失殆尽!

我如何能忍受这一切呢?我如何能够经受并战胜这些伤痛呢?我的灵魂是如何从这些坟墓中得以重生的呢?

是的,我有一种不会受伤,也不会被埋没的东西,一种能够使岩石四分五裂的东西,那便是我的意志。它默默地行走,经久不变。

它依靠我的脚来前行,我的古老意志;它的内心冷酷无情,坚不可摧。

而我,只有后脚跟不会受伤。你始终在那里,一如既往,你这最坚忍者!但愿你能冲破所有坟墓的束缚!

在你身上仍然存在着我未能实现的青春。作为生命与青春,你满怀希望地坐在这坟墓的黄色废墟中。

是的,在我眼中,你仍是所有坟墓的破坏者:我的意志,我向你欢呼!只有在有坟墓的地方,才有复活。

查拉图斯特拉如是歌唱。

论战胜自我

你们这些最为智慧的人,你们把鞭策你们、激励你们的东西称之为"求真的意志"吗?认为一切存在之物都可以思考的意志:我如是称呼你们的意志!

你们想使一切存在之物都变得可以想象,因为你们已经有足够的理由怀疑它是否可以想象。

然而,你们的意志应当适应你们,屈从于你们!你们的意志这样要求。它应当变得顺从,臣服于精神,如同它的镜像和倒影。

你们这些最有智慧的人啊,这就是你们的全部意志,也就是你们的权力意志,尽管你们谈论着善恶标准和价值评估。

你们还想创造出一个你们可以对其顶礼膜拜的世界,在那里,你们可以寄托自己最后的希望与最后的陶醉。

然而,愚昧者,确切地说,民众——他们就像一条承载着小船的河流,价值评估戴着面具严肃地坐在船上。

你们把自己的意志和价值投入演变的河流中;我认出了一个古老的权力意志,那就是民众所认为的善与恶。

正是你们这些最有智慧的人,把这些客人置于船上,并用奢华的珠宝和令人羡慕的名号对他们精心打扮——你们与你们的统治意志!

如今,民众的河流推动着你们意志的小船前行。它不得不承载着小船。尽管汹涌的波涛愤怒地拍打着船底,可那又有什么关系呢?

你们这些最有智慧的人啊,你们的危险与你们善恶的终结并非在于这条河流,而在于你们的意志本身,那种权力的意志。那是永不枯竭、创造不息的生命意志。

但是,为了让你们了解我对善恶的观点,我先来谈谈我对生命的格言,以及关于一切有生命之物的本性的名言。

我观察一切有生命之物,通过一切宏观与微观的途径来考察它们的本性。

当生命缄默不语的时候,我在百面镜子中捕捉到了它的目光,我从它的眼中获知了它的秘密。正是它的双眼告诉了我这一切。

可是，无论在何处，只要在有生命存在的地方，我就能听到服从的言语。一切生物都惯于服从。

我所听到的第二点是，不服从于自己的人，便会屈从于别人的命令。这就是生物的本性。

我所听到的第三点是，命令比服从于人更难。这不仅是因为命令者背负着一切服从者的重任，而且因为这一重任很容易将他压垮。

我似乎在所有的命令中都看到了尝试与风险。当一个命令被发出的时候，这一生命的风险也随之产生了。

甚至当它命令自己的时候，它也必须为自己的这一命令付出代价。它必须成为自己的法官、复仇者和牺牲品。

为什么会是这样呢？我这样问自己。是什么东西驱使生命去服从、去命令、甚至在命令的同时去屈从？

你们这些最有智慧的人啊，现在听听我的话吧！你们可以严格地论证一下，我是否已经深入了生命的核心？直达生命的本质？

无论何处，只要在我发现有生命存在的地方，我就能找到权力意志；即使在服从者的意志中，我也能找到主宰的意志。

弱者应当为强者服务——弱者的意志如是劝说，因为弱者的意志在于成为更弱者的主人，这是它唯一不愿意舍弃的乐趣。

正如卑微者服从于强大者，是希望能够从最卑微者那里获得快乐与力量，最伟大的人也为了权力的缘故而服从，并贡献出生命。

最伟大者的服从就是冒险、危险与孤注一掷。

凡是存在牺牲、效劳与爱之眼神的地方，就存在着主宰者的意志。弱者通过迂回的途径潜入堡垒，获取强者的信任，最终从那里盗取了权力。

生命曾亲自向我透露这个秘密。"瞧，"它说，"我就是得必须时刻超越自己。"

确实，你们把它称之为创造的意志，或是在达到目标后再追求更高、更远、更为复杂的目的的本能，但这一切不过是同一个秘密。

我宁愿死去，也不愿否认这一事实；确实，在有毁灭与落叶枯黄飘落的地方，瞧，就有生命在做出牺牲——为了强权！

我不得不是斗争、生成、目标与目标之间的对立，啊，猜得出我的意志的人，也必然能猜出我的意志所不得不走过的崎岖之路。

无论我创造了什么，也无论我是如何地喜爱它，不久我便要反对它，并且反对我的爱：我的意志要求我如此。

甚至你这个求知者，也不过是我的意志的一条小径与足迹；确实，我的权力意志是在重蹈你求真意志的覆辙！

向真理射出"存在之意志"之格言的人当然是射不中真理的。那种意志——并不存在！

因为，并不存在之物是没有意志的，然而，已经存在之物，怎么可能还要为存在而抗争！

只要有生命存在的地方，就有意志的存在；但是，这不是生命的意志，而是——我如是教导你们——权力意志！

有很多东西被有生命之物视作比生命本身更为高贵，但是，出于评价本身开口的是权力意志！

这就是生命曾经教导我们的，啊，你们这些最有智慧的人们，这番教导解开了你们心中的谜团！

确实，我告诉你们：那些被人们认为是永不消逝的善与恶，其实是并不存在的！因为善恶本身也必须不断地超越自身。

你们这些价值的评估者，你们用自己的价值和善恶的准则，行使着你们的权力，这就是你们隐秘的爱，你们灵魂的光芒、战栗和泛滥。

但是，在你们的价值中，诞生了一种更为强大的力量，一种自我超越的力量破壳而出。

不得不成为善恶的创造者——确实，他不得不首先成为一个破坏者，粉碎旧价值。

所以，最大的恶也是最大的善的一部分。但是，这是创造者的善。

你们这些最有智慧的人啊，让我们来谈谈吧，即使这并不一定是件好事。然而沉默不语更加于事无补；因为任何真理，如果受到压抑，都会变成毒药。

凡是一切能被我们的真理摧毁的东西，都让它们被摧毁吧！需要建筑的房屋还多着呢！

查拉图斯特拉如是说。

论卓越的人

我内心之海的海底看似平静，谁能猜到那里深藏着滑稽的怪物！

我的内心深处波澜不惊，但是它因为游移不定的谜题与笑声而波光闪烁。

我今天遇见了一位卓越的人，一位严肃的人，一位精神的忏悔者：哦，我的灵魂是如何嘲笑他的丑陋！

他挺起胸膛，就像一个做深呼吸的人，那个卓越的人，他就如此站在那里，沉默不语。

他的身上被饰以许多可怕的真理，那是他的猎获物；他衣衫褴褛,身上还扎了很多荆棘,但是我没有看到一枝玫瑰。

他还没有学会笑与美。这位猎人脸色忧郁地从知识的森林中走来。

他从与野兽的搏斗中回来,可是,在他严肃的表情里,透露出另一种兽性——那是一只未被制服的野兽!

他始终站在那里,就像一只蠢蠢欲动的老虎;可是我不喜欢他那种被拘束的灵魂,那些自我关注的灵魂不合我的口味。

朋友们,你们告诉我,不应当有关于趣味与品位的争论吗?可是,任何生命都是一场趣味与品位之争!

品位,它既是重量,同时也是天平和测量者;世间一切想要生存,却不想为重量、天平与测量者斗争的生物是多么不幸啊!

这卓越的人,等到他开始厌倦了自己的卓越时:此时,他的美丽才会得以展现——只有在这个时候,我才会欣赏他,才会觉得他符合我的口味。

直到他背弃了自己,他才能跳出自己的阴影。确实!才能跳入他的阳光中去。

他在阴暗之处待的时间过久,这精神的忏悔者已经面目苍白了;期盼几乎要让他饿死。

他的眼神中仍有轻蔑;他的双唇间仍隐藏着厌恶。确实,他现在正在休息,可是他还没有躺在阳光底下沐浴。

他应该像一头公牛一样,他的幸福中应当散发着泥土的气息,而不是对大地的轻蔑。

我希望看见他像一头拉着犁铧,正在耕地的白色公牛。它沉重的喘息和咆哮声应该是对大地的一种称颂!

他的面孔仍然是黝黑的;他双手的影子在他脸上舞蹈。他的双眼也仍然被阴影所遮掩。

他的行为本身仍然是他身上的一个阴影，他的行为遮蔽了行事者本人。他还不曾战胜过自己的行为。

确实，我喜欢他那公牛一般的项背，但是现在我也希望看见他那天使一样的双眸。

他也应当忘记他的英雄气概，他应当不仅是一个卓越的人，而且是一个备受褒奖的人——这个缺乏意志的人，苍天本身都应当抬举他！

他已制服了怪兽，解开了谜题，但是他还应当拯救他的怪物，他的谜题，使他们成为神灵的孩子。

他的知识还不曾学会微笑，学会排除嫉妒；他洋溢着的热情尚未在美中得到平息。

确实，他的渴望不应该在满足中消逝，而应该在美中灭亡！对于道德高尚的人，优雅属于其慷慨的一部分。

将手臂枕于头上，英雄应当这样休息，也应当这样战胜他的休息。

可是，美对于英雄们来说是最难做的事情。美对于任何热切的意志都是遥不可及的。

多一点，少一点，在这里恰恰有很多，在这里恰恰是最多。

对你们所有这些卓越的人来说，始终让肌肉松懈、意志放松，是最难的事情！

当强权变得优雅，降低到为人所见的地步时，我就将这种屈尊与谦逊称之为美。

你这手握重权的人，我从未向除你之外的别人要求过美，愿你们的善良成为你们最后一次对自我斗争的胜利。

我相信你能作恶多端，所以我希望你能行善。

确实，我常常嘲笑那些弱者。他们因为自己腿脚不便就认为自己是善人！

你应当尽力追求立柱的道德：它的高度越高，就越显得美丽和优雅。但是它的内在也变得越坚挺，越有承受力。

是啊，你这位卓越的人啊，终有一天，你也会变得美丽，会拿出镜子欣赏自己的美。

那时候，你的灵魂将会因为这神圣的希望而激动战栗；你的虚荣之中仍然会有崇拜！

因为这是灵魂的秘密：只有当英雄抛弃了灵魂之后，才会有"超英雄"在梦中——靠近它。

查拉图斯特拉如是说。

论文明之地

我在未来中飞得太远，心里突然感到了一丝恐惧。

当我环顾四周，瞧！只有时间是我仅有的同时代者。

于是我转过身去，向后飞奔，越飞越快。就这样，我来到了你们中间——你们这些现代人之中，我进入了文明之邦。

平生第一次，我带着美好的意愿来审视你们。确实，我是带着期盼的心情而来。

可是，发生了什么事情呢？尽管我心存恐惧，但是我还是忍不住大笑！我从未见过如此五彩缤纷的花花世界！

我禁不住发笑，这时候我的双腿和心灵都在颤抖不止："这里简直就是个颜料之乡！"我说。

你们这些现世的人啊，我惊讶地看着你们坐在那里，脸上和四肢被涂上五十块彩色的图案。

你们被五十面镜子所包围，它们恭维并模仿着你们这种变幻颜色的游戏！

确实，你们这些现世之人啊，再好的面具也比不上你们真实的面孔！谁能够——认出你们来呢？

你们身上过去的符号未退,如今又增添了新的记号,所以你们就是这样在破解记号者的面前很好地隐藏了自己!

即使有人会查看五脏六腑,可是谁又会相信你们还有五脏六腑呢?你们看上去就好像是用颜料烘焙出来的,用纸片黏合而成的。

你们透过面纱所看到的所有时代与所有民族是五彩缤纷的;所有的习俗与信仰都从你们的神情举止中表露出来。

如果谁取下你们的面纱,卸下你们的斗篷,褪去你们的颜色,改变你们的神情,人们便会发现,站在面前的不过是个能吓跑飞鸟的家伙。

确实,我自己就是一只受到惊吓的鸟儿,我曾见过你们受了惊吓而褪去颜色的裸体;当这副骨架向我投怀送抱的时候,我便落荒而逃。

我宁愿在那地狱,在过去的魂灵中间劳作!因为甚至那里的居民也比你们更充实、更丰满!

这,是的,这就是让我的五脏六腑都感到痛苦不堪的事情。你们这些现世之人啊,我既不能忍受你们赤身裸体,也受不了你们穿衣戴帽。

确实,即使是对未来不可预知的恐惧,和令一切迷途之鸟胆颤之物,也比你们的"现实"更让人安心。

因为你们如是说:"我们完全是现实的,既无信仰,也无迷信。"你们是如此趾高气扬,自我标榜——然而你们其实并没有可供标榜之物。

确实,你们应该怎样才能够信仰,你们这些色彩斑斓的人!你们不过是一切信仰的写照!

你们是对信仰本身活生生的背离,你们是所有思想的错位。不值得信任的人:我这样称呼你们,你们这些现实者!

各个时代都在你们的精神里相互漫骂;各个时代的梦想

与闲扯都比你们的清醒更为现实!

你们不会生育,因此你们缺乏信仰。可是,不得不创造的人也总是拥有他能够应验的梦境和观星图的征兆。他坚信着信仰!

你们是虚掩着的大门,掘墓者就等在外面。你们的现实就是:"一切都将注定毁灭。"

啊,你们是怎么一副模样地站在那里啊,你们这些无法生育的人,你们是如此瘦削!你们当中一定有很多人明白了这一切。

很多人说:"当我熟睡之际,上帝也许偷偷地取走了我身上的什么东西?确实,那应该是制造一个女人的材料!"

"我的胸肋是如此瘦削,这真是令人奇怪!"许多现世之人这样说。

确实,现世之人啊,你们真让我感到好笑。尤其是当你们对自己感到惊讶的时候。

如果我不为你们的惊奇感到好笑,如果我不得不吞下你们盘子里那些令人作呕的东西,那我是何其不幸啊!

但是,我要把你们变轻,因为我不得不承担重负;即使在我的重负上再落上几只甲虫和金龟子,又有什么关系呢?

确实,我的负担并不会因此而加重!你们这些现世之人啊,让我感觉最为疲倦的并不是你们!

啊!带着我的欲望,我现在该向何处攀登呢?我在每一个山巅上寻找我的家乡,我的故土。

但是,我在任何地方都找不到家园,我在一个个城市中流离失所,每一扇大门都是我逃亡的起点。

刚才,我还想要在心灵上贴近这些现世之人,而如今,他们只是让我发笑的陌生人罢了,我从家乡与故土中被驱逐了出去。

带着我的欲望,我现在该向何处攀登呢?我在每一个山巅上寻找我的家乡,我的故土。

所以我只爱我的孩童之邦,在那远海尚未被发现的地方,这是我吩咐我那远航的帆船要永远找寻的地方。

我愿意补偿我的孩子,因为我是先辈们的子孙,我愿意用整个未来——来补偿这个现在!

查拉图斯特拉如是说。

论纯粹的知识

昨晚当月亮升起时,我觉得它似乎想要生出一个太阳来,它充盈饱满地躺在地平线上。

然而,它的怀孕不过是个谎言;我宁愿相信它所孕育的是个男人,而非一个女人。

确实,这个胆怯的夜游者太缺乏男人的气概。确实,他心中怀着恶意悄悄地从屋顶上走过。

因为他贪婪而善妒,这月亮中的修道士,他觊觎着尘世,渴望享受一切情侣之欢。

不,我不喜欢他,屋顶上的那只雄猫!我厌恶所有那些从虚掩着的门前绕道而行的家伙!

他虔诚而安静地从星辰编织的地毯上走过——可是我厌恶那些走路轻手轻脚,甚至不让鞋钉发出一丝声响的人们。

每一个诚实者的脚步总是掷地有声。但是,猫儿走起路来却是悄无声息。你看,月亮多么像虚伪的猫,悄悄地前行。

我要将这个比喻说给你们这些多愁善感的伪君子们,你们这些"纯粹的认知者"!我把你们称作——贪得无厌的人!

甚至你们也爱尘世与大地上的一切,我已经看透了你们!可是,你们的爱中有耻辱,有不良的意图——你们就像月亮!

你们的精神被说服去蔑视尘世的一切,但是你们的内心却不为所动,那是你们身上最强硬的部分!

如今你们的精神耻于服从你们的内心,它始终在迂回与隐秘的道路上前行,以逃避自己的耻辱。

"在我看来,这就是最高尚的事"——你们好欺骗的精神自言自语——"无欲无求,绝不像垂涎的狗那样觊觎生命。

怀着泯灭的意志,快乐地凝视,摆脱了自私的嫉妒与贪婪,对于万物不寄任何希望,只有双眼被月亮所陶醉!

对我来说,这是最好不过的了,"遭受诱惑的人如是诱惑自己说——"如同月亮热爱尘世一般地热爱尘世,只用双眼来感受它的美丽。

这就是我所说的对于世间万物完美的理解,对于一切,我别无所求,我只愿能像镜子一般置于它们旁边,折射出它们的千百种面目。"

哦,你们这些多愁善感的伪君子,你们这些贪得无厌的人们!你们的欲望中缺乏纯真,现在你们因此而诋毁了欲望的声名!

确实,你们并不是作为创造者、生育者和以创造为乐的人那样来热爱尘世的!

纯真存在于何处?凡是有生育意志的地方,就有纯真。而想要超越自身而创造的人,在我看来,拥有最纯洁的意志。

美存在于何处?凡是我必须用整个意志去渴求的地方,就有美的存在。在我愿意去爱,愿意为之死亡,从而使形象不再仅是形象的地方,就有美的存在。

爱与死亡,自古以来就步调一致。求爱的意志:也就是准备赴死的意愿。这是我说给懦夫听的话。

可是,你们却把自己柔弱妩媚的眼神称为"沉思"!而把懦弱者的目光遍及之处,称之为"美"!哦,你们这些高贵的名字的玷污者!

可是,你们这些纯粹的求知者啊,你们应当受到诅咒,你们将永远不能繁衍生息,尽管你们身强力壮,意志饱满地躺在天边!

确实,你们满口冠冕堂皇的言辞,你们这些骗子,是想让我们相信,你们的心灵已经超载了吧?

然而,我的言语粗俗贫乏,为人所不齿,也杂乱无章,我很乐于捡拾你们在设宴时从桌边掉落的东西。

我始终能用这些对伪君子说出真理!是啊,我的鱼刺、硬壳和带刺的叶子应该搔痒你们这些伪君子的鼻子!

你们和你们的欢宴被污浊的空气所包围:这空气中充满着你们的淫秽思想、你们的谎言与秘密!

首先要勇于相信你们自己——你们自己和你们的内心!不自信的人总是会说谎。

你们这些"纯洁的人"啊,你们在自己面前放了一个上帝的面具,你们那令人毛骨悚然的蛇就藏在这个神的面具的下面。

确实,你们这些"沉思者"啊,你们欺骗了大家!甚至查拉图斯特拉也曾被你们神圣的外表所蒙蔽,他不曾料想这表皮下面潜藏着怎样的毒蛇。

你们这些纯粹的求知者啊,在你们的把戏中,我曾以为看到了上帝的灵魂!我还未尝见识过比你们更高明的把戏!

我与你们相距过远,看不到毒蛇的污秽,闻不到它恶臭的气味。我不知道这一不怀好意的蜥蜴在此到处爬行。

但是,我走近你们了,这时候白昼为我降临了,现在它也为你们降临,月亮之爱已经临近尾声。

看啊,月亮在黎明的面前,脸色苍白,神情惊慌!

因为她已经来了,这发光之物——她对大地的爱也即将到来!太阳的爱充满了纯真和创造性的欲望!

往那边看啊,太阳如何急切地越过了海平面!你们难道没有感受到她爱的饥渴和炽热的气息吗？

她想吸吮海水，深处的海水，把深海的水吸到自己的高空。而此时，大海的欲望也随着它的千万个波涛而涌动。

大海被太阳的热切渴望亲吻、吮吸；它想变成水汽、高度、光明的通道，甚至光明本身！

真的，我也和太阳一样，热爱生命与一切深邃的海洋。

这一切对我来说，意味着知识：一切深邃的东西都要上升到——我的高度！

查拉图斯特拉如是说。

论学者

在我熟睡之际，一只羔羊啃食着我头上戴着的常春藤花环。它一边吃，一边说："查拉图斯特拉不再是一个学者了。"

说完这番话，它便傲慢而不屑一顾地离去了。这是一个孩子告诉我的。

我喜欢躺在孩子们玩耍的地方，在这倒塌的断壁残垣旁边，在这长满蓟草与红罂粟的地方。

对于孩子们来说，甚至对于这蓟草与红罂粟来说，我仍然是一个学者。他们是纯洁天真的，即使在他们作恶使坏时也是如此。

然而，对于羊群来说，我不再是学者，我的命运要求我如此——应当感谢这个命运！

因为事实如此，我离开了学者的居所，我还在身后狠狠地把门关上。

我饥渴的灵魂在学者的餐桌边坐得过久；我没有像他们那样专门获得获取知识的训练，犹如压碎核桃那样。

我热爱自由和大地上清新的空气；我宁愿睡在牛皮上，

而不愿意睡在它们的荣誉与尊严之上!

我的思想太过热切,太令人焦灼,它常常让我喘不过气来。于是我必须来到露天的旷野中,远离一切被尘封的房间。

然而,他们冷酷地坐在清凉的阴影之中,在一切事情中,他们只做旁观者,不愿坐在被太阳炙烤过的石阶上。

就像那些临街而坐,张着嘴望着过往行人的闲客,他们也在如此地等待,等待着别人已经想到的念头。

谁要是用手去触摸他们,他们就会像装面粉的袋子一样无意识地在自己四周扬起一阵尘土。但是,谁又能想到你们的灰尘来自谷物,来自夏日田野里那金黄色的喜悦呢?

每当他们自作聪明的时候,他们那些狭隘的格言和真理总是令我毛骨悚然,他们的智慧常常散发着一种气息,好像这种智慧是源自于沼泽地:确实,我甚至听到青蛙在这种智慧中呱呱鸣叫!

他们聪明能干,手指精巧灵活,与他们的复杂多变相比,我的单纯还想要求些什么呢?

他们的手指擅长穿针引线、纺织与编织的工作,于是他们精心地编织着精神的袜子。

他们就像那些精确的时钟,只要人们为他们及时地上好发条。他们就能准确地指示时刻,同时发出谦逊的滴答声。

他们犹如磨石和捣杵一样工作,只要人们把谷种倒进去就行!他们知道如何将谷粒碾碎,磨成雪白的粉末!

他们彼此并不信任,相互严密监视。他们心思缜密、计谋多端,像蜘蛛一样窥伺着这样一些人,这些人的知识依靠跛足而行走。

我常常看见他们在小心翼翼地调配着毒药;这时候,他们总是用玻璃手套保护着自己的手指。

他们甚至精通玩作弊的骰子;我看到他们玩得是那样热

切，以至汗流浃背。

我与他们互不相识，在我看来，他们的道德，比起他们的虚伪与作弊更令人厌恶。

当我居住于他们之中的时候，我住在他们上面。因此他们也嫉恨我。

他们不愿意听到别人在他们的头顶上走动；所以他们在我与他们之间塞满了木柴、泥土与垃圾。

这样，他们隔离了我的脚步声，直到如今，最博学之士都没有听说过我。

人类的一切弱点与错误，都被他们安置于我与他们之间——在他们的住所，这被称为"假天花板"。

然而，不管怎样，我仍然带着我的思想，在他们头顶上走动；即使我踩踏着自己的弱点，也还是行走在他们的上面，他们的头顶上。

因为人类是不平等的：正义如是说。我愿意做的事情，他们却未必愿意。

查拉图斯特拉如是说。

论诗人

"自从我更好地了解了肉体之后，"查拉图斯特拉对他的一个门徒说，"精神对我来说就仅仅成为了一个象征；而一切'不朽之物'——就仅仅只是一个比喻。"

"我曾听到你这样说过，"这个门徒回答道，"然后你还补充了一句：'但是诗人太善于说谎了。'为什么你说诗人善于说谎呢？"

"为什么？"查拉图斯特拉说，"你问我为什么？我最不愿意被人追问为什么了。

"难道我的经历，只隶属于昨日？我的观点理由，已经历经了太久的考验。

"难道我必须成为一个记忆之桶，以便能随身装载着我的理由？

"对我来说，保留我的理由本身已经是过高的要求了；它们就像鸟儿一样振翅而飞了。

"有时候，我的鸽笼里也会飞来一只外来的、迷途的鸟，当我伸手去触碰它时，它不停地颤抖着。

"可是查拉图斯特拉曾对你们说过什么？诗人们太擅长说谎？但是查拉图斯特拉自己也是一位诗人。

"你现在相信他在这里说的是真话吗？为什么你如此相信他呢？"

这个门徒回答道："我信仰查拉图斯特拉。"但是查拉图斯特拉摇了摇头，微笑起来。

"信仰并不能将我神化，"他说，"尤其是对我的信仰。

"但是，假如有人十分严肃地说，诗人们的谎言太多，那他是言之有理的——我们确实说谎太多了。

"我们知道得也太少，又不精于学习，所以我们不得不说谎。

"而我们这些诗人中间，有哪一个不在酒里兑水的呢？许多毒药就在我们的地窖里被酿造而成，许多无法形容的事情就是在那里得以实现。

"因为我们所知甚少，所以我们发自内心地喜欢精神上的穷人，尤其是那些愚蠢的少妇！

"我们甚至还很想知道老妇人们在晚间相互间的言谈。这被称为我们身上永恒的女性特质。

"似乎存在着一条专门通往知识的暗道，而这条路却不能被有才学之人所通过，所以我们相信民众及其'智慧'。

"但是,所有的诗人都相信,置身于草地上或孤独的荒坡之中,竖起耳朵,就总会听到一些天地之间发生的事情。

"如果诗人们得到了一点点温情,他们便会认为是大自然本身爱上了他们。

"她悄悄潜入他们的耳朵,向他们轻声倾吐秘密,诉说情话,为此诗人们便在所有世人面前炫耀卖弄,以此为傲。

"唉,天地之间这么多事情,只有诗人们才梦想过!

"尤其是在天上的事情,因为一切神祇都出自诗人们的比喻和想象!

"确实,我们总是被引向高处——也就是,被引向那白云之乡,我们在那里安放着我们缤纷多彩的傀儡,然后把他们称之为上帝与超人。

"他们的重量都足够轻,完全可以坐在这样的座位上!所有这些神祇与超人!

"唉,我是多么厌倦那些微不足道却又一意孤行地认为自己是个人物的家伙们!唉,我是多么厌倦这些诗人们!"

查拉图斯特拉说完这番话,他的门徒虽然心有不满,却保持沉默。查拉图斯特拉也不再发话,他审视着自己的内心,一如眺望着远方。最终他叹了一口气,说道:

"我属于今日与过去,"这时候他说,"但是我的内心也有某种属于明日、后日与未来的东西。

"我已厌倦了诗人,无论是旧派还是新派的诗人,在我看来,他们全都太过肤浅,就像是浅海一般。

"他们没有深刻的思想,所以他们的感情从来没有抵达过内心的深处。

"有几分淫乐,有几丝烦恼,这曾经是他们最佳的思考。

"在我听来,他们弹奏竖琴的叮咚声就像是鬼魂的尖叫与喘息，至今为止，他们根本不明白何谓热情的音调！

"对我来说，他们还不够纯净，他们全都把水搅浑，让它看上去更深一些。

"他们因此而很想成为调解人，但是，我却认为他们始终是一些中间人、不善交际的人和不纯粹的人！

"啊，我在他们的大海中撒下我的网，想捕上几条大鱼，但总是拖上来一些古老神祇的头像。

"大海就是如此，它赠予了我这饥饿者一块石头。好像饥饿者本身也是源自于大海。

"确实，人们能从他们身上找到珍珠：这使得他们更像那些坚硬的带壳软体动物。我往往发现，诗人们缺乏灵魂，只会分泌咸湿的黏液。

"他们还从大海身上学到了虚荣，大海不就是最骄傲的孔雀吗？

"即使在最丑陋的犀牛面前，它也会张开它的彩屏。它一次次不厌其烦地打开那银色的带着丝质般花边的高级扇面。

"野牛轻蔑地在一边注视着，它的灵魂靠近沙滩，更靠近灌木丛，可是最为靠近沼泽地。

"而美丽、大海与孔雀之屏对它来说又算得上什么呢！这就是我给诗人们的比喻。

"确实，他们的精神本身就是最自以为是的孔雀，是一片虚荣的海洋！

"诗人的精神需要看客，哪怕观众只是一些野牛！

"但是我已厌倦了这种精神，我感到诗人们自我厌倦的时刻也已临近。

"我已看见了诗人们的改变，他们将目光转向了自己。

"我已经看见精神的赎罪者出现了，他们正是从诗人们中间诞生的。"

查拉图斯特拉如是说。

论大事件

在大海上，距离查拉图斯特拉的幸福岛不远之处有一个岛屿，岛上有一座不断冒烟的火山；当大众，尤其是他们当中的年老女人谈论起它的时候，都说这岛屿像是被放置于地狱之门前的一块大岩石。可是，有一条狭窄的小道在其下穿过火山，直达这扇地狱之门。

就当查拉图斯特拉在这幸福岛上逗留的时候，发生了这样的事：有一艘船停泊在了这矗立着冒烟的火山的岛屿上，船员们登到岸上去猎取兔子。然而，到了中午时分，当船长与他的船员们重新聚集在一起的时候，他们突然看见一个人从空中向他们而来，清晰地高喊："时候到了！现在正是关键时刻！"然而，当这个影子来到离他们最近之处时（他像影子一般一掠而过，向着火山所在的方向飞去），人们吃惊地认出，他就是查拉图斯特拉；因为除了船长之外，他们都曾见过查拉图斯特拉。他们也都像众人一样曾经喜爱过他，也就是说，等量的爱与畏惧混合交加。

"看啊！"年迈的舵手说，"查拉图斯特拉下地狱了！"

就在这些水手们登上火山岛之际，他们听到了查拉图斯特拉失踪了的传闻；据朋友们说，他在夜间乘船离去了，却没有人指出他的去向。

于是人们之中产生了一种不安。然而，三天后，船员们所讲的故事又加剧了这种不安的情绪——现在人们都说查拉图斯特拉被魔鬼抓走了。他的门徒们对这种说法嗤之以鼻，他们其中的一个甚至说："我宁愿相信是查拉图斯特拉抓住了魔鬼。"但是，在内心深处，他们无不充满着悲哀与渴望。因此,当第五天查拉图斯特拉重新出现在他们面前的时候,他们全都喜出望外。

以下就是查拉图斯特拉与火狗的一番对话:

大地有一张皮;这张皮上有很多疾病。例如,其中的一种就是"人类"。

而另一种疾病叫做"火狗",关于火狗,人们欺骗了自己,也遭到了别人的欺骗。

为了探究这个秘密,我穿越了大海,确实,我看见了赤裸裸的真理!它光着脚,一直裸露到脖子。

现在我明白了关于火狗的真理,同时也明白了不只让老妇人感到恐惧的所有喷火的妖魔与颠覆的魔鬼的真理。

"出来吧,你这火狗,从你的深渊中出来吧!"我喊道,"向我坦白这深渊究竟有多么深!你所喷出的火焰究竟是从何而来?

"你畅饮海水,这暴露出你那充满怨恨的雄辩之才!确实,你这藏在深处的火狗,从地面上汲取了太多的养分!

"我最多把你看做大地的腹语者,而当我听见喷火的妖魔与颠覆之魔开口的时候,我总是觉得他们与你一样,充满怨恨、虚伪而肤浅。

"你们懂得如何咆哮,懂得如何以灰尘遮蔽天空!你们最善于自夸,并且精通将泥浆煮沸的技艺。

"无论你们身处何处,周围必然有泥浆近在咫尺,那些海绵状的、中空而聚集于一处的东西,它们想要获得自由。

"你们都急切地咆哮着'自由',可是一旦被许多的喊叫与烟雾所围绕的时候,我便忘记了对'大事件'的信仰。

"相信我吧,你这喧嚣的朋友!最伟大的事件——并不是我们最嘈杂的时刻,而是我们最寂静的时刻。

"这个世界并不是围绕着新的喧嚣的发明者而转动,而是围绕着新价值的发明者而转动；它的旋转是悄无声息的。

"你就承认了吧！当你的喧嚣声逝去，烟雾消散的时候，往往什么事情也没有发生。一座城市变成了木乃伊，一个雕像躺倒在泥里，这又算什么呢！

"我对摧毁石像的人也是这么说的，将盐撒入大海，把石像推倒在泥浆里，没有比这更大的愚蠢了。

"在你们蔑视的泥浆中躺着石像，而这正是它的生存之道，它的生命与生机勃勃的美在这轻蔑中再次诞生了！

"它现在以更为神圣的形象站立了起来，确实，它的痛苦使它更具诱惑力！你们这些破坏者，它要感激你们推倒了它！

"而我还要将这一建议进献给国王、教会以及在年龄与道德上衰弱的所有人——让你们被颠覆吧！这样你们就可以获得重生，但愿道德会重新回到你的身上！"

我在火狗的面前如是说。这时候它突然闷闷不乐地打断了我，问道："教会？那到底是什么？"

"教会吗？"我回答，"那是一种政体，并且是最为虚伪的一种。不过不要声张，你这伪善的狗！你当然最为了解你的同类！

"这个政体与你一样，是一只伪善的狗。它与你一样，喜欢通过烟雾与吼叫说话，为了使人们相信，它像你一样，说出了事物的心声。

"因为它——这个政体，用尽手段想要成为世间最为重要的动物；而人们也是这样认为的。"

当我说完这番话，火狗似乎嫉妒得失去了理智。"什么？"它喊道，"世间最重要的动物？人们也是这样认为的？"从它的喉咙里喷出了太多的烟雾与可怕的噪音，以至于我感到它几乎要被这愤怒与嫉妒窒息了。

最终它平静了下来，也平复了喘息；可是，它一安静下来，我便笑着说：

"你发怒了，火狗，也就是说，对于你的评价，我说得不错！

"为了证明我的正确，你就听一听关于另一只火狗的故事：它确实是从大地的深处说话。

"它呼出的气息是金子与金雨：它的内心就是如此渴望。灰尘、烟雾与残渣对它而言又算得了什么！

"笑声像云彩一般从它身边掠过；它厌倦了你喉咙里发出的咯咯声、你的喷吐和你的肝火！

"可是，金子与笑声——它们源自大地的内心：因为，你也许知道，大地的内心是金子构成的。"

火狗听完了这番话，再也无法听下去了。它惭愧地垂着尾巴，低沉地汪汪几声，爬回了它的岩洞里去。

查拉图斯特拉这样讲述着。但是，他的门徒们几乎没有听他说话：他们如此急切地渴望将水手们、兔子与那飞行的人的事情告诉他。

"我应该如何看待这件事呢？"查拉图斯特拉说，"我当时真的是一个鬼魂吗？

"但是，那应该是我的影子。你们一定听说过有关漫游者与他的影子的事情吧！

"然而，有一件事情是确定无疑的，我必须牢牢地掌控它，否则它还将败坏我的名誉。"

查拉图斯特拉再次摇了摇头，感到十分惊讶。"我应该如何看待这件事呢？"他再次说。

"为什么那鬼怪又喊道：'时候到了！现在正是关键的时刻！'

"究竟是做什么的时间到了呢！"

查拉图斯特拉如是说。

论先知

"我看到一个极大的悲哀降临了人间。连最优秀的人都已厌倦了自己的工作。

"一种新的学说开始流传,一种新的信仰伴随它出现了:'一切都是空虚,一切都是雷同,一切都已过去!'

"群山间回响着:'一切都是空虚,一切都是雷同,一切都已过去!'

"我们一定已经获得了收获,可是,为什么我们的果实都已经腐烂并且变成了棕色?昨天从邪恶的月亮上坠落的是什么东西?

"我们的一切劳作都是徒劳。我们的美酒变成了毒药,邪恶的目光将我们的田野与心灵灼烧得焦黄。

"我们都变成了一片荒芜;一旦引火上身,我们就会立刻变成飞扬的灰尘。是的,我们也使火焰自身疲倦不堪。

"所有的泉水都已干涸,甚至大海也已经退潮。整个大地都要崩裂,可是深谷却并不愿吞噬什么!

"'唉!哪里还有一片能使人溺死于其中的大海呢?'我们的悲叹声——在低浅的沼泽中回响着。

"确实,我们甚至已经厌倦了死亡;如今我们仍然保持清醒,继续生活——在这坟墓中。"

查拉图斯特拉听到这个先知如是说,这个预言触动了他的内心,改变了他。他忧伤而漫无目的地走着,异常疲倦;他变成了先知所说过的那些人群中的一员了。

确实,他对门徒们说,不久之后,那漫长的黄昏即将到来。唉,我该如何保护我的光明度过这一时刻!

但愿我的光明不会在这样的悲伤中熄灭！在遥远的世界与最遥远的夜色中，它是那一点光明！

查拉图斯特拉就这样郁郁寡欢地走来走去，整整三天，他滴水未进，粒米未沾。他既没有休息，也没有说话，最后终于昏睡了过去。而他的门徒们在这漫长的夜晚都守候在他的周围，焦急地等待着他苏醒过来，重新说话，从痛苦中恢复。

以下就是查拉图斯特拉醒来后对他的门徒们所说的话，可是，他的声音在他的门徒们听起来，似乎来自遥远的地方。

我的朋友们，请听听我做的这个梦，帮我解释一下它的意思！

这个梦对我来说仍然是一个谜题，它的寓意隐藏在梦中，囚禁在梦中，未曾以自由的翅膀飞越这个梦。

我梦见我抛弃了整个生命。在那高处，在那荒凉的死亡之山的城堡中，我已变成了守夜人和守墓人。

在那里，我守护着他的棺材，散发着霉味的墓穴中充满了这些胜利的战利品。被征服的生命透过玻璃棺材凝视着我。

我呼吸着尘封的永恒的气息，我的灵魂沉闷地躺着，上面布满着灰尘。谁能在那里让自己的灵魂透透气呢！

午夜的光明始终围绕着我，寂寞就蜷缩在她的旁边，还有第三者，那死一般的沉寂，它是我所有女性朋友中最糟糕的一位。

我拿着钥匙，所有钥匙中最锈迹斑斑的那些。我知道如何用它们打开那些吱吱作响的大门。

当门被打开时，一个嘶哑的如同鸦鸣般的声音响彻了整个走廊。这只乌鸦充满恶意地鸣叫，不愿意被唤醒。

然而，当一切重新陷于平静，当我独自坐在这险恶的沉寂之中的时候，一切都变得更为可怕，更加令人揪心。

时间就这样从我身边悄悄地流过,如果时间还存在的话,我怎么知道呢!但是最终发生的事情唤醒了我。

大门被雷鸣般的声音敲击了三次,墓穴的回声也回响了三次,这时候我向着大门走去。

啊!我喊道,是谁把他的骨灰运到了山上?啊!啊!是谁把他的骨灰运到了山上?

我转动钥匙,用力地推门,使出全身力气。但是门却纹丝不动……

突然,一阵呼啸的狂风吹开了门扇,它嗖嗖作响地呼啸着、狂刮着,它扔给我一口黑色的棺材。

在吼叫、呼啸与尖叫声中,棺材开裂,迸发出千百声大笑。

上千张孩童的、天使的、猫头鹰的、傻瓜的、小孩般大小的蝴蝶的讽刺画冲着我大笑、嘲讽和吼叫。

我对此惊恐万分,拜倒在地上。我声嘶力竭地尖叫起来,我从未这样喊叫过。

可是,我自己的喊叫声唤醒了我——我苏醒了过来。

查拉图斯特拉如是说完了他的梦境,然后陷入了沉默,因为他还不知道该如何解释这个梦的含义。但是他最爱的门徒立刻站起身来,握住查拉图斯特拉的手说:

"哦,查拉图斯特拉啊,你的生活本身向我们解释了这个梦境的含义。

"你自己不就是那阵在尖利的呼啸声中吹开死亡城堡大门的狂风吗?

"你自己不就是那口装满了形形色色的恶行与天使的讽刺画的棺材吗?

"确实,查拉图斯特拉如同千百个孩子的笑声一般,来到了所有的墓穴中,嘲笑一切的守夜人和守墓人,以及一切拿着阴森的叮叮作响的钥匙的人。

"你们的笑声将使他们畏惧地倒下,昏迷与苏醒将证明你对他们的力量。

"即使在那漫长的黄昏与致命的疲倦来临之际,即使在那时,你也不会从我们的天际消失,你这生命的拥护者!

"你曾让我们看到了新的星辰与夜间新的辉煌。确实,你的笑声一经展开,就好像在我们的头顶上打开了一顶绚丽的华盖。

"现在,孩子们的笑声不断地从棺材里涌出;现在,一阵狂风将所向披靡地吹走一切致命的疲倦。对于我们来说,你自己便是它的保证人与先知。

"确实,你梦见了他们自己,你的仇敌,那是你最痛苦的梦!

"可是,正如你被他们唤醒,恢复了知觉一样,他们应该唤醒自己,并来找你!"

他的门徒如是说。所有其他的人现在都簇拥在查拉图斯特拉的周围,握住他的手,想要劝说他离开他的床,摆脱他的忧伤,回到他们中间去。可是,查拉图斯特拉笔直地坐在床上,一副心不在焉的神情。好像一个在国外旅居时间过久而归来的人一样,查拉图斯特拉注视着他的门徒,打量着他们的表情。但是他还是没有认出他们。可是,当他们搀扶他站起来的时候,瞧,他的眼神突然间改变了,他立刻明白了发生的一切,摸着自己的胡须,大声说:

"好了,现在时候到了。留神啊,我的门徒们,让我们来共进美餐吧!毫不延迟!我要以此补偿我的噩梦!

可是,那位先知应当坐在我身边与我共享美餐,确实,我要指给他一片可以将自己溺死的大海!"

查拉图斯特拉如是说。然后，他久久地凝视着那位给他解梦的门徒的脸，摇了摇头。

论救赎

有一天，查拉图斯特拉经过一座大桥，残疾人和乞丐们围住了他。一个驼背的人对他如是说：

"喂，查拉图斯特拉！民众接受你的教导，信仰你的学说。但是为了让他们完全地信任你，有一件事是必不可少的——你必须首先说服我们这些残疾人！如今你有了一个很好的选择，确实，一个很不容易得到的机会！你可以使盲人重见天日，使跛子健步如飞；你可以为负担过重的人分忧解难，我认为，这就是让残疾者相信查拉图斯特拉的最好办法！"

然而，查拉图斯特拉这样向说话者回答："如果你矫正了驼子的驼背，你就取走了他的精神；民众是这样说的。如果你让盲人重见光明，使他目睹尘世间发生的一切罪恶，那他就要诅咒那治愈他的人。如果你让跛子重新奔跑，那无疑会给他带来最大的伤害，因为当他的恶行与他一同奔走的时候，那他就再也跑不动了。这就是民众关于残疾人的教导。既然民众听从查拉图斯特拉的建议，查拉图斯特拉为什么不听从民众的建议呢？

"可是，自从我来到人们中间，我便发现人类的诸多残疾，如一只眼睛失明，一只耳朵失聪，一只腿脚残疾，还有些人则是少了舌头、鼻子什么的。但我认为这些都是不值一提的小事。

"无论如今还是过去，我都见过更为糟糕恐怖的事情，我不愿将它们事无巨细地一一描述，也不愿对其中的任何一些有所保留。比如，有些人身上除了一个器官之外再无其他，那唯一的器官却尤为夸张——有些人就只是一个大眼睛，一个大嘴巴，一个大肚子，或是别的什么大东西。我将这样的人称之为违背自然的残疾人。

"当我走出了我的孤独，第一次经过这座桥时，我几乎不敢相信自己的眼睛。我看了又看，最后说：'这是一只耳朵！一只与人一般大的耳朵！'我走近去仔细地凝视，确实，这只耳朵后面还有一个可怜的单薄瘦弱的小东西在移动。确实，这只巨大的耳朵扎根于一根细小的棍子上，可是这根棍子是一个人！如果戴上眼镜，甚至可以辨认出一张嫉妒的面孔，甚至可以看到一个空洞的小灵魂在这根棍子上摇晃。

"然而，群众告诉我，这只大耳朵不仅是一个人，而且是一个伟人，是一个天才。

"不过，当民众谈论到伟人的时候，我从不相信他们——我坚守我的信仰，认为这是个违背自然的残疾人，他拥有一样东西，却缺乏其他的一切。"

当查拉图斯特拉向驼背的人和以他为代表的所有人说完这番话之后，他很忧郁地转向他的门徒们，说：

"确实，我的朋友们，我在人群中行走，就好像走在人类的碎片与残肢之中一样！

"对我来说，最恐怖的事情，莫过于看见人体残缺不全，四肢分散，就像在战场或屠宰场那样。

"我的目光由现在逃回到过去——而我发现的却别无二致：碎片、肢体和可怕的偶然——但是看不到人的踪影！

"啊，我的朋友们！尘世的现在与过去，是我最难以忍受的事情；如果我无法预见即将来临的命运，我将无法懂得生活！

"一个能预见未来的人、一个意志坚定的人、一个创造者、一个未来本身和一座通往未来的桥梁——唉！以及站在这桥上的残疾者，所有的这一切都是查拉图斯特拉。

"你们常常问自己：'对我们来说，查拉图斯特拉是谁？我们应当如何称呼他？'和我一样，你们也给自己提出要回答的问题。

"他是一个许诺者？还是一个成事者？一个征服者？还是一个继承者？一个收获者？还是一个耕作者？一个医生？还是一个被治愈者？

"他是一位诗人？还是一个说真话的人？一个解放者？还是一位征服者？一个善良的人？还是一个恶人？

"我在人群里行走，就好像走在未来的碎片里，这未来是我所能预见的。

"将所有的碎片、谜题与可怕的偶然集中、组合在一起，就是我的全部想法与希望。

"如果人类不同时是作家、猜谜者或是对偶然的解脱者，我又怎么能够忍受得了作为一个人的压力呢？

"拯救过去了的东西，把'它曾是'改变为'我曾要它如是'——这才是我所谓的救赎！

"意志解放者与令人快乐者这样称呼自己，我的朋友们，我曾这样教导过你们！不过如今你们也应当学会这一点，意志本身仍是个囚徒。

"意志意味着解放，但是那些束缚解放者的东西又该如何称呼呢？

"'它曾是'——意志的咬牙切齿与最为孤独的痛楚就这样称呼自己。一切都已是既成事实，无法改变——对于过去的一切来说，意志只是一个心怀恶意的看客。

"意志不能改变过去，它不能战胜时间与时间的欲望。这是它最寂寞的痛苦。

"希望被解放，意志本身如何才能将自己从痛苦中解脱，从而嘲笑它的囚笼呢？

"唉！每一个囚徒都变成了傻子！被囚禁的意志也愚蠢地解救自己。

"使它最为愤怒的是，时间并不能倒流，'曾经如此'——这是意志难以移除的阻碍。

"于是，意志出于愤怒和气恼，搬开了一些石块。对那些无法像它一样发怒的人，实行报复。

"于是，意志，这一解放者，就变成了一个折磨者；对于所有能够忍受无法回到过去的痛苦的人，它都实行报复。

"这一点，是啊，仅仅这一点才是报复本身，意志对时间，对它的'它曾是'的憎恶。

"确实，我们的意志中存在着一个很愚蠢的念头，它成为了对一切人类的诅咒，它获得了某种精神！

"复仇的精神，我的朋友们，迄今为止，这就是人类最好的思考。哪里有痛苦与折磨，哪里就始终有惩罚。

"'惩罚'，报复这样称呼自己。用一个虚幻的名字，它就冒充了一次良知。

"既然表达意愿的人因为不能回到过去而内心痛苦，那么意志本身与全部的生命都将——被认为是惩罚。

"现在，乌云就这样层层叠叠地堆积在精神之上，直到疯狂最后宣称：'一切终将覆灭，所以一切都理应毁灭！'

"'这是一种时间的法则——时间不得不吞食其子。因为这才是正义。'疯狂这样宣称。

"'依照正义与惩罚，万物在道德上得以排序。唉，那么世间万物所遭受惩罚的解脱以及生命河流的释放又在何处呢？'疯狂这样宣称。

"'如果存在一种永恒的正义，拯救还有可能实现吗？唉，"它曾是"这块石头是无法移动的，必须让所有的惩罚成为永恒！'疯狂这样宣称。

"'任何行为都不能消亡,它怎么能被惩罚所杜绝呢!这一点就在于,"生存"中永恒地存在着惩罚,行为与惩罚必须在生存中永恒地重复!除非最终意志得以自我解救,除非意志变成无意志……'但是,我的兄弟们,你们是了解这首完美的疯狂之歌的!

"当我教导你们'意志是一个创造者'的时候,就引导你们远离了这些美妙的歌。

"一切'它曾是'都是一个碎片、一个谜题与一种可怕的偶然——直到创造性的意志补充说:'但是我曾经希望它如此!'

"直到创造性的意志补充说:'但是我现在希望它如此!但是我将来希望它如此!'

"可是,意志曾经这样说过吗?它是什么时候这样说的?意志已经将自己从疯狂中解救出来了吗?

"意志已经成为了自己的拯救者和令人快乐者吗?它已经忘却了复仇的精神和切齿之痛了吗?

"谁教会了它与时间握手言和?谁教会了它比妥协更崇高的事情?

"那就是意志,这强权意志,愿意教会它比妥协更为高尚的事情。但是,那一切是如何发生的?谁教会它表达回到过去的意愿?"

但是,查拉图斯特拉说到这里,突然打住,好像受到了极度的惊吓。他用惊恐万分的眼神凝视着他的门徒,他的目光如利剑般穿透了他们的思想与私下的算计。但是一会儿之后,他又笑起来,平静地说道:

"生活在人群中是很艰难的,因为保持缄默太难了。对于一个健谈的人来说更是如此。"

查拉图斯特拉如是说。那个驼背的人，掩面听完了这番话。然而，当他听到查拉图斯特拉的笑声时，便好奇地抬起头，缓缓地说：

"可是，为什么查拉图斯特拉对我们所说的话，与他向门徒们所说的不一样呢？"

查拉图斯特拉回答道："这有什么可奇怪的呢？对驼背的人说话，我们完全可以使用曲折的腔调！"

"很好！"驼背的人说，"跟'弟子'说话，可以把'底子'都掏出来。

"但是，查拉图斯特拉对门徒们说的话，为什么与对自己所说的有所不同呢？"

论做人的智慧

高度并不可怕，可怕的是斜坡！

在斜坡上，目光凝视着下面的万丈深渊，双手向上攀援着陡峭的绝壁。这双重意愿使人头晕目眩，心神不定。

唉！朋友们，你们也许也能猜到我心里的双重意愿吧？

我的眼神凝视着悬崖的顶端，而我的双手却想抓住并依附于——深处！这就是我的斜坡与我的危险！

我的意志紧附于人类，我用锁链将自己与人类捆绑在一起，因为我被向上拖引到超人那里去，因为我的另一意志就是要去向超人那里。

因此，我盲目地生活在人群之中；好像一个人都不认识：希望我的双手不要完全失去对坚定之物的信仰。

我不认识你们人类：这种黑暗与慰藉常常包围着我。

我坐在廊柱旁，向每一个流氓发问："谁希望欺骗我呢？"

这是我的第一种人性的智慧，我允许自己受到欺骗，以免时时提防骗子。

唉，如果我总是对人们有所戒备，又如何让他们成为拴住我这气球的铁锚呢？我将很容易地被风吹到高处，带到那遥远的天边！

这是命中注定的神谕，而我却没有先见之明。

谁不愿在人间渴死，就得学会从众人的杯中饮水；谁想要在人类中保持清洁，便得学会用污水洗澡。

我常常用以下的话来安慰自己："勇敢些！鼓足勇气！不幸并没有降临到你身上，尽情享受你的幸福吧！"

然而，我的另一种人性的智慧在于，相比骄傲自大者，我更能容忍爱慕虚荣者。

受伤的虚荣心难道不是一切悲剧之源吗？但是，骄傲在哪里受到伤害，哪里就会出现比骄傲更好的东西。

要让生活显得精彩，就要将生活这出戏演好，然而，为此也需要有好的演员。

我认为一切爱慕虚荣的人都是好演员，他们表演，并且希望别人欣然欣赏——他们的全部精神都存于这一意志中。

他们表现自己，发现自己；我喜欢在他们身边旁观生命——这样可以治愈忧郁。

我能够容忍虚荣者，是因为他们是治疗我忧郁症的医生，因为他们将我与人类紧密地联系起来，正如把我捆绑在剧院里一样。

此外，谁又能预测出虚荣者那份谦卑的深度呢？我赞许那些虚荣者，同情他们的谦卑。

他从你们的身上学到他的自信，他从你们的目光中获得营养，他从你们的掌声中取得赞颂。

只要你们对他加以褒奖，即便是说谎，他们也愿意相信，因为他总是在心底自问："我算什么？"

如果说真正的美德在于没有意识到自己的美德，那么，爱慕虚荣者将不会意识到自己的谦卑！

然而，我的第三种人性的智慧在于，我不会因你们的胆怯而对恶人心生反感。

我非常乐意看见炽热的太阳所孕育的奇迹：老虎、棕榈树和响尾蛇。

甚至在人世间，太阳也为人类孕育了一些美好的东西，在恶人之中也有许多卓越者。

确实，我觉得你们中间最聪明的人，并不是真正的明智。同时，我也发现那些所谓的恶人并不像你们所说的那样坏。

我常常摇摇头问道："响尾蛇啊，你们为什么要将尾巴摇得嘶嘶作响？"

确实，甚至邪恶也拥有一个未来！而最热的南方还未被人们所发现。

有多少事物如今被人称为是极恶之物？它们不过十二尺宽、三个月大。但有朝一日，世间会出现更大的巨龙。

超人必须拥有他的龙，要使巨龙配得上超人，就必须有温暖的阳光照耀着潮湿的原始森林！

你们的野猫得进化为老虎，有毒的青蛙得进化为鳄鱼，因为优秀的猎人必须收获丰盛的猎物。

确实，你们这些善良而正直的人啊！你们身上有很多可笑之处，尤其是你们至今为止对所谓的"魔鬼"的恐惧！

你们的灵魂对于伟大的事物太过陌生，以至于善良的超人在你们看来也是可怕的！

你们这些智者与有识之士啊，你们将逃离智慧的阳光，而超人却在那里高兴地享受它裸身沐浴的快乐！

你们这些进入我视线中的上等人啊！这是我对你们的怀疑，和我秘密的笑，我猜想你们会把我的超人当做是——魔鬼！

唉！我已经厌倦了这些上等人和那些卓越人士，我渴望从他们的"高处"飞升，上升得更高，更远，直至到达超人的高度。

当我看见那些赤身裸体的卓越之人时，一种恐惧感油然而生，我要振翅高飞，飞往那遥远的未来。

飞往那更遥远的未来，那艺术家都未曾梦想过的更远的南方，在那里，诸神都以穿衣为耻！

你们这些邻居们啊，伙伴们啊，我希望你们装扮得体，爱慕虚荣，值得尊敬，正如那些"善良与正直的人"一样。

我自己也要乔装打扮，坐在你们中间——使自己分不清你们与我自己，当然，这是我最后一种人性的智慧。

查拉图斯特拉如是说。

最安静的时刻

我的朋友们，发生了什么事？你们看到我受尽折磨，遭受驱赶，勉强地服从，准备离开——啊，离开你们！

是的，查拉图斯特拉必须再度回到他的孤独中去。可是，这一次这只熊并不乐意回到他的洞穴中去！

在我身上发生了什么？谁在命令我？唉，是我愤怒的女主人希望如此。她曾对我说话：我曾把她的名字告诉过你们吗？

昨天临近夜晚的时候，我最寂静的时刻曾对我说话，这就是我可怕的女主人的名字。

事情就这样发生了，因为我必须把所有的一切都告诉你们，使你们不至于因我的突然离去而麻木不仁！

你们知道熟睡者的恐惧吗？

他恐惧到了极点，因为大地在他的脚下塌陷，梦境开始了。

我对你们所说的这些只是比喻。昨天,在最寂静的时刻,我的大地在我脚下塌陷了,梦境开始了。

时针在转动,我的生命之钟在吸气——我从来没有感觉到四周是如此寂静,因此我胆战惊心。

此时,我听到了无声的言语:"你知道吗,查拉图斯特拉?"

听到这样的耳语,我恐怖地大叫起来,脸色煞白,可是我沉默了。

这时候,那个无声的言语又一次对我说:"你知道的,查拉图斯特拉,只是你不说!"

我最终挑衅般地回答道:"是的,我知道,我只是不愿把它说出来!"

于是那无声的言语又说:"查拉图斯特拉,你不愿意吗?这是真的吗?别把你自己藏匿在这挑衅的后面!"

我像孩子一般地哭泣着,颤抖着说:"唉,我原来是愿意的,但是我怎么能做到呢!放过我吧!这超出了我的能力所及!"

于是那无声的言语再度响起:"这与你有什么关系呢,查拉图斯特拉!说出你的话,然后就去灭亡吧!"

我答道:"唉,这是我的话吗?我是谁?我在等待更有价值的人;我连被他灭亡的资格都没有!"

这时候,无声的言语又说:"你自己有什么要紧的呢?对于我来说,你都不够谦卑!谦卑有着最为坚硬的皮囊!"

我答道:"我的谦恭的皮囊还有什么不能忍受!我居住于我的高山脚下:我的顶峰有多高?没有人告诉过我。但是我很了解我的深谷。"

这时候,那无声的言语又对我说:"哦,查拉图斯特拉,谁不得不移动群山,他也必将移动深谷与平原。"

我回答:"我的学说还没有移动过群山,我所说的话也还没有被人类接受。确实,我向着人类走去,只是还没有到达他们中间。"

这时候,无声的言语又说:"你知道什么呢!露珠是在夜间最寂静的时刻滴落在草地上的。"

我回答:"当我找到了自己的道路,并顺其前行的时候,他们对我大加嘲讽;确实,我的双脚也曾因此而颤抖。

"他们对我这样说:'你曾经不认识路,现在你居然忘记了如何走路!'"

于是,那无声的言语又说:"他们的讥讽又算得上什么呢!你已经忘记了服从:现在你应当发号施令!

"你不知道大家最需要什么样的人吗?就是能够统领大事的人!

"成就大事业确实很难:但是更难的是统领大事业。

"这是你们最不可饶恕的固执之处:你拥有权力,却不愿意统治。"

我回答道:"我缺乏雄狮般的吼叫来对所有事情发号施令。"

这时候,那个声音又对我低声耳语:"正是最寂静的言语带来了疾风暴雨。鸽子所带来的思想可以掌控整个世界。

"哦,查拉图斯特拉啊,你应当成为一个即将来临的人的影子:你将这样发号施令,并且在发号施令中居于首位。"

我回答说:"我感到羞愧。"

于是,那个声音又对我说:"你必须变成一个孩子,才能摆脱羞耻之心。

"你身上仍存在着青春的高傲,近来你变得年轻,但是要成为孩子,就得超越他自己的青春。"

我沉思了良久,颤抖起来。然而,最终我说出了我最初所说的话:"我不愿意。"

这时候,我的周围爆发出一阵笑声。唉!那笑声是怎样地撕裂了我的五脏六腑,刺穿了我的内心啊!

那无声的言语最后一次对我说:"哦,查拉图斯特拉,你的果实成熟了,可是对于你的果实来说,你自己却不够成熟!

所以,你不得不重新回到你的孤独中去,因为你还应当变得甘甜。"

笑声又一次响起,然后很快就消失了。此时,我的周围变得加倍的寂静。可是,我躺在地上,汗水浸透了全身。

"现在你们听到了整个故事,知道了我为什么不得不回归这孤独之中。我的朋友们,我对你们全无隐瞒。

可是,甚至连这些我都告诉了你们,在人类当中,还有谁是最能够保守秘密的人?而且谁还愿意如此!

啊,我的朋友们!我真希望能再对你们说些什么!我真希望能够再给予你们一些什么!我为什么不给你们呢?因为我很吝啬吗?"

可是,当查拉图斯特拉说完了这番话以后,想到即将离开朋友们,感到一阵痛苦袭上了心头,于是他嚎啕大哭起来;没有人知道如何安慰他。可是,半夜时分,他独自远去,离开了他的朋友们。

第 三 卷

你们向往得到提升，便向高处仰望。而我则是向下俯瞰，因为我已身在高处。

你们当中有谁能在欢笑的同时得到提升呢？

站在高山之巅的人，笑看戏台与一切人生悲剧。

——查拉图斯特拉：《读与写》

漫游者

为了在第二天早晨赶到另一边的海岸去登船，查拉图斯特拉在午夜时分翻越了海岛的山脊。因为那里有一个极佳的港湾，甚至外国的船舶也常常在那里停靠。那些船舶装载了很多想要离开幸福岛而穿越大海的人。

查拉图斯特拉在登山的路途中想起了自己从年轻时至今的许多孤独的漫游，以及他曾经攀登过的那么多山岭、山脊与山峰。

我是一个漫游者，一个登山者，他对自己的内心说，我不喜欢平原，我似乎无法长久地静坐。

无论我将遭遇怎么样的命运与经历——漫游与登山必然不可或缺，最终人们体验的只有自身。

偶然事件降临于我的时代已经一去不返——如今还有什么东西会降临到我身上呢？除了那些已经属于我的东西！

它只是回来了，它只是最终回到了我这个家里——我自己的自我，它已在异乡漂泊了太久的时间，散落在万物与偶然的事情中间。

我还知道一件事情，如今我站立在我最后的顶峰前，站立在最长久地为我保留的东西面前。啊，我必须攀登最为艰险

学会把目光从自己身上移开，从而看到更多，这是十分必要的——每一个登山者都需要这样的坚定。

的路途！啊，我已经开始了我最孤独的漫游！

可是，本性如我的人是不会回避这样的时刻的，这个时刻对他说："现在你就踏上你伟大的征程吧！高峰与深渊——这两者现在合二为一了！

"你走上你伟大的道路了，这迄今为止你最大的危险，如今却成为了你最后的避难所。

"你走上你伟大的道路了，它一定是你最大的勇气所在，因为你身后已再无退路！

"你走上你伟大的道路了，这里不会有人再偷偷地尾随着你！你用自己的脚抹去了身后道路上所书写的：不可能。

"假如从现在开始，所有的梯子都无法助你攀上顶峰，那么你就得学会利用你自己的才智：否则你将如何到达高处呢？

"跨越你的才智，超越你的内心！现在你身上最柔情之处必定会成为最坚强之处。

"始终过于放纵自己的人最终必然会厌倦自己的过度纵欲。赞美使你变得坚强的一切吧！我并不赞美流淌着——黄油与蜂蜜的大地！

"学会把目光从自己身上移开，从而看到更多，这是十分必要的——每一个登山者都需要这样的坚定。

"可是，那拥有咄咄逼人的双眼的明辨者，除了万物中最表面的东西，他还能看见什么！

"但是你，查拉图斯特拉啊，却将看见万物的根基与背景，那么你就必须攀登到自己之上——向上，再向上，直到你甚至把你的星辰踩在自己的脚下！

"是啊，俯瞰我自己，甚至俯瞰我的星辰，这才是我所谓的顶峰，这才是为我所保留的最后的顶峰！"

查拉图斯特拉在攀登的途中对自己如是说，并且用严苛的格言抚慰着自己的内心。因为他的内心从未感受过如此的痛苦。当他登上了山脊之巅的时候,瞧,又一片大海展现在他的眼前。他静静地站着,沉默了良久。可是,这个群山之巅的夜晚寒冷晴朗而星光璀璨。

最终他悲伤地说:"我了解我的命运。好吧!我已准备好了。我最终的孤独现在开始了!

"啊,我脚下这片忧愁的阴沉之海!啊,这忧郁的夜间的烦恼!啊,命运与大海!现在我必须下山来到你们中间去!

"我站在我那最高的山峰前,站在我最漫长的漫游面前,因此,我必须首先下降,下降的深度比我曾攀爬的高度更深。

"我将下降到比以往攀登过的高度更深的痛苦中,甚至进入它最黑暗的洪流!我的命运这样要求:好吧!我已做好了准备。

"最高的山峰来自于何方?我曾经如是问。现在我知道它们是来自于大海。

"这一证词就铭刻于它们的岩石上,铭刻于它们山顶的岩壁上。最高之物必然出自于最深之物,这样才能够达到它的高度。"

查拉图斯特拉在严寒的高山之巅如是说。然而,当他走到大海附近,最终孤零零地站在峭壁之间的时候,终于感到了旅途中的疲倦与前所未有的渴望。

"一切都仍在熟睡,"他说,"甚至大海也睡着了。它昏昏欲睡,用异样的目光注视着我。

"但是,它的气息是温暖的——我感觉到了。我也感觉到,它正在做梦。它在坚硬的枕头上辗转反侧。

"听啊!听啊!它在如何抱怨痛苦的回忆!或是哀叹不幸的期待!

"唉,你们这些黑暗的怪物,和你们在一起我感到很悲哀，甚至因为你的缘故而与自己生气。

"唉，可是我的双手是如此无力！确实，我很乐意帮你摆脱你的噩梦！"

查拉图斯特拉一面这样说，一面忧郁而苦涩地嘲笑自己。"什么！查拉图斯特拉！"他说，"你还要对大海唱支安慰之歌吗？"

啊，你这个可爱的傻瓜查拉图斯特拉，你这个过于盲目地信任别人的人啊！你一向如此，你敢于深信不疑地接近一切可怕之物。

你曾想要爱抚每一只怪物。只要它有一丝温暖的气息，爪子上有一缕细毛——你立刻做好准备去爱它，引诱它。

爱是最孤独者的危险，热爱一切，只要它是活物！确实，我在爱情中的疯狂与谦卑真是可笑！

查拉图斯特拉如是说，同时再一次大笑起来。可是，他随之想到了他那些被抛弃的朋友们好像他在思想上对他们做了错事，他为他的想法而感到自责。接着，这个大笑的人开始哭泣起来——查拉图斯特拉因为愤怒与渴望痛苦地放声痛哭。

论幻象与谜题

船员们都听说查拉图斯特拉上了船——因为有一个来自幸福岛的居民也登了船——大家都怀着极大的好奇心，急切地期待着查拉图斯特拉的演讲。然而，两天以来，查拉图斯特拉一直沉默不语，神情冷漠，沉浸在悲伤之中，对周边的事物充耳不闻。因此，他既不关心旁人的目光，也不回答别人的问题。不过，到了第二天晚上，他虽然仍一言不发，却重新开始用耳朵倾听了。因为在这艘远道而来，去向更远目的地的大船上,有很多奇特冒险的事情可听。然而,查拉图斯特拉喜欢与那些长途旅行者和冒险家为友。看!听着听着,他的舌头开始舒展,他内心的坚冰终于消融了。于是他开始了下面的一番话:

你们这些勇敢的探险者和冒险家啊,你们这些在可怕的大海上与狡猾的帆船同航的人们啊!

你们这些痴迷于猜谜并喜爱黄昏的人啊,你们的灵魂被笛声引诱到每一个危险的漩涡中……

因为你们不愿用懦弱的双手顺着一根线去摸索;但是对于你们能够猜测的东西,你们就不愿下结论。

我只想告诉你们我所目睹的迷——最孤独者的幻象。

我近来阴沉着脸,在苍茫的黄昏中穿行——脸色忧郁,神情严肃,嘴唇紧闭。对我来说,不仅仅是一个太阳西沉了。

一条小路穿过乱石,一往直前地向上延伸;一条险恶、荒凉的小路,周围不再有杂草与灌木丛生;一条山间小道,我顺着它勇敢地前行。

我无声地踩踏着发出沙沙的嘲笑声的砾石,踩踏着使我的脚步打滑的石头:我的双脚如是督促我向上前行。

向上——无视那拖它向下,下到深渊的精神,无视这沉重的精神,我的魔鬼与仇敌。

向上——虽然沉重的精神既像侏儒,又像鼹鼠,施加在我的身上,使我浑身乏力;虽然他把铅水滴入我的耳朵,把铅一般的思想灌输进我的头脑。

"哦,查拉图斯特拉,"它一字一顿地低声讽刺说,"你这智慧之石啊!你把自己抛得那么高,但是每一块扔出去的石头最终都是会——落下来的!

"哦，查拉图斯特拉，你这智慧之石，被抛入空中的石头，你这星球的毁灭者！你将自己抛得过高，但是，每一块扔出去的石头最终都是会——落下来的！

"哦，查拉图斯特拉，你注定要因为你自己抛出去的石头而毙命，你确实把石头抛得很高，但是它终将坠落在你自己的头上！"

说完，那个侏儒沉默良久，不再开口。这一沉默令我感到压抑。确实，以这样的方式与人做伴，比我独自一人还要孤独！

我上升，再上升，我做梦，我思考，但是一切都压迫着我。我就像一个饱受痛苦与疲倦折磨的病人，可是刚刚入睡，又被一个可怕的噩梦再次惊醒。

但是，我身上拥有某种被称作勇敢的东西，至今为止它一直是我一切沮丧情绪的杀手。这种勇气终于让我停下来，说："侏儒！今天不是你死，就是我亡！"

因为，勇气——发动攻击的勇气，是最好的杀手。在一切进攻中，必然有胜利的号角。

然而，人类是最勇敢的动物，所以人类战胜了其他所有的动物。在高唱凯旋之歌的时候，人类克服了一切的痛苦；但是，人类的痛苦是最深重的痛苦。

勇气也要杀灭临渊的眩晕，人类在何处又不是如临深渊呢？观看本身不就是观看深渊吗？

然而，勇气是最好的杀手，勇气也屠戮怜悯之心。怜悯是最深的深渊，一个人对人生的了解有多么深入，他对痛苦的理解就有多么深刻。

可是，勇气，发动进攻的勇气，是最好的杀手，它最终也杀戮了死亡，因为它说："那就是生命吗？好吧，再来一次吧!"

在这段演讲中,有很多凯旋之乐。愿意聆听的那些人,就让他们听吧!

"站住,侏儒!"我说,"不是你死就是我亡!但是,我们两人中,我是强者——你不了解我深刻的思想!这种思想——你也不可能忍受!"

这时发生了一件令我轻松的事情:这侏儒从我的肩上跳了下来,这个爱窥探的精灵!他蹲坐在我面前的一块石头上。然而在我们站着的地方,正好有一个路口。

"侏儒,看看那个路口!"我继续说,"它通往两个方向。两条道路在这里交汇,谁也没有走到过它的尽头。

"那条向上的长巷,它绵延不绝地通往永恒。而那条向下的长巷——它通往另一个永恒。

"这两条路相互背离,又相互连接——在这个路口处,它们交汇于一处。它的名字被铭刻于其上:'此时此刻。'

"但是,如果有人沿着其中的任何一条走下去——越走越远,越走越远:侏儒,你还相信这两条路会永远相互背离吗?"

"一切直白之言都是谎言,"侏儒轻蔑地喃喃自语,"一切真理都是扭曲的,时间本身就是一个周期性的循环。"

"你这沉重的精神啊!"我愤怒地说,"你可不要太过草率!否则我会把你这跛脚的家伙扔在你蹲坐的地方——别忘了,是我把你背到这上面来的!"

"看看这个时刻吧!"我继续说,"此时此刻,一条永无止境的长巷从这个路口向后延伸,在我们身后是一个永恒。

"万物之中能跑完这条路的不是必然都已将其跑完了吗?万物之中一切能够发生的事情不是必然已经发生了、结束了、过去了吗?

"如果一切都已成为过去,侏儒,你对于此时此刻又是如何理解的？这个路口不是必然也——已经成为过去了吗？

"万物不就是以这种方式相互紧密地联系在一起，乃至这个瞬间能够把一切要来的事物向自己身边拉过来吗？因此也把它自己拉住？

"因为，万物中能跑完这条道路的人，也在这条伸出去的长巷上——它必须再一次奔跑！

"这只在月光下缓慢爬行的蜘蛛，这片月光本身，还有在这路口低声谈论永恒话题的我和你，我们不是都必然存在过了吗？

"我们难道不应当返回，重新走上面前这条长巷吗？那条漫长而恐怖的长巷——我们难道都不应当永远地回归吗？"

我如是说，并且声音越发低沉，因为我惧怕自己的思想与私下的算计。突然，我听到一只狗在一边吠叫。

我曾经听到过一只狗这样吠叫吗？我的记忆回到了过去。是啊，当我还是孩童的时候，在我遥远的童年时代。

在那个时候，我听到过一只狗这样吠叫。我还看见它全身毛发直立，仰着脑袋，战栗不止，在这最为寂静的黑夜，甚至连狗也相信有鬼魂的存在。

这激发了我的怜悯之心。因为正在此时，一轮满月在一片死寂中升上了屋顶；那个熠熠放光的火球停在平屋顶上，就像停在陌生的财产上。

这让狗觉得害怕了，因为它相信看到了小偷与鬼魂。当我再一次听到了它如此吠叫的时候，我又一次对他心生怜悯。

那个侏儒现在去了哪里？还有那个路口呢？那只蜘蛛呢？那些轻声低语呢？难道是我的梦境？我醒来了吗？我突然发现自己孤单地置身于荒野的岩石中间，凄凉的月光照在我身上。

可是那里躺着一个人！就在那里！那只狗一跃而起，毛发竖立，发出低沉的吠叫——见我向他走近——它又开始狂吠起来，这时候它大叫起来——我曾听见过一只狗这样狂吠着求助吗？

确实，我从未看见过这样的情景。我曾见过一个年轻的牧羊人，身体蜷缩着，喘着粗气，全身战栗，面孔扭曲，一条黑色的巨蛇从他的嘴里露出半截身体。

我从未见过比这更憎恶的表情和惨白的可怖的脸色。也许在他熟睡之时蛇钻进了他的喉咙里——蛇紧紧地咬住了他的喉咙。

我伸出手去拽蛇，用力拽——却是白费力气。我无法将蛇拖出。于是我大声喊道："咬吧！咬吧！把它的头咬掉吧！咬！"——我这样大叫，我的恐惧、我的仇恨、我的厌恶、我的同情以及我的一切善恶都随着这一声喊叫从我口中一并爆发出来。

我周围的朋友们，你们这些勇敢的探险者和冒险家啊！你们这些在未经勘探的大海上与诡计多端的帆船同航的人们啊！你们这些爱好猜谜的人们啊！

请帮我解开我这亲眼目睹的谜吧！请给我解释一下这最孤独的人所看到的幻象吧！

因为这是一个幻象，一个预见——我曾在这个比喻中看见了什么呢？那个最终要到来的人是谁呢？

那个被毒蛇爬入口中的牧羊人是谁呢？谁的喉咙将会被这一切最阴险、最恐怖之物所爬入？

可是，这个牧羊人听到了我的呼喊，果然照做了；他用尽力气咬了一口！他把蛇头吐得很远——然后自己一跃而起。

他不再是一个牧羊人，也不再是人——他变形了，周身发出光芒，他在大笑着！我从未见过世间有人像他那样开怀大笑过！

啊，我的兄弟们，我听到的是一种并非人类的笑声——现在我被一种渴望———种永远不可满足的渴望所折磨。

我对那种笑声的渴望折磨着我：哦，我怎么还能忍受生活！我又怎么能忍受现在就死去呢！

查拉图斯特拉如是说。

论并非所愿的赐福

查拉图斯特拉心中怀着谜与痛苦，在大海上航行。然而，在他离开幸福岛与他的朋友们四天之后，他终于从痛苦中走了出来，他胜利地、坚强地再次接受了自己的命运。这时，查拉图斯特拉对自己欣喜若狂的良心如是说：

我又是孤独一人了，我愿意如此，独自与这纯净的天空和开阔的大海为伴；这个午后再一次将我围绕。

我第一次找到我的朋友们是在一个午后，这一次又是在午后，在一切光明都变得更为宁静的时刻。

因为这行走于天地间的幸福如今仍在为自己寻求一个住所，以安置自己光明的灵魂，而一切光明如今都幸福地变得更为宁静。

哦，我人生的午后啊！我的幸福也曾经下到山谷中，去为自己寻找一个住所：最后它找到了那些坦诚而好客的灵魂。

哦，我人生的午后啊！为了得到那一件东西，我有什么不愿意放弃呢？那是我生机盎然的思想的种植园和我最高希望的晨曦！

创造者曾寻找同伴与他的希望之子，瞧，结果他才发现，除非先创造出他们，然后才能找到他们。

于是我放下手中的工作，走到孩子们中间，然后再从他们那里折返回来，为了这些孩子的缘故，查拉图斯特拉必须完善自己。

因为在一个人的内心深处,最爱的只是自己的孩子与工作。在伟大的自爱存在之处,那就是孕育的标志:这就是我所发现的。

我的孩子们在他们的第一个春天里就是那翠绿青葱的树木,他们相互依偎着,在春风的吹拂下轻轻摇曳,他们是我的花园里与最肥沃的土壤上长出的树木。

确实,哪里有这样的树木紧挨着生长在一起,哪里就是幸福岛!

但是,总有一天我会将它们连根拔起,将它们分开单独栽种,使每棵树都学会孤独、骄傲与审慎。

那时候,我想让它们蜿蜒曲折,刚柔并济地矗立在海边,就像那屹立不倒、不可战胜的生命的灯塔。

在那里,在那暴风雨冲入大海,波涛拍打着山脚的地方,每棵树木都应该日夜轮流守候,以经受对它的考验并得到认可。

它们中的每一个都要经历考验与评估,从而得知它是否属于我的种族和我的血统,——它是否是一个永久意志的主人,是否即使说话时,也很安静。并且极为忍让,以至于将给予也当做索取。

以至于有朝一日它将成为我的同伴,成为与查拉图斯特拉共同创造的人和与他共同庆祝的人——一个将我的意志铭刻在我的石碑上的人:使万物得以更充分地完善。

为了他和他的同类的缘故,我不得不完善自我。所以我现在逃避我的幸福,让自己经受一切厄运的磨炼——接受对我最后的考验和评估。

确实,我离开的时候到了;流浪者的影子,最长时间的沉闷和最安静的时刻——一切都在对我说:"现在正是时候!"

风从钥匙孔里向我吹来,对我说:"来吧!"门轻微地对我打开了,向我说:"去吧!"

然而,我被拴在自己对孩子们的爱上;欲望为我设下了圈套——爱的欲望,它要我成为孩子们的猎物,并且在他们当中失去自我。

欲望现在对我来说意味着失去自我。我的孩子们,我拥有你们!在这种拥有中,一切都应该是确定无疑而无欲无求的。

可是,我的爱像当空的烈日将我炙烤,将查拉图斯特拉放入他自己的汁液中煎熬。这时候,阴影与疑虑从我身边掠过。

我现在期待着严霜与寒冬的到来:"哦,让严霜与寒冬再一次使我牙关咬紧,浑身打颤吧!"我叹息道。这时冰冷的雾气从我身上升起。

我的过去冲破它的坟墓,很多被活埋的痛苦恢复了清醒,它们藏匿在尸袋中已经睡得足够了。

于是,一切的预兆都向我高呼:"现在是时候了!"但是我听不见,直到最后我的深渊动摇了,我的思想啃噬我。

唉,深邃的思想啊,你就是我的思想!什么时候我才有能力听到你的挖掘而不会战栗呢?

当我听到你挖掘的时候,我的心跳到了嗓子眼!你的沉默甚至将让我窒息,你这如同深渊一般寂静的人!

我还从来未敢把你叫上来,这样就已经足够了——我带着你同行就已经足够了!我还不够强大,比不上狮子那般勇敢与任性。

你的重量足以让我始终感到害怕:但是总有一天,我会使出狮子般的力量吼叫,唤你上来!

我在超越了自我之后,还要在一件更为伟大的事情中战胜自己,而这场胜利应该成为证明我尽善尽美的佐证!

与此同时,我仍在变幻不定的大海上漂泊;机遇奉承我,这油嘴滑舌的家伙;我瞻前顾后——却仍然望不到尽头。

我最后决战的时机尚未到来,或者,也许就在此时此刻?确实,包围着我的大海与生命以其阴险的美丽注视着我!

哦,我人生的午后啊!哦,日落之前的幸福啊!哦,深海的港湾啊!哦,骇浪中的平静啊!我是如此的不相信你们这一切!

确实,我不相信你们阴险的美!我就像一个情人,不相信太过圆滑的微笑。

正如他把他的心上人推开——冷酷中仍带着些许温柔,这个嫉妒的家伙——我也推开了这幸福的时刻。

你这幸福的时刻啊,远离我吧!与你一同来临的是一个出人意料的幸福!我却已经做好了准备经受最痛苦的折磨——你的来临,太不合时宜了!

你这幸福的时刻啊,远离我吧!你不如在我的孩子那里寻找安居之处吧!快走吧!在日落之前用我的幸福为他们祝福吧!

这时候夜色已经降临,夕阳西沉。离开吧——我的幸福!

查拉图斯特拉如是说。他整夜地等候着他的不幸;可是他徒劳地等待了一场。夜色仍然晴朗而宁静,而幸福却离他越来越近。然而,黎明即将到来之际,查拉图斯特拉却在心里开怀大笑起来,他嘲讽地说道:"幸福追逐着我。那是因为我不追求女人的缘故。而幸福正是一个女人。"

日出之前

哦,我头顶的苍天,你这纯净而深邃的苍天!你这光芒的深渊！凝视着你，那神圣的欲望让我颤抖。

把我自己抛到你的高度——这就是我的深度！我将自己藏身于你的深邃中——那就是我的天真！

上帝隐藏了他的美丽，你藏匿起了你的星辰。你不言不语，如是向我彰显出你的智慧。

今日，你为我默默地在这汹涌的海面上升起，你的爱与你的谦逊给予我愤怒的灵魂以启示。

你优美地向我走来，藏身于你的美丽之中，你默然无语，对我展现出你的智慧。

哦，我怎么会没有看出你灵魂的全部谦卑！日出之前，你便来到了我这个最孤独的人面前。

我们从一开始便是朋友，我们共同分享着悲哀、恐惧与动机。我们还共同享受着阳光。

我们彼此互不交谈，因为我们知道的太多。我们对彼此保持沉默，我们用微笑相互交流。

你不是我的火光吗？你不是我洞察力的姐妹般的灵魂吗？

我们在一起学会了一切，我们在一起学会了超越自己，提升自己，以及灿烂的笑容。

以明亮的眼睛，从远处朝下灿烂地微笑，此时，在我们下面，约束、目的与罪恶感像雨水般雾气腾腾。

我独自漫步，在这夜间，在这迷途中，我的灵魂渴求着什么呢？我攀登高山，如果我在山上不是寻找你，那又是在寻找谁呢？

而我的全部漫游与登山，它仅仅是一种必需，是笨拙者的一种权宜之计——我的整个意志想要独自飞行，飞入你的心中！

除了那些飞过的云彩与玷污你的东西，我更痛恨什么呢？我憎恨我自己所厌恶的东西，因为它也玷污了你！

我憎恨流云——那些鬼鬼祟祟地捕食的野猫：它们从我们这里夺去了属于我们共同的东西——那广阔无限的"是"与"阿门"。

我憎恨流云——这些调解者与搅和者：这些并不彻底的家伙，它们既没有学会由衷地祝福，也没有学会从心底里诅咒！

我宁愿坐在一只桶里，只看见那一片被乌云遮蔽的天空；我宁愿坐在这看不见天日的深渊里，也不愿看见你，你这被流云所玷污的明亮的天空！

我常常渴望用锯齿状的闪电般的金丝将流云紧紧地系住，这样我就可以如雷霆一般在它们鼓胀的肚子上擂鼓。

一个愤怒的鼓手，因为它们从我这里夺去了你的"是"与"阿门"！你，我头上的一片天空，你这纯洁的，光明的天堂！你这光明的深渊！因为他们夺走了我的"是"与"阿门"。

因为我更愿意要噪音、雷霆与狂风暴雨，也不喜欢满腹狐疑、小心谨慎的猫的休憩；甚至在人类中间我也最为痛恨那些蹑手蹑脚、摇摆不定、疑心重重、踌躇不定的流云。

而"不会祝福的人应当学会诅咒"！这清晰的教条从明朗的天空中降临到我的身上，这颗星辰甚至在黑夜中也高悬于我的天空。

然而，我是一个祝福者与乐观者，只要你置身于我的周围，你这纯净的、光明的天堂！你这光明的深渊！我把我仁慈的赞许带入所有的深渊。

我成为了一个祝福者与赞许者。作为一个斗士，我曾长期抗争，以便有一天能够闲出手来祝福。

然而，这就是我的祝福：位居万物之上，像它的天空，像它的圆屋顶，像它蓝色的大钟与永恒的确定：祝福者同时也受到祝福！

因为万物都在永恒之泉接受了洗礼，超越了善恶；然而，善恶本身不过是难以捕捉的影子，潮湿的折磨与流云。

确实，当我宣称："位居万物之上的是机遇的天空，是无辜的天空，是冒险的天空和放纵的天空。"这不是亵渎，而是一种祝福。

"偶然"——这是世界上最古老的贵族，我将这名号归还给万物，我将它们从目的的束缚中解脱出来。

当我宣称：并没有"永恒的意志"在万物之上或通过万物行使意志的时候，我将这种自由与天空的宁静像蔚蓝色的大钟一样置于万物之上。

当我宣称：万物中永不可能的一件事就是——"合乎理性"时，我用这种放纵与愚蠢来取代那永恒的意志。

确切地说，一点点的理智与智慧，从这个星球播撒到另一个星球——这种酵母混杂于万物之中，因为愚蠢的缘故，智慧则混杂于万物之中！

一点点的智慧确实是可能的；然而我在万物中都发现了这一神赐的确定性：它们宁愿用偶然性的脚步跳舞。

哦，我头顶的蓝天！你这纯净、高深的天空！现在，在我看来，这就是你的纯净，没有永恒的理性蜘蛛与理性的蛛网。

在我看来，你像是神圣的偶然性的舞池，在我看来，你又像是一张神祇的圣桌，供神圣的骰子游戏者玩乐。

可是，你脸红了？我说了什么不该说的话吗？我本打算祝福你，结果却辱骂了你吗？

或者，是因为我们俩在一起而使你感到脸红羞愧？你命令我离开并保持沉默，因为现在——白天来临了？

世界是深邃的，远远胜于白天所能想象到的深邃。并非一切事情都可以在白天说出来。但是白天来临了：就让我们彼此分开吧!

哦,我头顶的天空,你这羞涩者!你这热烈者!哦,你,我这日出前的幸福!白天来临了,就让我们彼此分开吧!——

查拉图斯特拉如是说。

论小人之德

查拉图斯特拉再一次登上陆地之后,并没有直接回他的群山与岩洞里去。他四处游荡,问东问西,打探这个,了解那个,正如他自己开玩笑所说的那样:"看,一条河流,在历经了许多曲折的弯道之后,又流回了它的源头!"因为他想知道,在他出门远行的这段时间,世间发生了什么:人们是变得更伟大了,还是更渺小了?有一次,他看见一排新建的房屋,于是惊讶地问道:

"这些房子意味着什么呢?确实,伟大的灵魂决不会建筑这样的房子,来作为自己的象征!

"也许是哪个傻孩子将它们从他的玩具盒里拿出来的?希望另一个孩子能够再将它们放进盒子里去!

"这些房间和阁楼——可以让人类进出吗?我觉得它们是为丝质娃娃,或是愿与别人分享食物的贪吃者准备的。"

于是,查拉图斯特拉站着沉思了一会儿。最后,他悲哀地说:"一切都变得渺小了!

"我看见四处都是一些低矮的大门,像我这样身材的人都得弓着背才得以出入。

"哦,什么时候我才能回到我的家乡——而不必再弯腰屈背,在小人面前弯腰呢?"

查拉图斯特拉叹了口气,凝视着远方。

然而,就在这同一天,他发表了关于让人渺小的道德的演说。

我在这些人们中穿行，同时睁大我的双眼，人们并不原谅我，因为我并不羡慕他们的道德。

他们咬我，因为我对他们说：渺小的人，需要渺小的道德——因为我很难理解，小人们的存在究竟有何必要性。

我在这里，就像一只来到陌生鸡场里的公鸡，就连母鸡们也争相来啄它，但是我并不因此而记恨这些母鸡。

我始终对他们以礼相待，就像对待所有小小的烦恼一样；对着小东西针锋相对，在我看来，不过是一种刺猬的智慧。

当天晚上围坐在篝火边的时候，他们都在谈论我——人人都在讨论我，但是没有人——想到我！

这是我所体验过的一种新的宁静：他们在我周围的喧嚣为我的思想披上了一件斗篷。

他们相互之间大吵大嚷："这阴沉的乌云要对我们做什么？小心它给我们带来什么传染病！"

最近，有一个母亲拉住她的孩子，不让他靠近我。"远离这个孩子，"她喊道，"这种眼神会灼伤孩子们的灵魂。"

当我在说话时，他们就咳嗽不停；他们将咳嗽当做抵御狂风的一种武器——他们丝毫没有察觉到我幸福的气息！

"我们没有时间听查拉图斯特拉说话。"——这就是他们表达的异议。但是，一个"没有时间"给查拉图斯特拉的时代，又有什么意义呢？

如果他们都对我大加称颂，我又怎么能够在他们的赞美上安然入睡呢？他们的称赞对我来说就像是一条带刺的腰带：即使我将它抽掉，它还是会刺伤我。

甚至这一点，也是我在他们当中学到的，赞扬者表现得好像愿意赠送施予，其实他们是想得到更多的赠予！

问问我的双脚，它是否喜欢你们的赞誉与这诱惑的乐曲！

确实，它们既不愿随着这种节拍与滴答声翩翩起舞，也不愿意安静地站着不动。

为了实现小美德，他们乐于引诱我、称赞我；他们试图乐于说服我的双脚跟上小幸福的滴答的节拍。

我从这个民族中走过，睁大了我的双眼：他们已经变小，还将变得越来越小——他们变小的原因，在于他们关于幸福与道德的学说。

他们在道德上也很谦卑——因为他们追求安逸；然而，只有谦卑的道德，才能与安逸协调。

实际上，他们用自己的方式学习行走，学习前进。我把他们走路的方式称作蹒跚而行。就这样，他们变成了一切行色匆匆的行人赶路的障碍。

他们当中的很多人在前行时，还不时地用他们僵硬的脖子扭头回望，我愿意与他们相互碰撞。

脚与眼睛不会说谎，也不会相互揭穿谎言。但是小人们的谎言是很多的。

他们当中有些人拥有自己的意志，而大部分人则是服从别人的意志。他们当中有些人真诚可信，而大部分人则是蹩脚的演员。

他们当中有一些非情愿的演员和违背自己意志的演员——真诚的人总是很少，尤其是真诚的演员。

这里的男人很少有男性的特质，因此他们的女人们往往过于男性化。因为只有那些男子气概十足的人，才能——拯救女人身上的女性特质。

这是我在他们当中发现的最大的虚伪，甚至连发号施令者也假装出服务者的道德。

"我效劳，你效劳，我们效劳"——统治者的伪善甚至如此高唱——唉，如果第一统治者只是头号奴仆的话，那是多么悲哀啊!

唉,甚至我好奇的目光也曾关注过他们的虚伪,我猜出了他们全部苍蝇的幸福和他们围绕着透着阳光的玻璃而发出的嗡嗡声。

我看到了如此多的善良,如此多的软弱。如此多的正义与同情,如此多的软弱。

他们彼此之间的圆滑、公正与亲密,犹如沙粒与沙粒之间的圆滑、公正与亲密。

谦卑地获得一个小幸福——就是他们所谓的"顺从"!与此同时,他们已经在觊觎着另一个小幸福了。

在他们的心底,其实只有一个单纯的愿望:不会受到任何伤害。所以他们总是与别人和谐相处,与人为善。

然而,这就是懦弱,尽管别人称其为"道德"。

这些小人们,当他们碰巧粗鲁地说话的时候,我只听到他们声音中的嘶哑,因为每一阵风都让他们声嘶力竭。

这些小人们是狡黠的,他们的道德不过是精巧的手指,而不是有力的拳头。他们的手指不知该如何紧握成拳头。

道德,在他们眼中,是可以使人变得谦恭和驯服的东西,因此道德能够将狼驯化为狗,将人本身变成人类最为顺从的家畜。

"我们把自己置于中间的位置"——他们的傻笑如是告诉我——"置于距离垂死的角斗士与快乐的母猪相等的地方。"

但是,这就是——平庸,虽然它也被称为节制。

我从人群中间走过,留下了很多言语,但他们既不知道如何获取,也不知道如何保留。

他们感到奇怪,我竟不是为了谴责淫欲与罪恶而来。确实,我也不是为了警告人们提防窃贼而来。

他们感到奇怪,我竟不准备激励和磨砺他们的智慧,好像他们还没有受够那些挖空心思的家伙,那些人的嗓音在我听来,有如粉笔一般刺耳。

当我喊道:"诅咒你们内心一切懦弱的魔鬼吧!它们热衷呻吟,乐于双手合十地膜拜。"于是他们喊道:"查拉图斯特拉是无神论者。"

尤其是他们当中那些鼓吹顺从的人们这样喊,而我恰恰喜欢对着他们的耳朵喊:"是啊,我是查拉图斯特拉,我是无神论者!"

这些鼓吹谦卑顺从的教士!他们总在疾病与癣疥遍生的地方如虱子一般爬行,我只是出于厌恶之情才没有踩死他们。

好吧!这就是我对着他们的耳朵的一番说教,我是无神论者查拉图斯特拉,我曾如是问:"谁相信无神论比我更彻底?我愿意好好向他请教!"

我是无神论者查拉图斯特拉,我的同类在哪里?我的同类就是所有那些把意志给予自己,而剥夺了一切顺从的人。

我是无神论者查拉图斯特拉,我在我的锅里为我自己烹煮一切偶然之物。只有当它煮到了一定的火候,我才会将它当做我的美食。

确实,许多偶然之物趾高气扬地走向我,但是我的意志以更为高傲的口气对它们说话——这时候它们立即在我面前跪下。

它们恳求我赠予它们安居之处,给予它们热心的款待。它们用曲意逢迎的语气对我说:"瞧啊,哦,查拉图斯特拉,就像朋友拜访朋友这样!"

然而,既然无人有我那种耳朵,我又何必多说呢?所以我要对着所有的风大喊:

你们会越变越小!你们这些小人们啊!你们将剥落,你们这些贪图安逸的家伙!你们最终将消失于无形!

这全都将归因于你们那些众多的小道德、你们众多的小错误与小顺从！

你们过于软弱，过于恭顺，这就是你们生长的土壤！但是，一棵树想要长高，它就必须在坚硬的岩石周围生根！

甚至被你们所忽视的东西也编织到整个人类的未来之网中去了，甚至你们的虚无也是一张蜘蛛网，那只蜘蛛以未来之血为生。

你们这些小有美德的人们，你们的获取与偷窃没有什么区别。但是，即使是在骗子当中，荣誉感也会说："在你无法抢掠的地方，你只能偷盗。"

"这是主动送上门来的"——这是一种谦卑顺从的学说。但是，你们这些贪图安逸的人，我告诉你们：它是前来索取的，而且它从你们那里获取的将越来越多！

唉！你们应当摆脱你们"半推半就"的意愿，你们应当下定决心懒散，就像你们下定决心行动一样！

唉！但愿你们能够理解我说的话："随心所欲，但是首先要做一个能够有意愿的人！"

"如爱己一般爱你们的邻人，但是首先要做到自爱。

以伟大的爱自爱，以伟大的蔑视自爱！"无神论者查拉图斯特拉如是说。

然而，在没有人有我那种耳朵之处，我又何必浪费口舌呢？我说话的时机还未成熟。

在这个民族中，我是我自己的先驱者，我是黑巷之中我自己的司晨之鸡。

但是，他们的时刻到来了！我的时刻也到来了！每时每刻，他们都在变得越来越小，越来越穷，越来越贫乏。这些可怜的草丛！这些可怜的尘土！

用不了多久，他们就会像枯草与荒原一般地出现在我眼前。确实,他们对自己产生了厌倦——他们渴望的是火,而非水!

哦,电闪雷鸣的幸福时刻啊!哦,正午前的神秘啊!有朝一日我要将它们变成流火,变成吐着烈焰的先知。

终有一日,它们会用火舌宣布:它来了,它临近了,那伟大的正午来临了!

查拉图斯特拉如是说。

在橄榄山上

冬天,这位不速之客,与我一同坐在家里,我的双手因为与他友好地握着而发青了。

我很尊敬他,这位不速之客,但是我宁愿让他独自坐着。我乐意从他身边逃走;如果你能跑得快,那就赶快逃离他!

凭借温暖的双脚与温暖的思绪,我奔跑到了宁静无风的地方,我来到我那橄榄山上阳光灿烂的一个角落。

在那里我嘲笑我那严厉的客人,我仍然喜爱他,因为他赶走了我屋里的苍蝇,使很多小噪音安静下来。

如果一只或者两只蚊子要嗡嗡作响,他并不以为然,他让小巷变得寂寞,以致在夜间,月光都感到恐惧。

他是一位冷漠无情的客人——但是我尊敬他,我并不像娇柔体弱的人那样向大腹便便的火的偶像祈祷。

宁愿牙齿颤抖得咯咯作响,也不要崇拜偶像!我的本性要求如此。我尤其怨恨所有那些热情的、热气腾腾的、烟雾缭绕的火的偶像们。

我所爱的人,在冬天我会比在夏天更爱他,自从冬天坐在我的家里以来,我比以往更严酷、更由衷地讥讽我的敌人。

由衷地,确实,甚至在我爬到床上去以后。在那里,我那潜藏着的幸福仍然欢笑着，放纵着，甚至我那虚伪的梦境也在笑。

我——一个爬行者？在我的生命中从来没有在强大者的面前爬行过；即使我说谎，也只是出于爱。因此，即使在冬日的床上，我也感到高兴。

一张简陋的床比起一张富丽堂皇的床更能让我感到温暖，因为我嫉妒我的贫穷。在寒冬，它对我最为忠诚。

我的每一天都是以恶作剧开始的，我用冷水浴嘲弄着寒冬，我那位严厉的客人对此大为抱怨。

我还喜欢用一支细蜡烛逗它开心，直到它最终让苍天从那暗灰色的黎明中显露出来。

我在早晨尤其邪恶，清晨时分，水桶在井里叮叮作响，马匹在深巷中热情地嘶鸣。

我焦急地在那里等待着，直到明朗的天空完全展现，这白了胡子的冬日的天空，这年老的白头翁。

这冬日的天空，这沉默的冬日的天空，它甚至常常让太阳为之窒息！

我大概从它那里学会了持久而晴朗的沉默？或者是它从我这里学会了这一点？抑或是我们各自发明了这一点？

所有好事的起源有成千上万，一切善恶的恶作剧都是为了快乐而一同出现：它们怎么能够仅仅出现一次！

持久的沉默也是一种善意的恶作剧，好像冬日的天空一般，睁圆明亮的眼睛向外张望：

正如冬天藏匿起自己的太阳与不屈不挠的太阳般的意志，确实，我已将这种技术与这种冬日的恶作剧学得很熟练了！

这是我最爱的邪恶与艺术，我的沉默已经学会了不以沉默来暴露自己。

以喧闹嘈杂的言辞与嗒嗒作响的骰子声，我智胜了郑重其事的协助者，我的意志与目的应当躲避所有这些严厉的守护人。

为了不让别人看到我的深度与我的最终意志，为了这个目的我才发明了这持久而清晰的沉默。

我看到很多聪明人，他们用面纱掩盖自己的面容，把水搅浑，以致没有人能看透他们，能看到他们的深处。

但是，偏偏是更为精明的怀疑者与解惑者来到了他们面前，偏偏是从他们那里，他们钓上了最为隐蔽的鱼！

然而，清澈者、诚实者与透明者——他们对我来说是最明智的沉默者，他们是如此深邃，以至于最清澈的水也无法——将他们暴露。

你这个白了胡子的沉默的冬日天空，你，这个我头顶上的睁圆眼睛的白头翁！哦，你是我的灵魂与其恶作剧在天际的比喻！

我不必像一个吞食了金子的人那样藏匿自己——以免我的灵魂被人们所撕裂？

我不必踩着高跷，以免他们忽视了我的长腿——我周围的所有这些嫉妒者与迫害者？

这些昏暗的、温暖的、陈旧的、染绿的、本性邪恶的灵魂——他们的嫉妒怎能忍受得了我的幸福！

于是我只能向他们指出我顶峰上的冰雪与严冬——而没有给他们看我那被太阳的光环所环绕的群山！

他们只听见我那严冬中暴风雨的呼啸，并不知道我如同热切而猛烈的南方热风一般穿越了温暖的大海。

他们对我的意外与偶然事件感到同情。可是，我说："让偶然事件到来吧，它如小孩一般纯真无邪！"

如果我不把意外事件、冬日的贫困、熊皮帽与覆盖一切的雪花置于我幸福的周围，那么他们如何能忍受我的幸福？

如果我自己并不同情他们的怜悯，这些嫉妒者与迫害者的同情！

如果我自己没有在他们面前叹息，没有因为寒冷而冻得牙齿打颤，耐心地让自己被包裹在他们的仁慈中！

这就是我的灵魂明智的任意放纵与善意，它并不掩饰自己的严冬与寒流，也不隐藏它的冻疮。

对于某一种人来说，孤独是病人的避难所。对于另一种人来说，孤独是从病人的面前避开。

但愿他们听到我牙齿的打颤声与它在严冬中的叹息，我周围所有这些可怜的、斜视的无赖们！在这样的叹息声与震颤声中，我逃离了他们那温暖的屋子。

就让他们因为我的冻疮而同情我，为我叹息吧："他还将冻死在这知识的冰窖中！"他们这样抱怨说。

与此同时，我用温暖的双脚在橄榄山上漫无目的地四处游荡。在我那橄榄山上阳光灿烂的一角，我歌唱着、嘲讽着所有的怜悯。

查拉图斯特拉如是唱。

论路过

查拉图斯特拉就这样缓慢地漫步于很多民族与不同的城市之中，最终，他绕道回到了他的群山间的岩洞里。瞧，这时候他不知不觉地来到了大城市的城门边。然而，在这里，一个满嘴白沫的傻子，张开双手，向他跳过来，挡住了他的去路。这正是被人们称为"查拉图斯特拉之猿"的那个傻瓜，因为他学会了查拉图斯特拉的一些表达方式与语言，也许还喜欢借用查拉图斯特拉智慧的宝藏。于是，这个傻子对查拉图斯特拉如是说：

"哦，查拉图斯特拉，这是一个大城市：在这里，你将一无所获，并且失去一切。

"你为何要蹚这浑水呢？你应当同情一下你的双脚！最好唾弃这个城门，然后转身而去！

"这里是隐居者思想的地狱。在这里，伟大的思想被活生生地放入开水里，被煮得越来越小。

"在这里，所有伟大的情感都腐朽了。在这里，只有瘦骨嶙峋的感情才会嘎吱作响！

"你难道没有闻到精神的屠宰场和餐馆的味道？这个城市难道不是弥漫着屠宰精神的热气吗？

"你难道没有看见那些灵魂像柔软肮脏的破布一样被悬挂着？而他们居然用这些破布来制造报纸？

"你们没有听见精神在这里是如何成为了一种言语的游戏？它呕吐出令人憎恶的污言秽语！而他们还利用这些污言秽语来制造新闻！

"他们相互追逐却不知去往何方！他们彼此激怒，却不知为何缘由！他们身上的金属片清脆有声，他们身上的金子叮叮作响。

"他们冷了，便从蒸馏水中寻求温暖；他们热了，便向冰冻的精神那里寻求冷却；他们都因为群众的舆论而饱受痛苦。

"这里是一切淫欲与罪恶的家园，然而这里也有道德高尚的人，这里有很多可任用的、被雇佣的美德。

"这些可任用的美德，有着精于书写的手指和坚韧的耐性，他们有幸佩戴着小小的星星胸章，并拥有臀部加了衬垫的女人。

"这里也有许多的虔诚，以及在万军之主面前的卑躬屈膝与极尽忠诚。

"任何没有星星胸章的胸膛都在渴望着'从上面'滴落下

的星星勋章与仁慈的施舍。

"月亮有它自己的月晕,在它的月晕中圈养着许多动物,而行乞的民众以及一切乞讨的美德都向着源自月晕的一切祈祷。

"'我效力,你效力,我们效力……'一切被任用的美德都这样向王公们祈祷,直到那些星星勋章最终挂在自己纤弱的胸前!

"然而,月亮仍然围绕着尘世间的一切旋转,如同王公们也同样围绕着尘世间的一切旋转——然而,这就是商人手中的黄金。

"指挥万军之主并不是拥有金条之主,谋事在于王公们,但是成事在于商贩们!

"哦,查拉图斯特拉,凭着你身上一切光明的、强大的与善良的东西,唾弃这个商贩的城市,然而转身离去吧!

"这里的所有血管中流淌的都是腐朽的、温热的、冒着泡的血液,唾弃这个大城市吧!它是汇聚所有糟粕的一个垃圾堆!

"唾弃这个被拥挤的灵魂、狭隘的心胸、锐利的双眼和黏糊的手指所充斥的城市吧。

"唾弃这个鲁莽冒失者的城市、这个厚颜无耻者的城市、这个口诛笔伐的煽动者的城市、这个热烈的野心勃勃者的城市吧。

"在这里,充斥着一切残缺不全之物、臭名昭著之物、贪婪之物、背信弃义之物、腐朽病态之物、煽动言论与化脓溃烂之物。

"唾弃这个大城市,然后转身离去吧!"

然而,在这里,查拉图斯特拉打断了这个满口白沫的傻子,捂住了他的嘴。

"立刻给我闭嘴!"查拉图斯特拉大喊道,"你这种话与你这种人早已令我感到厌倦了!

"为什么你要长久地住在这沼泽地里,直到你自己不得不变成了一只青蛙或者癞蛤蟆?

"当你学会了像青蛙一般呱呱地大声责骂的时候,你的血管中不是流淌着冒着泡的肮脏的沼泽的血液吗?

"你为何不到森林中去?你为何不去耕地?大海不是充满了绿色的岛屿吗?

"我鄙视你的轻蔑;当你警告我的时候,为什么不警告你自己呢?

"只是出于爱,我的蔑视与警告之鸟就会振翅高飞,但是飞不出那片沼泽!

"人们将你称为我的猿猴,你这满口白沫的傻瓜;但是我把你称为我低声咕哝的猪,你那低沉的咕哝声甚至破坏了我对愚蠢的赞美。

"最初让你咕哝的究竟是什么?因为没有人将你奉承到位,因此你就坐在了这污秽的旁边,从而有足够的理由来叽叽咕咕。

"从而有足够的理由大加报复!因为,你这个虚荣的傻子,复仇便是你满口的白沫!我对你的猜测没错!

"但是你愚蠢的言语伤害了我,即使你的话言之有理!即使查拉图斯特拉的话上百倍的合乎情理,你却总是糟蹋我的语言!"

查拉图斯特拉如是说。他望着这个大城市,叹了口气,陷入了沉默。最后,他如是说:

>我不仅憎恨这个傻瓜,也憎恨这个大城市。这里与

那里——无法改善,也无法恶化。

这个悲哀的大城市!但愿我能看见那将它付之一炬的大火!

因为这样的大火必然发生在伟大的正午之前。然而,它有自己的时刻与它自己的命运。

然而,你这个傻瓜,我把这句告诫送给你,作为离别赠言:对于不再爱的地方,人们就应当——从旁边经过!

查拉图斯特拉如是说,经过了这个傻瓜与大城市。

论背叛者

啊,这片原本郁郁葱葱,色泽艳丽的草地现在却变得一片枯黄与灰暗!我从这里带了多少希望的蜂蜜到我的蜂房中去啊!

那些年轻的心都已经衰老,或者没有变老,只是变得倦怠、平庸、舒适,他们宣称:"我们又一次变得虔诚了!"

近来我还看见他们迈着勇敢的步伐在大清早奔跑:但是他们的知识之足已经显得疲倦,如今他们甚至还诽谤自己晨间的勇猛!

确实,他们中间的许多人像舞者一般地抬起双腿;我的智慧在笑着向他们眨眼示意,他们在思考自己。刚刚我看见他们弯下腰,爬向十字架。

他们曾经像小飞虫和年轻诗人一样围绕着光与自由振翅飞翔。苍老一些,冷漠一些。他们已经变成了神秘者、絮絮叨叨的人和懦夫。

也许他们伤心绝望,是因为寂寞如同一头鲸鱼一样吞噬了我?也许因为他们的耳朵充满期待地伸得很长,想要倾听我，倾听我的号角声和报信之声，却终告徒劳？

啊！始终仅有少数人心中存有不懈的勇气与充沛的精神；在他们那里，即使精神也耐性十足。然而，其余的人都十分懦弱。

其余的人始终是大部分人，普通的人，多余的人，太多、太多的人——那些人都无比懦弱！

我这种类型的人，也会在半路上遇到同一类的经历，也就是说，他最初的伙伴必然是死尸与小丑。

然而，他其次的伙伴——他们自称为他的信仰者，是生机勃勃的一大群，充满爱意与愚蠢，许多嘴上无毛者的敬仰。

人群中属于我的同类的那些人，就不应当依附于这些信仰者；了解浮躁而懦弱的人类，就不应当相信这样的春日时光与色彩绚丽的草地。

假如他们能够成为别的样子，那么他们也应该愿意是别的样子吧。摇摆不定的人破坏了所有的整体。树叶凋零了，这有什么好悲叹的呢！

哦，查拉图斯特拉啊，就让它们凋亡离去吧！不要悲叹了！让窸窣作响的风把它们吹走吧。

让风在这些树叶中间吹起来吧，哦，查拉图斯特拉，让这一切凋零之物尽快地离你而去吧！

"我们又一次变得虔诚了"——那些背叛者坦言道。他们中间有些人仍然太过懦弱而羞于承认。

我凝视着那些人的眼睛，我对着他们那因羞赧而微红的双颊如是说：你们又重新成为祈祷者了！

然而，祈祷是一种耻辱！不是对所有人，而是对你，对我，以及一切有良知的人们。因为对于你，祈祷是一种耻辱！

你很清楚，你心中有一个怯懦的魔鬼，他热衷于轻松自若地将双手置于胸前，这怯懦的魔鬼劝说你："上帝是存在的!"

因此,你属于怕光的那类人,光从来不让这类人得以安宁;现在你不得不每天把你的头深深地埋入黑暗与雾气之中!

确实,你选择了正确的时机,因为夜色之鸟刚刚重新飞走了。对于一切怕光的人们来说,他们并不——"休息"的黄昏时分与休憩的时刻已经来临了。

我听到了也闻到了,他们打猎与游行的时刻来临了。然而,这不是一次疯狂的狩猎,而是一次温顺的、跛足的、四处嗅吸的轻手轻脚的人与小声祈祷的人的狩猎。

这是一次对毫无主见的头脑简单者的狩猎,所有用于捕捉灵魂的捕鼠器已经被安置好!只要我在任何时候揭开窗帘,就会有一只夜蛾飞出来。

也许它与另一只夜蛾蜷伏在一起?因为,在任何地方,我都能闻到潜藏起来的小团体的味道。哪里有密室,哪里就有新的信徒和他们带来的气息。

漫漫长夜,他们坐在一起,说:"你让我们重新变成小孩,说'亲爱的上帝'吧!"——虔诚的制糖人宠坏了他们的嘴与胃。

或者,在漫漫长夜中他们看到一只狡猾地潜伏着的十字架蜘蛛,它向别的蜘蛛宣讲自己关于审慎的学说,它如是教导道:"在十字架下很容易结网!"

或者,他们拿着钓竿,整日坐在沼泽地边,以此便认为自己很深邃;可是,在无鱼的地方垂钓,我认为这连肤浅都算不上!

或者,他们向赞美歌的诗人学习神圣而快乐地演奏竖琴,这些赞美歌的诗人最热衷于用自己的演奏打动少女的心,因为他们已厌倦了老妇女与她们的赞美之词。

或者,他们在所谓的博学的狂妄者那里学会了恐惧,这狂妄者在黑暗的屋子里等待着精神的降临——而精神却完全逃跑了！

或者，他们凝听一个四处漫游的老者所吹奏的悲鸣的笛声，这位老者从忧伤的风中学来了忧伤的曲调；现在他像风一般吹奏笛子，用忧郁的曲调宣讲忧郁。

他们当中的有些人甚至成为了守夜人：他们知道如何吹奏号角，知道在夜间走动，并唤醒一切早已熟睡的古老事物。

昨天夜里我在花园的墙边听到了有关古老事物的几句话：这些话都来自这衰老、忧郁和枯槁的老者。

"作为一个父亲，他并不足够关心他的孩子。这一点，人类的父亲比他强！"

"他太老了，他现在根本不再关心他的孩子们了。"另一个守夜人这样回答。

"他究竟有孩子吗？除了他自己，没有别人能够证明这一点！我很久以来就希望他能彻底证明这一点。"

"证明？好像他曾经证明过什么似的！对他来说，要证明什么并非易事；他很重视那些相信他的人。"

"是啊！是啊！信仰拯救了他，对他的信仰。这就是老人的特征！我们也是如此！"

这两个守夜的老者兼畏光者这样交谈，并吹响了他们哀伤的号角：这一幕昨天夜里也曾在花园的墙边上演过。

可是，我的内心在大笑中扭曲，像是要撕裂开来，却又不知去向何方，于是又坠入到隔膜中去了。

确实，这差点要了我的命——当我看见喝醉酒的驴子与那怀疑上帝的守夜者的时候，笑得几乎窒息。

一切这样的怀疑不是早已过去了吗？如今，谁还能唤醒这样一些沉睡的、怕光的古老的东西呢！

一切古老的神祇早已走到了终结。确实，他们有一个快乐的神圣的好结局!

他们并没有在他们的"凄惨"中死去,那是人们所编造出的谎言!相反,他们是有一天在大笑中死去的!

这件事发生在一位神祇说出最亵渎神灵的话之时,他说:"只有一位神!除我以外,你们不应当再有别的神!"

一个吹胡子瞪眼的年老之神,一个嫉妒者,竟然忘乎所以。

所有的神灵都大笑起来,在宝座上前仰后合,并大声喊道:"有诸神而没有上帝,那不正是神圣吗?"

让所有的耳朵都来倾听吧!

查拉图斯特拉在他所喜爱的"花母牛"城发表了如是的演说。从这里回到他的岩洞与他的动物们身边,只需要两天的时间,而他的灵魂因为他即将回家而欣喜异常。

回家

哦,孤独!你就是我的家园!我在这荒凉的偏僻之所狂热地居住了太长久的时间,因此我不能不满含热泪地回到你们中间!

你时而像母亲那样用手指威胁我;时而又如母亲那般地冲我微笑;时而只是说:"谁曾像旋风一般地从我身边吹走?

"他在离去时喊道:'我与孤独在一起待得太久,甚至已经忘记了沉默!'这个,你必然现在已经学会了吧?

"哦,查拉图斯特拉,我了解一切;你这个独一无二的人,你在众人之中比在我身旁更为孤独!

"凄凉是一回事,而孤独则是另一回事,这个——你们现在已经学会了!你在人们中间始终是狂野和陌生的。

"即使人们热爱你,你还是狂野和陌生的——因为,首先他们需要享受别人的纵容!

"可是,现在你独自在家;在这里你能够畅所欲言,自作主张,你也不必为任何隐秘的或不为人知的情感而感到耻辱。

"在这里,万物抚爱你,与你交谈,并谄媚你:因为它们想要骑在你的背上。在这里,你也骑在每一个比喻上奔向了每一个真理。

"在这里,你可以诚实正直而随心所欲地与万物交谈:确实,在他们听来,这就是赞美之辞——一个人与万物直接交谈!

"然而,凄凉则是另一回事。因为,哦,查拉图斯特拉,你还记得吗?当你的鸟在空中鸣叫,当你踌躇不定地站在树林中间,站在死尸的旁边,不知去向的时候。

"当你说:'让我的动物们来引领我吧!我发现我在人群中间要比我在动物们中间更加危险'——那就是凄凉!

"你还记得吗?哦,查拉图斯特拉?当时你坐在自己的岛屿上,好像置身于一堆空桶中的一眼给予与分发的源泉,在焦渴者之中赠予和分发。

"直到最后,你独自一人干渴地坐在这些醉酒者中间,在夜间悲叹道:'索取不是比赠予更加幸福吗?而偷窃不是比索取更加幸福吗?'那就是凄凉!

"你还记得吗?哦,查拉图斯特拉?当你那最寂静的时刻来临并迫使你摆脱了自我之时,它邪恶地对你低语道:'开口吧!毁灭吧!'

"当它使你对自己的等待与沉默感到厌恶,使你为自己谦卑的勇敢而感到沮丧之时:那就是凄凉!"

哦,孤独啊!你是我的家园!你对我说话的声音是多么的甜美而温柔!

我们互不质问,我们互不抱怨;我们坦诚相待,一同走过敞开的大门。

因为这里的一切都开放而明朗；在这里，甚至时间都奔跑得更为轻快。因为，时间在黑暗中比在光明中负担更重。

在这里，一切存在的言语和言语的宝库都在突然间为我而开启：这里的一切存在都想要成为言语，这里的一切生成都想要向我学习如何说话。

然而，在那下面——在那里一切言语都是徒劳！在那里，忘却与从旁经过是至高的智慧，这一点——我现在终于学会了！

要理解人的一切，就必须要能把握这一切。可是，我的双手太过干净，做不到这一点。

我不喜欢吸入他们的气息。唉，我竟然在他们的噪音与令人作呕的气息中生活了如此之久！

哦，我周围那神赐的宁静啊！哦，我周围那纯净的气息啊！哦，这片宁静是如何从深深的胸膛中汲取纯净的气息！这神赐的宁静啊，它是如何侧耳倾听的！

但是，在那下面——那里的一切都在说话，那里的一切都不为人领悟。如果有人用钟声来宣告他的智慧，那么立刻就会被市场上商贩手中硬币的叮当作响之声盖过！

在他们那里，一切都在说话；不再有人能够理解。一切都落入了水中，但不再有东西坠入深井中。

在他们那里，一切都在说话；不再有事物被接替，或得以完成。一切都在咯咯地叫唤，谁又能安静地坐在窝里孵蛋呢？

在他们那里，一切都在说话；一切都已是陈词滥调。昨天对于时间本身与它的牙齿来说太过坚硬的东西，今天却被咀嚼得太烂，挂在今日之人的嘴角上。

在他们那里，一切都在说话，一切都遭到了出卖。曾经被称为灵魂深处的秘密与隐私的东西，今日却属于街巷中的吹号手和其他举止轻浮的人。

哦，人类啊，你这奇异的人类！你这黑巷中的喧闹声！如今你又一次位于我的身后——我最大的危险来自于我的身后！

我最大的危险总是存在于我的纵容与怜悯之中；整个人类都渴望被纵容，被容忍。

掩盖事情的真相，怀揣着愚蠢的念头做出愚蠢的事情，满嘴出于怜悯的小谎言——我曾经如是生活在人群中间。

我曾为自己乔装打扮，坐在他们中间，准备好了给自己做出错误的判断：我能够忍受他们，并乐意对自己说："你这个傻子，你并不了解人类！"

生活在人们中间，就无法了解人们：整个人类中间有太多肤浅表面的东西，在那里，视野宽广的目光又能做些什么！

当他们对我做出错误的判断之时，我这个傻子因为这个缘故比对我自己更加纵容他们。我习惯了严于律己，并且常常因为这种纵容而报复自己。

被有毒的飞虫蜇伤，如石头被邪恶的水滴滴穿，我就这样坐在他们中间，仍然自言自语："一切琐碎之物的琐碎都是无辜的！"

尤其是那些自称为"善良者"的人，我发现他们是最具毒性的飞虫；他们平白无故地蜇人，平白无故地撒谎；他们如何能够——公正地对待我！

生活在善人中间的人——怜悯教会他们说谎。怜悯为一切自由的灵魂制造令人窒息的空气。因为善良之人的愚蠢是不可估量的。

隐藏起我自己与我的财富——这一点我在下面就已经学会了：因为我看出，每一个人都是精神上的贫乏者。这就是我的怜悯所说的谎言：我了解每一个人。

我看到，闻到每一个人，他们拥有了足够的精神，太多的精神！

他们那呆板的智者，我称他们为智者，而非呆板——我就是这样学会了敷衍了事。

掘墓人为自己挖掘出疾病。在古老的垃圾下面散发着污浊的气息。人们不应搅动了污泥，人们应当生活在山上。

我用神赐的鼻子呼吸高山里的自由！我的鼻子终于摆脱了所有人类的气息！

凛冽的寒风拂面，气味如冒泡的美酒，我的灵魂为之激动：打着喷嚏并对自己欢呼道："祝你健康！"

查拉图斯特拉如是说。

论三件恶事

在我的梦境中，在我清晨最新的梦境中，我今日站在一个海角上，在世界的另一端，手持一副天平，称量着这个世界的重量。

哦，玫瑰色的晨曦来临得太早了，她用她的灼热将我唤醒，这个嫉妒的家伙！她总是对我绚丽多姿的清晨之梦心怀嫉妒。

在我的梦境中，世界就是如此，它可以被有时间的人测量，可以被善于称重的人称量，可以为强有力的翅膀企及，可以被神圣的解谜者猜透。

我的梦境，是一个勇敢的水手，一半是船，一半是飓风，像蝴蝶般沉默，如雄鹰般急切。它今天怎么会有耐心与空闲来称量世界！

我的智慧，我那欢笑着的、清醒异常的、如白昼般的智慧,那嘲笑一切"无穷无尽的世界"的智慧,它也许曾悄悄地对我的梦境说过话?因为它说:"凡是存在力量的地方,就会产生数字这位主宰:她的力量更为强大。"

我的梦境是如此确定无疑地注视着这个有限的世界,既不喜新,也不守旧,既不畏惧,也不恳求:

好像一个圆润的大苹果呈现在我的手中,一只成熟的金苹果,有着清凉、温润、天鹅绒般的果皮——世界就是这样将自己呈现在我的面前。

好像一棵树在向我点头示意,一棵枝繁叶茂、意志坚强的大树,它盘曲的枝干成为了疲倦的旅行者休憩的扶手椅与脚凳,世界就这样站立于我的海角。

好像一双纤手捧着匣子向我走来——一只敞开着的,让谦逊而崇敬的眼睛喜出望外的箱子,这就是如今呈现在我眼前的世界。

既非足够令人费解,会吓退人类之爱,也非足够清晰明白,完全不用劳费人类的智慧,在我看来,这个如今备受人们诋毁的世界就是这样一件合乎人情的好事!

我是多么感谢我清晨的梦境,使我能够在今日的大清早来称量世界!这个梦境,这个心灵的抚慰者,就像一件合乎人情的好事降临到我的身上!

为了能够在白天做与梦境中类似的事情,并效仿其中最好的事情,我现在愿意将三件最恶的事情放在天平上,从人类的角度好好称量。

教别人祝福的人,也教别人诅咒,这个世界上最应该受诅咒的是哪三件事呢?我愿意把它们放在我的天平上称量。

纵欲、权力欲、自私,这是迄今为止最遭人诅咒和最备受谴责的三件事,这三件事我要从人类的角度好好地称量。

好吧!这里是我的海角,那里是大海——它朝着我席卷而来,这只为我所喜爱的忠实可靠的百头狗怪兽,它毛发蓬松地向我摇尾乞怜!

好吧!我就将在这波涛翻滚的海面上手持着天平,我甚至选择了一位见证人——你,你这隐居者的树,你这散发着浓郁香气的、有着宽阔拱顶的大树,我的至爱!

"现在"从哪一座桥上通向"从此以后"?位居高处者在什么样的强制下向弱者卑躬屈膝?是什么命令最高者仍然要——向上生长?

现在这天平保持着平衡与静止,我在一端放入三个沉重的问题,而在另一端放上三个沉重的回答。

淫欲:在所有身着忏悔服的肉体的蔑视者看来,是他们的肉中刺,并且,被所有的隐居者诅咒为"这个尘世",因为它嘲笑并且愚弄所有宣传错误言论的布道者。

淫欲:对于乌合之众来说,是炙烤他们的慢火;对于所有蛀虫的朽木与腐臭的破布来说,是炽热的火炉。

淫欲:对于自由的心灵来说,是纯真与自由,是尘世间花园的幸福,是一切未来对如今的千恩万谢。

淫欲:对于凋敝衰落者来说,只是一剂甘甜的毒药。然而,对于拥有雄狮般意志的人来说,却是伟大的强心剂与虔心保存的酒中之酒。淫欲:是象征至高的幸福与至高的希望的大幸福。因为,对于很多人来说,它许诺人们以婚姻,并且不仅仅是婚姻。

很多夫妻相互之间比男女之间更为陌生——谁又能真正地理解男女之间有多么陌生!

淫欲:但是我要在自己的思想周围,甚至我的言语周围筑起篱笆——以防卑贱与游手好闲之人闯入我的花园!

权力欲:这是鞭挞最无情的铁石心肠者的火辣辣的鞭子;是为最残忍的人保留的严酷的折磨;是焚烧活人的阴森的

火焰。

权力欲：是停落在最虚荣的民族身上恶毒的牛虻，它栖身于所有的骄傲与马匹上，讥讽一切不确定的美德。

权力欲：这是破坏与摧毁一切腐朽与中空之物的地震，是刷白了的坟墓的破坏者，它席卷而来，隆隆作响，施行惩罚，这是不成熟的答案旁边标记着的疑问号。

权力欲：在他的目光下，人们屈膝爬行，如奴隶般劳作，他们比猪蛇等畜生更为卑贱，直到最终他们身上莫大的轻蔑大声疾呼。

权力欲：这是鼓吹极大轻蔑的可怕的老师，他面对着城市与王国说教："你离开吧！"——直到一种声音在他们中间响起："我离开吧！"

权力欲：然而它极具诱惑力地上升到了纯洁者与孤独者的高度，上升到了自我满足的高度，如同爱一般灼热，将紫色的天堂般的幸福诱惑地描绘在尘世的天堂中。

权力欲：可是，如果位居高处者渴望向权力俯身屈尊，那么谁还将称其为欲望！确实，在这样的渴望与屈尊中，不存在什么病态或不健全的东西！

孤独者的高度不可能永远保持孤独与自我满足，高山会抵达低谷，山巅之风也会吹及平原。

哦，谁能给予这样的渴望以适当的名字与称号呢！查拉图斯特拉曾经为这个不可命名者起名为——"赠予的美德"。

而当时也发生了这样的事情——确实，它是第一次发生！他赞美自私，这从强壮的灵魂中涌出的健全完好的自私。

从这一强大的灵魂，到附属于这灵魂的高大的身体，这俊美的、充满胜利的、令人振奋的身体，在它们的周围，一切都成为了一面明镜。

这一屈伸自如的柔韧身体，这位舞蹈者，它的象征与缩影就是自娱自乐的灵魂本身。这样的肉体与这样的灵魂的自我享受自称为"道德"。

这样的自我享受用它关于善与恶的言论来掩饰自己,好像藏身于隐秘的树林中一般,它以幸福之名,将自己身上的一切可鄙之物驱逐得远远的。

它驱逐了自己身上一切懦弱的东西,它说:"恶——这就是懦弱!"在它看来,那些总是苦大仇深、唉声叹气、怨声载道、贪图小利的人都是可鄙的。

它也鄙视一切苦乐参半的智慧,因为,确实,也存在着在黑暗之中盛放的智慧之花,一种笼罩着夜色的智慧,这种智慧总是在叹息"一切都是空虚"!

羞涩的猜忌,任何只想要誓言而非表情与实际行动的人,以及所有疑心过重的智慧,这一切都被它看做是低贱的。因为这就是怯懦的灵魂的特征。

在它看来,那些曲意逢迎者、动辄伏地不起的摇尾乞怜者和谦卑恭顺者更为低贱;还有那顺从的、卑躬屈膝的、虔诚的与谄媚的智慧。

从不自卫的人,对有毒的唾弃与恶毒的目光忍气吞声的人,那太有耐心、处处忍耐、事事满足的人,这一切都让它感到十分憎恨与厌恶——因为这是奴隶的特性!

无论一个人是在诸神或是神圣的唾弃面前,还是在人类与他们愚蠢的观点面前卑躬屈膝,它唾弃一切的奴性,这神赐的自私!

恶:它这样称呼一切灵魂破碎的,肮脏卑劣的奴性——不由自主地闪烁的眼神,沮丧的心情,以及那种用它那懦弱的宽阔嘴唇亲吻别人的虚伪、服从的方式。

虚伪的智慧:它这样称呼一切奴隶、白发老者与疲倦不堪者的智慧;尤其是一切狡猾的、善欺的、古怪的教士们的愚蠢!

然而,虚伪的智者,那些所有的教士,悲观厌世者以及一切拥有女人般的灵魂以及天性中有奴性的人。哦,他们的伎俩如何一直损害着自私!

然而,正是对自私的损害才被视为美德,才应当被称之为美德!而"无私"——所有这些悲观厌世的懦弱者和十字架蜘蛛都有足够的理由希望自己如此!

然而,对于这一切来说,如今白天来了,变化来了,裁决之剑来了,伟大的正午来了,这时候,很多东西都将显现出来!

宣告自我为健全与神圣的人,宣告自私是蒙受神佑的人,确实,作为预言者,他也宣讲了他所知道的:"瞧,它到来了,它临近了,这伟大的正午!"

查拉图斯特拉如是说。

论重力之神

我的喉舌——是民众的喉舌,我的话在文人雅士听来过于粗俗、过于坦率,在所有三流作家和舞文弄墨的人看来,我的话似乎更不可理喻。

我的手——是傻瓜的手,所有的桌子和墙壁,以及一切可供疯子们描画、涂鸦的地方,我为你们感到悲哀!

我的足——是马蹄,可以在山沟乱石之间踩踏驰骋,在田野里四处奔走来往,在疾驰之中,我好像被魔鬼附身一般地快乐。

我的胃——确实是鹰的胃吗?因为它最偏好羔羊的肉。可是,确切无疑,它是一种鸟类的胃。

如今我以天真纯洁之物为食,急不可待地展翅欲飞,这如今就是我的本性,难道这其中没有一点鸟的本性吗?

尤其是因为,我是重力之神的敌人,这是鸟的本性。确实,是死敌,是不共戴天的敌人,是与生俱来的敌人!哦,我的敌意还没有飞去何处呢?还有哪里没有错飞而去呢?

我可以在那里高唱一曲——而且我很想要唱,尽管我孤身一人待在这空屋子里,不得不唱给自己听。

确实,别的歌唱者也在屋子里。可是,只有当屋里人满为患的时候,他们的嗓音才会柔和,他们的双手才会传神,他们的眼波才会流转,他们的心灵才会清醒——但我却不是他们的同类。

未来有一日,谁教会了人类飞翔,谁就移走了一切的界标。在他看来,所有的界石本身都会在空中飞翔,他将为大地重新命名——将它称作"轻灵者"。

鸵鸟比最快的骏马奔跑得更快,但它也笨拙地把头插入深厚的泥土中,不会飞翔的人类也是如此。

大地与生命对于它来说过于沉重;重力之神想要如此!然而,如鸟一般轻灵的人一定是自爱的:我就是这样教导别人的。

确实,不要像患病者或染疫者那样爱自己,因为甚至连他们的自爱也散发着腐臭!

人们必须学会自爱——我就是这样教导的——用一种有益身心的健全的爱来爱自己,这样一个人才可以忍受与自己独处,而不会四处漂泊。

这样的漂泊不定为自己起教名为"兄弟之爱"。至今为止,这个词语常被人们用来撒谎与掩饰。尤其是那些给整个世界带来了沉重负担的人。

确实,学会自爱,这并不是给今日和未来下达的命令。其实,它是所有艺术中一项最美好、最精巧、最新颖和最有耐性的艺术。

因为，对于拥有者来说，他的一切财产都是藏而不见的，在所有的珍宝当中，最后才被发掘出来的才是属于你自己的，这就是重力之神所引发的一切。

自从我们来到人世之日起，就被赠与了沉重的话语和价值："善"与"恶"，这份嫁妆这样称呼自己。因为这个缘故，我们的存在被得以原谅。

因此，为了及时禁止孩子们自爱，人们才让他们来到自己身边来：这就是重力之神所引发的。

而我们——我们忠实地背负着人们加在我们坚实的肩上的重担，翻越荒山野岭！当我们汗流浃背的时候，人们就对我们说："是啊，人生就是沉重的负担！"

然而，只有人类本身才是沉重的负担！原因就在于人类的肩上背负了太多与自己不相干的东西。他像骆驼一样跪下，让别人在自己身上载上沉重的负担。

尤其是那些身强力壮、耐力超群、心怀崇敬的人，他自己的身上负担了太多毫无关联的沉重的言语和价值——如今生命对于他不过是一片荒漠！

确实！甚至许多属于你自己的东西也不过是沉重的负担！人的内心中有很多东西就像是牡蛎——令人生厌，过于滑腻，很难被人抓住。

因此，人类必然需要一个高贵的外壳，作为高贵的装饰。但是人们还应当学会这门技艺：拥有一个外壳，拥有一个漂亮的外表和聪慧的盲目！

人类身上的很多事情具有欺骗性，因为很多外壳太过可怜，太令人怜悯，它们不过是一个躯壳而已。太多的善良与权力隐而不现，从未被人参透；最精致的菜肴从未被人品尝。

女人了解这一点，知道它们当中的上品，添一分则太多，减一分则太少。啊,有多少命运就在于这一丝一毫之中!

人是难以发现的,而最难的莫过于发现自我,精神常常在关乎灵魂之事上撒谎。这就是重力之神所带来的。

但是,如是说话的人发现了自我,这是我的善与恶。他的这些话使那些声称"一切皆善,一切皆恶"的鼹鼠和侏儒噤若寒蝉。

确实,我也不喜欢那些把世间万物看的美好,将这个世界认作至善的人们。我把这样的人叫做不折不扣的满足者。

懂得如何品味一切的不折不扣的满足,那不是最好的品位!我敬重那过于挑剔、永不满足的美食家的口味,它们知道说:"我","是"与"否"。

然而,样样品尝、样样消化——那是真正的猪的习性!总是说:"咿——呀!"——只有驴子和像驴子那一类的人才会这样做!

深黄色和鲜红色,这是我的口味想要的东西,那是血与其他颜色的混合。然而,刷白屋子的人同时也向我暴露了自己的灵魂——他那漂白了的灵魂。

有些人爱上了木乃伊,有些人爱上了幽灵,这两者都对血肉之躯怀有敌意——然而,这两者是如何不合我的胃口啊!因为我爱鲜血!

我不愿居住或逗留在人人唾弃和唾沫飞溅之处,而宁愿住在窃贼与发伪誓的人中间——那现在就是我的品位。没有人在嘴里含着金子。

可是,我更厌恶那些低三下四的谄媚者,我在人们当中发现的最令人厌恶之物,我将其称作"寄生虫"——它不愿去爱,却想以爱为生。

我将那些只有一种选择的人称为是不幸者,要么选择成为恶兽,要么选择成为凶恶的驯兽师。我不愿在他们当中安营扎寨。

我将那些不得不永远等待的人们称为是不幸者,他们不合我的胃口,所有那些征税者、商人、国王、地主和店员,都不合我的胃口。

确实,我也学会了等待,学会了彻底的等待,但只是在等待我自己。更重要的是,我学会了站立、行走、奔跑、跳跃、攀爬和跳舞。

然而,这就是我的说教,梦想着有朝一日学会飞翔的人,必须首先学会站立、行走、奔跑、跳跃、攀爬和跳舞——因为飞翔不是一蹴而就的!

我学会了利用绳索攀爬窗户,用灵巧的双腿攀爬高桅:坐在知识的高桅上是何等的幸福!

高桅上的星星之火好像摇曳的烛光,虽然只是一丝微光,却足以使搁浅的船只和落水的人们感到莫大的安慰!

我千方百计历经艰辛终于抵达了我的真理;为了攀登上能够极目远眺的高度,我攀爬了不止一架梯子。

只是我总是很不情愿向人问路,——那总是令我生厌!我宁愿探问和检测道路本身!

我所走过的征途,都是一种探求,一种询问。确实,人们必须学会回答这样的询问!然而,这——就是我的品位。

它既不是什么好的品位,也不是坏的品位,只不过是我的品位。我不用为它感到惭愧,也不用为之保密。

"这——现在就是我的道路。你们的道路在何方呢?"我就这样回答那些向我问"这路"的人。因为这道路——并不存在!

查拉图斯特拉如是说。

论新旧标准

我坐在这里期待着,周围是破碎的旧碑和铭刻了一半的新碑。我的时刻将何时到来呢?

我下山的时刻,我衰落的时刻,因为我愿意再一次回到人类中间去。

我正期待着那个时刻,因为,我首先必须看到那预示着我的时刻到来的征兆——那就是,与鸽群一起欢笑的狮群。

与此同时,我像一个闲人那样自言自语。既然没有人向我讲述什么新鲜事,我就只能自说自话了。

当我来到人类面前时,我发现他们都沉浸在一种古老的迷恋之中:他们当中所有的人都认为自己早已了解了对人类来说有益和有害的事情。

在他们看来,所有关于道德的讨论是一件古老而令人生厌的事情;想要入睡的人在临睡之前还在讨论着"善"与"恶"。

当我教导说,尚没有人——除了造物者以外——了解何谓善恶之时,此番言论惊醒了昏睡中的众人!

然而,正是造物者创造了人类的目标,赋予了尘世意义和未来,只有这种人才能建立万物的善与恶。

而我嘱咐人们推翻了他们古旧的讲坛,那是一切古旧的自负立足之处;我嘱咐他们嘲笑他们伟大的道德家、他们的圣哲、他们的诗人以及他们的救世主。

我嘱咐他们嘲笑他们神情忧郁的哲人,以及那些被放置于生命之树上黑乎乎的吓人的稻草人。

我坐在他们放置棺材的大路边,甚至紧挨着死尸和秃鹫——我嘲笑他们所有的过往,以及他们逝去的辉煌的荣誉。

确实,如同听人忏悔的教士和傻子一般,我冲着他们的伟大与渺小宣泄我的愤怒与羞耻感——啊,他们的至善不过是如此渺小!他们的至恶也不过是如此渺小而已!这就是我所嘲笑的东西!

我那诞生于山间的"智慧的欲望"在我身上发出叫喊与欢笑。确实,它是一种野性的智慧!我那呼呼作响的强烈的欲望之翅!

它常常带着我在笑声中扶摇而上,越飞越远,直上云霄,这时候,我像箭一般战栗着,带着陶醉的欣喜穿越阳光!

飞向那里,飞向梦想也不可企及的遥远未来,飞向画家都无法想象到的温暖的南方,飞向载歌载舞的诸神都耻于穿衣的地方。

(我要使用比喻和隐语说话,所以就像诗人那般口吃和结巴,确实,让我感到羞愧的是,我仍然不得不做一个诗人!)

在那里,我看到一切的发生与变化都是诸神的舞蹈与嬉戏,世界被松绑、被释放,飞往自我之中寻求躲避。

作为诸神的一种永恒的自我逃避和对自我的重新发现,作为诸神快乐的自相矛盾,自我重新交流和自我重新回归。

在那里,一切时间对我来说都像是对瞬间的嘲笑,在那里,必然就是自由本身,它与自由的激励之棒快乐地嬉戏。

在那里,我也重新发现了我古老的魔鬼与头号敌人,那重力之神,以及他所创造的一切:强制和戒律、必然和结果、目的与意愿、善与恶。

因为难道不应当出现某种东西,好让舞者在它之上跳舞,并且超越它?为了那些敏捷者与最敏捷者的缘故,难道不是非得需要——鼹鼠和笨拙的侏儒的存在吗?

也正是在那里,我偶然学会了"超人"这一词汇和这一理论,人类是某种应当被超越的东西。

我了解了人类是一座桥梁,而非一个目标,为他的正午和夜晚而欢欣的人，自认为是通往新的玫瑰色晨曦的道路。

查拉图斯特拉关于伟大正午的言论，以及其他一切高悬于人类头顶的言论，好像一轮紫色的夕阳。

确实，我也让他们看见了新的星辰与新的夜晚，白昼与黑夜，在云端之上，我大声欢笑，好像张开一只色彩缤纷的华盖。

我教给他们我所有的梦想与欲望：把人类心中的碎片、谜题与可怕的偶然巧合汇集于一处。

组成作家、解谜者、机会的救赎者，我教他们创造未来，教他们通过创造曾经有过的一切来救赎。

救赎人类的过去，改变一切"曾经如此"，直到意志说："可是我曾经希望它是如此！将来我也希望它如此！"

我将此称之为他们的救赎；我教他们只将此称之为救赎。

如今我在期待着我的救赎——我将最后一次回到他们中间。

因为我愿意再一次回到人类之中，我的太阳将在他们当中西沉，我将在离开人世时给予他们最上等的馈赠！

从太阳——那生机勃勃的西下的落日中，我学到了这一点，夕阳将它那取之不竭的金光倾泻于大海！

以至于那最贫穷的渔夫，此时都摇荡着金桨划船！我曾经见到过这幅景象。我一边看，一边止不住地流泪。

查拉图斯特拉也会如西沉的太阳一样消逝，此刻他坐在这里等待，周围是那些破碎的旧碑和铭刻了一半的新碑。

你们看！这里是一座新碑，但是，与我一同将它搬到山谷，并使之深入人心的兄弟们在哪里呢？

我伟大的爱对最遥远的人这样要求：不要呵护你们的邻人！人类是某种必然要被超越的东西！

超越的道路和方式多种多样，你瞧啊！但是只有一个演

生命所允诺我们的，正是我们愿意——为生命所保留的那份东西。

滑稽戏的小丑明白:"人类也可以被跳过!"

甚至在你的邻人当中,你也要超越自己,一个你能够自己得到的权力,就不要让别人施予你!

你所做的事情,没有人会再为你而做!瞧,报酬是并不存在的!

无法命令自己的人,就应当服从别人。很多人能够对自己发号施令,但很难做到服从自己!

这便是具有高贵灵魂者的愿望,他们不愿接受任何免费的东西,尤其是不付出代价就能够得到的生命。

只有平民大众才愿意白白享受生命,然而,我们其他人,我们这些接受了生命本身的赠予的人,我们总是在考虑能以什么更好的东西作为回报!

确实,有一句高贵的格言是这样说的:"生命所允诺我们的,正是我们愿意——为生命所保留的那份东西!"

人们往往不愿享受自己毫无贡献的快乐。而且——你根本就不应该想要享受!

因为,纵情享乐与清白无辜是最为害羞的东西,两者都不愿被人寻求。他们值得拥有——但是人们宁愿追求负疚与痛苦!

哦,我的兄弟们啊,走在前面的人总是要成为牺牲品的!可是,如今我们就是走在最前面的人!

我们都在秘密的祭坛上遭受宰割,我们都为了祭奠古老的偶像而遭受烈火的炙烤。

我们当中最优秀的仍然年轻,这刺激了古老的味觉。我们的肉体是柔嫩的,我们的皮肤像羔羊一般细腻,我们怎么会不激起崇拜偶像的老教士的食欲!

这崇拜偶像的老教士仍然存在于我们自己的体内,他把我们当中最优秀的做成他的一顿盛宴!唉!我的兄弟们啊,走在前面的人怎么能不成为牺牲品呢？

但是我们的同类也期望如此；而我喜欢那些不愿意保留自己的人；我用我的全部身心爱着那些沉沦的人：因为他们在走向超越。

真实——很少有人能做到这点！那些能做到的人也不愿去做！然而，善良的人是最不可能做到这一点的。

哦，那些善人啊！善良的人从来不说真话；这种善良是精神上的一种疾病。

那些善人啊！他们退让，他们屈服于自己，他们的心灵重复别人，他们的灵魂服从别人的使唤：然而，服从别人使唤的人却不愿服从自己！

被善人称之为罪恶的这一切必然聚集于一处，从而催生出一种真理，哦，我的兄弟们啊，你们也罪恶到了足以让这种真理诞生的程度了吗？

勇敢的冒险，持久的怀疑，残酷的否定，厌倦，生命的创伤。这一切要汇集于一处是多么不易！然而，真理正是从这样的种子中——诞生的！

迄今为止，一切知识正是从这一不良的意识中产生的！你们这些有识之士啊，打碎它们，打碎这些陈腐的旧碑吧！

当水面上竖起了木桩，当河流上架起了带有栏杆的浮桥。确实，此时说"一切都流走了"是没有人相信的。

即使是头脑最简单的傻子也会反驳他。"什么？"他们说，"一切都流走了？可木桩和栏杆不是还在河流之上吗？"

"河流之上的一切都是静止不动的，是万物的所有价值，是桥梁、方位、一切的'善'与'恶'，这就是一切静止不变的东西！"

然而，凛冽的冬天到来了，这河流的驯服者到来了：这时候，甚至是最聪明的人也学会了怀疑；确实，此时不只是傻瓜说:"一切不都是——静止的吗?"

"一切在本质上都是静止的。"——这是一种贴切的冬季的学说,它对于没有收成的季节来说,是一条好消息,对于冬眠者和在火炉边烤火的人来说,是最好的慰藉。

"一切在本质上都是静止的"——然而,消融一切的春风所宣讲的,却与之相反!

春风,一只不耕作的公牛——一只凶猛的公牛,一个破坏者,它用它那愤怒的犄角击碎了冰块!而冰块——又冲毁了浮桥!

哦,我的兄弟们啊,现在万物难道不是又在流动了吗?所有的栏杆与木桩不是又落入水中去了吗?谁还会严格地遵循"善"与"恶"呢?

"我们可悲!我们万岁!让消融一切的春风吹拂起来吧!"哦,我的兄弟们啊,就这样在街头宣讲吧!

有一种古老的妄想——它被称为善恶。迄今为止,这种妄想都在预言家和占星家中间流传。

人们曾经相信预言家和占星家,因此,他们相信:"一切都是命中注定的,你能够,因为你必须!"

后来,人们又质疑所有的预言家和占星家,因此,他们相信:"一切都是自由的,你能够,因为你愿意!"

哦,我的兄弟们啊,关于星辰与未来,迄今为止人们都只是幻想,而非真知;因此有关善恶的一切人们至今也只是幻想,并不是真知!

"你们不应当偷窃!你们不应当杀戮!"——这样的训诫从前被人们当做是圣训:在这样的圣训面前,人们卑躬屈膝,俯首臣服。

但是我问你们,在这世界上,还有比这些神圣的戒律更为狡黠的窃贼和杀戮者吗?

所有的生命中难道不是都包括——抢劫与杀戮吗?将这样的戒律称之为圣训,难道不是要使真理本身遭受屠戮吗?

或者,将一切反驳生命与劝阻求生的训诫认作是圣训,难道不是一种宣扬死亡的学说吗?哦,我的兄弟们啊,摧毁它们,摧毁这个古老的旧碑吧!

我看见,我对全部往昔的同情遭到了遗弃。

被遗弃给新时代每一代人的宽恕、精神与疯狂,他们将过往的一切东西重新解释为自己的桥梁!

一位伟大的统治者可能出现,一个狡猾的魔鬼将会到来,他以他的认可与反对来强迫全部的往昔,直到它们成为他的一座桥梁,一个前兆,一个预言,和一只司晨的公鸡。

然而,这却是另一种危险,是我的另一种同情,平民大众的思想只能追溯到他们的祖父那一代,可是,到了他们的祖父那里,便停滞不前了。

于是,一切的过往就这样被遗弃了,因为也许终有一天平民大众会成为主宰者,会将整个时代沉溺在浅水中窒息而死。

因此,哦,我的兄弟们啊,我们迫切需要一种新贵族,他们与一切平民和一切专制的统治对立,我们需要将"高贵"这个词重新铭刻于新碑之上。

因为我们需要很多贵族与各种贵族,才能形成新的贵族阶级!或者,就像我以前打的比方:"那就是神性;需要诸神,而不是上帝!"

哦,我的兄弟们啊!我将你们献身于一种新贵族,我指点你们成为这一种新贵族,你们应当成为未来的创造者、栽培者和播种者。

确实,贵族的头衔,并不能像你从商人那里购买货物那般以金币买到;因为有价的东西多半都没有什么价值。

从何而来并不是你们今后的荣耀,去往何处才是你们今后的光荣!你们的意志和你们的脚步希望能够超越自己!让这成为你们新的荣誉吧!

确实,你们的光荣并非向一位君主效忠!如今君主还算什么呢!你们的光荣也不是为了让存在之物坚定持久地矗立的壁垒。

你们的光荣不在于有亲戚在宫廷中享有尊严,也不在于你们学会了把自己装饰得像五彩斑斓的火烈鸟那样,长久地站立在浅水之畔。

因为站立的能力是宫廷之臣的一项优点;而所有的朝臣们都认为,被批准坐下是他们死后才能得到的赐福!

并非是那个被他们称为神圣的精神将你们的祖先领入了我并不为之称颂的希望之地!因为在那里生长着所有树木中最为糟糕的一种——十字架所在的地方——在那种地方没有什么值得赞颂之物!

确实,无论这种"神圣的精神"将它的骑士们引向何处,而在这样的战争中冲锋陷阵的,始终是那些——山羊、鹅、疯子和傻瓜!

哦,我的兄弟们啊,你们的新贵族不应当回顾过去,而应当向前眺望!你们应当被从你们先父的国土上放逐!

你们应当热爱你们的孩童之邦!让这种爱成为你们新贵族的头衔吧!在那片遥远的海域,在那片尚未被勘探的地域!我吩咐你们向着那里扬帆远航!去寻找它!

你们应当因为自己是你们父辈的孩子而在自己的孩子那里得到补偿:你们应当如是救赎全部的过往!就让我把这块新碑高悬于你们的头顶之上吧!

"人为什么要活着?一切都是虚无!生活——那是捶打稻草,生活——那是燃烧了自己,却没有得到丝毫的温暖!"

这种陈腐之词仍然被人们当做是"智慧",可是就因为它已经陈旧,并且散发出迂腐的气息,因此它更加受到尊重!甚至霉变也能使事物显得高贵!

孩子们也许会这样说:因为曾经被火灼伤,所以他们惧怕火!在古老的智慧之书中,存在着很多幼稚的东西!

而对于始终"捶打稻草"的人来说,他们怎么有权来责骂这种鞭打的行为呢?应该让这些傻子们都闭上嘴巴!

那些傻瓜双手空空地坐在桌边,甚至不曾带来像样的饥饿,然而他们却责骂道:"一切都是虚无!"

但是,我的兄弟们啊!饱餐一顿,这确实不是虚无者所擅长的!为了我,粉碎它,粉碎这永不自足的旧碑吧!

"在清白的人看来,一切都是清白的。"人们这样说。但是,我对你们说:"在猪的眼中,一切都像猪一般可鄙!"

所以空想家和卑下者这样宣称:"世界本身就是一个污浊的怪物。"因为他们的内心也低垂着。

因为他们都拥有不清白的灵魂;尤其是那些永远不得安宁,只是在背后窥探这个世界的人。那些隐居遁世者。

尽管听起来有些令人不快,我仍然面对着他们说:这个世界与人一样,也有一个背面,这一点是确切无疑的!

这个世界充满了许多污泥,这是多么的真实!但是,这个世界并非因此就是一个污浊的怪物!

尘世中的很多东西都散发着恶臭,这其中的妙处在于,甚至厌恶本身也生出了翅膀和预见源泉的力量!

即使是最优秀的人群中,仍然存在着某种令人憎恶的东西;而即使是最优秀的人,也仍然是某种必然要被别人超越的东西!

哦,我的兄弟们啊!尘世之中充满了许多的污泥,这其中确实是妙不可言!

我听见虔诚的隐居遁世者对他们的良知说过以下的一番话，确实，没有掺杂丝毫的恶意与欺诈，虽然，世间再没有什么会比这个更加狡诈、更为恶意的东西了。

"让世界成为它本身的样子就好了！不要对它有丝毫的指责！"

"对于那些想把人扼死、将人戳伤、剥人皮和鞭打人的人们，不要让他们对此有丝毫的反对！人们因此而学会了抛弃这个世界。"

"而你们自己的理由，你应当扼杀并闷死它！因为它是这个世界的理由，因此你应当学会抛弃这个世界！"

哦，我的兄弟们啊！摧毁它，摧毁那些虔诚者的陈腐之词吧！在你们的嘴里将这些愤世嫉俗者的格言嚼碎吧！

"博学之士会忘记一切强烈的渴望。"这是如今在所有漆黑的小巷中流传的小道消息。

"智慧使人生厌，没有什么东西是值得的；你们不要有所渴望！"我甚至发现广场的上方也悬挂着这样的新碑。

哦，我的兄弟们啊，给我摧毁它，摧毁这新的碑石吧！悲观厌世者、死亡的鼓吹者，甚至打手们将它高悬于空中，因为，瞧啊，它也是宣传奴性的一种说教！

因为他们曾学习得很糟糕，没有学到精华，学习得过快也过早，因为他们曾经吃得不好，以致损伤了肠胃。

他们那受到损伤的胃，便是他们的灵魂，它劝人死亡！因为确实，我的兄弟们啊，精神便是肠胃！

生命是快乐的源泉，但是对于那些肠胃不好的人而言，这是他们一切的痛苦之源，而这泉水都是有毒的。

领悟，在拥有狮子般意志的人看来，这是一种快乐！但是，在厌倦者看来，这仅仅是自己"受他人意志指使"，被一切波涛所戏弄。

这便是所有弱者的天性：他们在路途中迷失了自我。最后他们的厌倦自我发问："为什么我们当初走上了这条路？所有的路不都是一样！"

他们乐于听到别人对他们这般宣讲："一切都毫无价值！你们应当无欲无求！"然而，那是一种劝人受到奴役的说教。

哦，我的兄弟们啊！对于一切在路途中感到疲倦的人们，查拉图斯特拉的到来好似一阵清风；有很多鼻子将为他而打喷嚏。

我自由的气息甚至将穿透高墙，吹进监狱，吹入那被拘禁的精神中去！

意志使人获得解放：因为意志是创造性的，这便是我的教条。你们只应该为了创造而学习！

甚至关于学习，你们也只能从我这里学习，学习如何有效地学习！让有耳朵的人聆听吧！

船只已经停泊好——它应驶向何方？或许是驶向虚无。但是谁又愿意登船去向那个"或许"呢？

你们当中没有人愿意登上这艘死亡之船！那么你们为什么要成为厌世者呢？

厌世者！甚至在脱离这个尘世之前，我发现你们始终更留恋人世，仍然留恋自己对于尘世的厌倦！

你们噘着嘴巴，并非徒劳，那里仍存在着一丝对尘世的愿望！在你们的眼神中，难道不尚存着一朵小小的云彩，和一种无法忘却的尘世的极乐吗？

世间有很多优良的发明，有些有用，有些有趣，为了它们的缘故，尘世值得被爱。

那里有众多如此优良的发明，就像女人的双乳，既有用又有趣。

然而，你们这些厌世者！你们这些懒散的闲人！你们应当遭受荆条的抽打！这些荆条的鞭打将使你的双腿变得更为灵活！

因为，如果你们不是被尘世所厌倦的病人和老者，就一定是狡猾的懒汉或挑剔的、在夜间潜行的觅食者！如果你们不愿再次快乐地奔跑，那你们就应该——死去！

对于不可医治的人，不要再为他求医问药。就让他死亡吧！查拉图斯特拉这样教导。

但是，做一个了断比写一首新诗需要更大的勇气，这一点，所有的医生和诗人再清楚不过了。

哦，我的兄弟们啊！有些石碑是用厌倦制造的，有些石碑是用懒惰制造的，是腐朽的懒惰；虽然两者说着同样的话，却希望得到不一样的阐释。

你们看看这个无精打采的人吧！他距离自己的目标只有咫尺之遥；但是，这位被疲倦所折磨的顽强的勇士，就在此处在尘土中倒下了！

这路途、这一尘世、这一目标以及他自身，都令他感到厌倦。这位勇士打着呵欠，一步也不愿继续前行。

如今，阳光照射在他的身上，野狗也在舔舐他的汗液，但他仍然疲倦而固执地躺在尘土之中，宁愿就这样憔悴而死！

就在这距离目的地咫尺之遥的地方，憔悴而死！确实，你们将不得不拖着这位英雄的头发，将他拖入他的天国，这位勇士！

确实，你们应当让他躺在他倒下的地方，因为睡意将会侵袭他，那带着淅淅沥沥的凉爽的雨点的睡意，对他是一个莫大的慰藉。

让他躺着，直到他自己醒来，直到他驱逐了一切的倦怠，以及这一切倦怠给他带来的教训！

只是，我的兄弟们啊！你们要留心把他周围的那些野狗们、阴险的懒散者和成群结队的害虫们统统驱散开吧!

所有这些蠢蠢欲动的"受过教育"的害虫,它们都在饱食着——每位英雄的血汗!

我在自己的周围画出一个圈和一个神圣的边界;我攀登的山峰越来越高,而陪伴我的人却越来越少,但是我已建成了一道越来越神圣的山脉。

哦,我的兄弟们啊!无论你们愿意陪伴我攀登到山峰的何处,请留心,不要将任何一条寄生虫也带上山来!

一种寄生虫,那是一种爬行的蛆虫,它试图紧贴在你们身上的某个创伤与痛处,并以此养肥自己。

这是它最擅长的技艺,猜出提升的灵魂在何时会感到疲倦:在你们的痛苦与沮丧中,在你们敏感的谦逊中,它修筑起了自己可憎的巢穴。

在强者的软弱之处,高贵者过于柔和之处,它修筑起了自己可憎的巢穴,寄生虫寄居在伟大者的小创伤处。

万物之中,什么是最为高贵的存在之物?什么又是最为低贱的存在之物?寄生虫是最为低贱的种类;然而,正是那些最为高尚者在喂养着这群寄生虫。

因为灵魂拥有最长的梯子,它能下到最深的底部,在这梯子上怎么会不坐着大部分寄生虫呢?

最包容一切的灵魂,能够在本身中奔跑、迷失或游移到最远之处,最必然的灵魂,愿意出于快乐而将自己投身于偶然之中。

存在之灵魂,投身于变化生成之中;占有的灵魂,寻求着达到意愿与欲望的途径。

逃离自身的灵魂,又在更大的范围内回归了自己;最为智慧的灵魂,最容易被愚昧的甜言蜜语所引诱。

最爱自己的灵魂,在身上包含了万物的盛衰消长、此起彼伏——哦，这最高贵的灵魂如何能够没有最为卑贱的寄生虫呢？

哦，我的兄弟们啊，我残酷吗？但是我说：对于已经落地的东西，我们还应当再推它一把！

今日的一切——已经坠落而腐朽；谁愿意保存它们？但是我还愿意再推它一把！

你们知道把石头推下陡峭的深渊的快乐吗？这些今日的人们：你们看看他们是怎样坠入我的深渊中！

哦，我的兄弟们啊！我是更为伟大的演奏家的一支序曲！是一个典例！请你们效仿我吧！

你们如果不愿教人飞腾，那就教他如何更快地坠落吧！

我爱勇者，但是做一个剑客还不足以被称为勇士——勇者必须知道应该对谁使用宝剑！

保持沉默，绕道而行，往往需要更大的勇气，为的是把自己留给更有价值的对手！

你们只应该憎恨仇敌，而不应该蔑视仇敌，你们应当以拥有那样的敌人为豪。我已经这样教导过你们一次了。

哦，我的兄弟们啊，你们应当把自己保留给更有价值的敌人，所以你们必须对很多敌人视而不见。

尤其是忽视为数众多的贱民无赖，他们总是在你们的耳边嗡嗡作响，谈论着民族和群众。

不用去关注他们"赞同什么"、"反对什么"！那其中存在着太多的是非对错，旁观者总是难免愤愤不平。

在一边旁观，加入其中群殴——其实都是一回事，因此，还是将你们的宝剑尘封，回到森林中去吧！

走你们自己的路吧！让群众和各个民族走他们的路吧！确实，黑暗幽深的道路，甚至不再会有丝毫希望的微光闪现！

就让商人们去统治那里吧！在那里，一切闪亮的东西都只是商人们的金币。君主的时代如今已经一去不返了，今日自称为民众的人们已经不配拥有君主。

你们看看啊，如今的这些民族本身是如何效仿他们的贸易商们的：他们从各种垃圾堆中为自己搜寻着蝇头小利。

他们彼此之间相互设套，相互陷害，并美其名曰"睦邻友好"。啊，遥远的时代应该受到祝福，因为有个民族自言自语地说："我要成为所有民族的——主宰！"

因为，我的兄弟们啊，最优秀者理应获得统治权，最优秀者也愿意统治！如果哪里的教诲与此有所不同，那一定是因为那里——缺乏优秀者！

免费得到面包的人是何等的不幸啊！因为除此之外，他们还会要求什么呢？他们的生计——那是他们真正的消遣；应该让他们艰难地维持生计！

他们是些捕猎的野兽，他们所谓的"工作"中——甚至还有掠夺；在他们所谓的"收入"中——甚至还有欺骗！所以应当让他们艰难地维持生计！

于是，他们会成为更优秀的捕猎的野兽，更为灵巧，更为聪明，更与人类类似：因为人类是最优秀的捕猎的野兽。

人类已经掠夺了一切动物的道德，所以在所有的动物中，人类的生活是最为艰难的。

只有鸟类仍然在人类之上。而假如人类学会了像鸟类一般飞翔，那是多么悲哀啊！他们那掠夺的欲望将会飞到——什么样的高度呢！

我希望男人和女人是这样的：男人擅长征战，女人适于生育；但两者都擅长头和双脚的舞蹈。

在我们看来，哪天如果没有跳舞，那么这一天就算是虚度了！任何真理，如果不能够带给人欢笑，那么对于我们来说，这一真理就是虚伪的！

你们在签订婚约时，要小心不要让它成为一种不幸的结合！匆促的婚姻很容易导致随之而来的——婚姻的破裂！

即使是婚姻的破碎，也比婚姻中的屈服与婚姻中的欺骗要好！一位妇人这样对我说："确实，是我破坏了婚姻，但首先是婚姻破坏了——我！"

我发现，彼此并不相配的夫妻往往深藏着最恶毒的报复之心，他们要让世间的每一个人都为他们不再能够单独奔走而付出代价。

因此，我想要真诚的人对彼此说："我们相互喜爱，让我们留心维持我们的爱情！否则，我们的承诺岂不成为了一个错误？"

"给我们一个期限，给我们一段短暂的婚姻，以便看一看我们是否适合长久的婚姻！婚姻乃人生大事，容不得马虎。"

我就是这样忠告一切真诚的人；如果我换一种忠告和说话的方式，那么我对超人和一切未来之物的热爱会是什么呢！

哦，我的兄弟们啊，你们不但要自我繁殖，还应当往高处自我提升——希望婚姻的花园能够对你们有所帮助！

瞧啊，已经了解了旧时起源而变得聪慧的人，终将寻求未来的源泉与新的起源。

哦，我的兄弟们啊，不久之后，新的民族就将再次涌现，新的源泉就将在深深的地下潺潺流动。

因为地震——堵塞了太多的源泉，引发了极大的焦渴，但是它同时也将内心的力量和秘密暴露于阳光之下。地震使新的源泉喷涌而出。在古代民族的颠覆之中，新的源泉也喷发了出来。

无论谁大叫一声："瞧啊，这是一眼为众多饥渴之人而准备的甘泉，一颗为众多贪求之人而准备的心，一个为众多工具准备的意志。"立即会有一个民族聚集在他的周围，也就是说，很多跃跃欲试的人。

善于发号施令的人也必须服从——那是一种尝试！啊！经历了长久的追寻，长久的研究、长久的失败，长久的学习和一再的尝试！

人类社会，这是一种尝试，我这样教导你们——一种长久的追寻：但是它追寻的是一个发号施令的统治者！

哦，我的兄弟们啊！这是一种尝试，而非一份"合约"！我请求你们摧毁它、摧毁这一意志薄弱和骑墙派的说法！

哦，我的兄弟们啊，对于整个人类的未来来说，最大的危险存在于何处？难道不在那些善良和正义的人身上吗？

那些心存这样想法的人直言说："我们已经了解了何为善良，何为正义了，我们也同样拥有了它们；那些仍在寻求着它们的人是何等悲哀啊！"

但凡恶人能够犯下的罪恶，善人也一样能够做出，而善人所带来的伤害往往是最为致命的！

哦，我的兄弟们啊，有人曾洞察了善良与正义者的内心，并说："他们是法利赛人（《圣经》中所说的伪善者）。"但是人们并不理解他的话。

善人和正义者本身也不能理解他，因为他们的内心被禁锢在他们的良知当中。善良者的愚蠢是深不见底的智慧。

然而，事实在于，善良者必然是道貌岸然的法利赛人，他们别无选择！

善良者必然把那个创造了他自己道德的人钉死于十字架上！这就是事实。

然而，另一个人发现了他们的国度——这是善人和正义者的国度、内心和土壤——正是他问道："他们最痛恨的是谁？"

他们最痛恨创造者，因为创造者是破坏者，他摧毁了一切旧标准与旧价值——他们把他称之为违法者。

因为善人——他们不能创造，他们总是终结的开始。

他们把在新碑上铭刻新价值的人钉死于十字架上，他们为了自己而牺牲未来——他们把整个人类的未来钉死在十字架上！

善人——他们总是终结的起始。

哦，我的兄弟们啊，你们也理解这句话吗？理解了我以前提起的关于"最后的人"的言论吗？

整个人类的未来的最大的危险存在于谁的身上？难道不是在善良者和正义者的身上吗？

我请求你们，摧毁它，摧毁善人和正义者吧！哦，我的兄弟们，你们也理解了这句话吗？

你们逃离我而去了吗？你们害怕了吗？你们因为这句话而胆颤心惊了吗？

哦，我的兄弟们，当我吩咐你们打破这善良者和善良的石碑之时，在这个时候，我才让人类登船驶往他的远海。

仅仅是现在，他才感到极大的恐惧，才极目远眺，才感到极大的不适，才觉得恶心，才感到海浪带来的眩晕。

善人教会你们识别虚假的海岸和骗人的安全，你们出生于善人的谎言之中并以此为生。一切都在根本上被善人扭曲，从而失真。

但是，那些发现了"人类"国度的人，也发现了"人类未来"的国度。现在，你们应当成为我勇敢而耐心的水手！

给我及时挺身直立吧，哦，我的兄弟们！学会挺身直立吧！大海上波涛汹涌，很多东西需要你们才能重新得以复苏！

大海上波涛汹涌，万物都存在于海中。好的，振作起来！你们这些拥有老水手的内心的人们！

故土算什么！我们要掌舵驶向那里，驶向我们的孩子们的国度！在那里，比海面上的风暴更为强烈的，是我们澎湃着的伟大欲望！

"为什么会如此坚硬？"——有一天木炭对金刚石说，"我们不是近亲吗？"

为什么这么柔软？哦，我的兄弟们啊，我如是问你们：你们不是我的兄弟们吗？

为什么如此柔软，如此顺从，如此忍让？为什么在你们的内心存在着如此多的否定和退让？为什么你们的眼神中却几乎难以捕捉命运的痕迹？

如果你们不愿掌控命运，不愿成为冷酷无情的人，有朝一日，你们如何能够与我一起征战远方呢？

如果你们的坚韧不愿成为闪电，不愿去劈斩，去将万物削为碎片，你们如何能够有朝一日与我一同去创造？

因为创造者是坚硬的。而且，对你们来说，在千年中留下你们的手印就好像在石蜡上留下你们的手印一样，应当受到祝福。

在数千载的意志上书写的幸福，就像在青铜上所铭刻的一样，比青铜更为坚硬，比青铜更为高贵。只有最高贵者才是完全坚硬的。

这新的石碑，哦，我的兄弟们啊，我将把它高悬于你们的头顶之上，变得坚硬！

哦，你，我的意志！你改变了我所有的需要！你，我的必须！让我远离所有那些微不足道的胜利吧！

你，我灵魂的宿命，我将之称为命运！你存在于我的心中！你超越了我！放过我吧，让我迎接一个伟大的命运！

我的意志啊，你最后的伟大！放他一马吧，将他留给你的最终，以便你能毫不留情地赢得胜利！啊，谁又没有屈服过他自己的胜利呢？

如果你的坚韧不愿成为闪电，不愿去劈斩，去将万物削为碎片，
你们如何能够有朝一日与我一同去创造？

啊，陶醉在这黄昏的暮色中，谁的眼睛不会昏花蒙眬呢？啊，在胜利的喜悦中，谁的双足不曾踌躇蹒跚，忘记了如何站立呢！

但愿有朝一日，我会在伟大的正午时刻完备、成熟，如同灼热的矿石，孕育着雷电的云层，和发胀的乳房一样完备和成熟。

对我自己、对我最隐秘的意志来说是完备，是一支渴望箭矢的弓，一支渴望射向遥远星辰的箭矢。

一颗星星，在它的正午完备而成熟的星星，在毁灭性的太阳的箭矢面前热烈、被洞穿，并且饱受祝福！

一个太阳本身，一个无法改变的太阳的意志，准备在胜利之中消逝于无形！

哦，意志！你改变了我的所有需要，你是我的必需！把我保存下来去迎接一个伟大的胜利吧！

查拉图斯特拉如是说。

痊愈中的人

在查拉图斯特拉回到岩洞后不久的一个早晨，他像个疯子一般地从床上一跃而起，用恐怖的声音大声叫喊，好像他的床上还躺着一个不愿意起来的人。查拉图斯特拉的声音是这般响亮，以至于他的动物们都惊恐万分地向他奔来。在临近查拉图斯特拉的所有洞穴与可藏身之处，所有的动物都全部逃走了，它们当中长翅膀的有的飞离而去，有的振翅欲飞；它们当中长脚的有的爬走了，有的跳开了。可是，查拉图斯特拉说了以下的话：

起来，你这深不可测的思想！我是你的公鸡与晨曦，你这睡过头的懒虫,起来!起来!我的声音不久将把你唤醒!

解除你耳朵的束缚,听啊!因为我要听到你的声音!起来!起来!雷霆的声音足够使一切坟墓侧耳倾听!

从你的眼里抹去一切睡意,一切朦胧与盲目之物!甚至用你的双眼来听我说话:我的声音甚至对天生双目失明者来说都是一剂良药。

如果你醒来,你将会永保清醒。我并不习惯将曾祖母们从睡梦中唤醒,于是我嘱咐她们——继续入睡!

你翻身,舒展身体,发出鼾声?起来!起来!不要打鼾了,你,应该对我说话!查拉图斯特拉在呼唤你,无神论者查拉图斯特拉!

我,查拉图斯特拉,生命的拥护者,痛苦的拥护者,循环的拥护者——我呼唤你,我这最为深邃的思想!

天啊!你来了,我听到你来了!我的深渊开口了,我的内心深处已经暴露于光天化日之下!

天啊!过来吧!给我你的双手——哈!放手!哈哈!恶心!恶心!恶心!悲哀啊!

查拉图斯特拉刚说完这番话,便像一个死人一般倒下了,并且像死了一般地躺了很久。

然而,当查拉图斯特拉重新苏醒过来的时候,他面色惨白,全身颤抖地躺在那里,很长时间不吃不喝。他这种状态持续了七天之久,而他的动物们白天黑夜都与他不离不弃,只有他的鹰飞去取食。它将所攫取的和掠来的食物都放在查拉图斯特拉的床前。于是,最终查拉图斯特拉简直置身于黄色与红色的浆果、葡萄、红苹果、芳香的甘草与松果之中。在他的脚边还躺着两只羔羊,这是他的鹰历经艰难地从牧羊人那里抢夺而来的。

七日之后，查拉图斯特拉终于从他的床铺上坐了起来，他拿了一只红苹果在手里，闻了闻，觉得它的味道很香。于是他的动物们觉得，与他说话的时候到了。

"哦，查拉图斯特拉，"它们说，"你这样双目紧闭，已经躺了很久的时间了，你难道不想再一次站立起来吗？

"走出你的岩洞，这个世界如同花园一样在等候着你。满含浓郁芳香的清风在寻觅着你；所有的溪流都乐于追随着你。

"自从你孤独地躺了七天，万物都在渴望着你，走出你的岩洞吧！万物都想为你疗伤呢！

"你也许产生了一种新的认识？一种痛苦而悲哀的新认识？你如同发酵的面团一般躺在那里，你的灵魂上升，膨胀，超越了它的一切边界。"

哦，我的动物们，查拉图斯特拉回答道，继续说下去，让我好好地听着！听你们说话让我神清气爽，在有言语的地方，对我来说，就有着如同花园一般的世界。

有言语与声音的地方是多么富有魅力，言语与声音难道不是沟通永恒分离之物间的彩虹与桥梁吗？

每一个灵魂都拥有自己的世界，每一个灵魂对于任何别的灵魂都是一个背后的世界。

在最为类似的事物之中，伪装总是说着最令人愉悦的谎言，因为最小的缝隙往往最难跨越。

对我来说——怎么会存在一个"在我之外"呢？没有外部！然而，倾听音乐使我们忘记了这一点；我们能够忘记，这多么令人喜悦！

人类难道不是凭借为这些事物赋予名称与音调，从而为自己振奋精神的吗？言语是一种美丽的愚蠢，人类借此在万物之上舞蹈。

所有的言语，所有声音的虚伪，是如此可爱！我们的爱随着音调在色彩绚丽的彩虹之上翩翩起舞。

"哦，查拉图斯特拉，"他的动物们说，"对于与我们思想相同的人来说，万物都在舞蹈。它们到来，伸出双手，欢笑着，逃离了——又回来了。

"万物皆去，万物皆来；存在之轮，永转不休。万物皆灭，万物复生；存在之年，永逝不返。

"万物分离，万物重新融合；存在为自身永恒地建造着同样的存在之屋。万物分离，万物又重逢；存在之循环永恒地忠实于自身。

"存在起始于每一个瞬间，'那里'之星球围绕着每一个'这里'而旋转。中心无处不在。永恒的道路蜿蜒曲折。"

哦，你们这些喋喋不休的人，你们这些手摇风琴！查拉图斯特拉回答说，微笑了——你们了解得多么清楚，这七天将要被怎样的事情所填满。

那只怪物是怎样爬入了我的喉咙，使我窒息！可是我咬下了它的脑袋，并把它从我嘴里吐掉。

而你们，你们已经就此谱写了一首七弦琴的曲谱？然而，现在我躺在这里，仍然因为刚才咬下它的脑袋并将它吐掉而疲惫不堪，仍然为我自己被得以拯救而心神不安。

而你们就这样注视着这一切？我的动物们，你们也很残酷吗？你们愿意像人类那样旁观我的极大的痛苦？人类是最为残酷的动物。

迄今为止，人类将观看悲剧、斗牛与在十字架上受刑看做是尘世间的最大的幸福，而当人类发明了自己的地狱之时，瞧啊，那就是他们的人间天堂。

当伟大者痛苦地叫喊之时，渺小者立刻飞奔而去，他的舌头出于贪欲挂在外面。可是，他将此称之为他的"怜悯"。

渺小者，尤其是诗人——他是如何激情澎湃地用言语来控诉生命！好好地听他说话，但不要遗漏了那存在于所有控诉中的乐趣！

这种对生命的控诉者——生命在眨眼之间就征服了他们。"你爱我吗？"这位无耻者说，"等一下，我还没有时间给你呢。"

人类是对待自己最为残酷的动物，在一切将自己称为"罪人"、"背负十字架的人"与"赎罪者"的人之中，你们可不要忽视了他们那抱怨与控诉中的贪欲！

而我自己——我也将因此而成为人类的控诉者吗？啊，我的动物们，我至今为止只学会了这一点，人类的至恶对于他的至善来说不可或缺。

一切的至恶都是至善的权力，是最高造物者的最为坚硬的石头：人们必须变得更善，或更恶。

并不是因为我曾被束缚在这火刑柱上，我才知道了人类是邪恶的，于是我大喊，没有人像我这般大喊过：

"啊，人类的至恶原来是如此渺小！啊，人类的至善也是这般渺小！"

对于人类的憎恶——它扼住我的喉咙，并且爬入其中，这正是预言家所预测的："一切都类似，一切都毫不值得，知识让人窒息。"

长久的黎明跟跟跄跄地向我走来，一种极度的疲倦，一种极度自我陶醉的悲哀，它用它那打着哈欠的嘴开口说话。

"他永远地回来了，让你感到厌倦的人类，这渺小的人类"——我的悲哀如是打着哈欠，拖着脚步，无法入眠。

在我看来，岩洞变成了人类的尘世，它的胸脯凹陷了下去，一切生物在我看来都变成了人类的尘土、枯骨以及腐朽的过去。

我的叹息蹲坐在一切人类的坟墓之上,再也无法站立,我的叹息与质问昼夜不停地抱怨、哽咽、啃噬、唠叨。

"啊,人类永远回来了!渺小的人类永远地回来了!"

我曾经见过他们俩赤身裸体,最伟大的人与最渺小的人——他们彼此间太过类似——都是那般具有人性,甚至是最伟大的人也是如此!

都太过渺小,甚至最伟大的人也是如此!这曾是我对人类的憎恶!甚至最渺小的人也永远地回来了!那就是我对一切存在之物的憎恶!

啊,厌恶!厌恶!厌恶!查拉图斯特拉如是说,叹息着,耸了耸肩;因为他想起了他的疾病。可是,这时候他的动物们不让他再说下去。

"不要再说了,你这个大病初愈者!"他的动物们如是回答道,"出去吧,外面的世界像一座花园一般地等候着你。

"出去看看那玫瑰、蜜蜂与鸽群!尤其,到歌唱的鸟儿那里去,去向它们学习唱歌!

"因为它们为了大病初愈的人而歌唱,健全的人乐于说话。如果健康的人也需要歌唱,他们需要的却是与痊愈者不同的歌曲。"

"哦,你们这些喋喋不休的人,你们这些手摇风琴者!还是保持沉默吧!"查拉图斯特拉回答道,并向他的动物们微笑。"你们是多么清楚地了解,在这七天中我为自己发明了怎样的安慰!

"我将再度歌唱。我为自己发明了这种安慰与这样的痊愈,你们也同样要谱写出一首七弦琴之曲吗?"

"不要再说下去了,"他的动物们再次回答,"你这个大病初愈的人,还是为自己准备好一只七弦琴,一只新的古琴吧!

"因为，瞧啊，哦，查拉图斯特拉！你的新歌需要一把新的古琴！

"歌唱吧，沸腾吧，哦，查拉图斯特拉，用这首新的歌曲来治愈你的灵魂吧：这样你才可能忍受这无人经历过的伟大命运！

"哦，查拉图斯特拉啊，因为你的动物们都很明白，你是什么样的人，你必须成为什么样的人，瞧啊，你是永久回归的说教者，现在这就是你的命运！

"你必须成为第一个宣讲这一学说的人，这种伟大的命运如何才不会成为你最大的危险与疾病呢？

"瞧啊，我们知道你教导的是什么万物永恒地回归，我们自身也随之回归，我们已经存在过无数次，万物皆与我们同在。

"你教导说，存在一个变化的伟大之年，一个伟大之年的巨兽；它必须，像沙漏一般，不断地被重新倒置，以便能够重新让沙子流下，流空。

"以便所有这些年都如出一辙，无论是在最伟大之处还是在最卑微之处，以便我们自己在一切伟大之年中都如出一辙，无论是在最伟大之处还是在最卑微之处。

"哦，查拉图斯特拉，如果你愿意现在死去，瞧啊，我们也知道，那时你将如何对自己说话，但是你的动物们恳请你现在还不要死去！

"你将说话，毫不打怵地说话，出于幸福而心情愉悦，因为，你这最有耐心之人，你为自己摆脱了一个极大的重负与担忧！

"'现在我就要死去，就要消失，'你会说，'顷刻之间，我将消失于无形。灵魂与肉体都终有一死。

"'但是，我被纠缠于回归的缘由之网结中，它将再次创造我！我自己便附属于这永恒回归的缘由。

"'我归来，与这太阳，与这尘世，与这只鹰，与这条蛇一道——并不是回归到一个新的生命中，或是更好的生命中，或是一种类似的生命中：

"'我永恒地回归到这种完全相同的生命中来了，在其最伟大与最卑微之处，重新教导万物的永恒回归。

"'我将再次提及尘世与人类的伟大的正午的学说，再次向人类宣讲超人。

"'我已说出了我的学说。我被我的学说所粉碎，我永恒的命运这样要求——我作为宣告者而灭亡！

"'一切毁灭中的人祝福自己的时刻现在到来了。于是，查拉图斯特拉的毁灭终结了。'"

动物们说完这番话，便陷入了沉默。它们在等待着查拉图斯特拉会对他们说些什么，但是查拉图斯特拉并没有注意到它们的沉默。相反，他双目紧闭地平躺着，好像一个熟睡中的人一样，尽管他并没有入睡；因为此时他正与自己的灵魂交流。然而，他的鹰与蛇发现他是如此沉默不语，便出于对他周围那伟大的宁静的尊重，小心地退了出来。

论伟大的渴望

哦，我的灵魂，我曾教会你像说"曾经"与"从前"那样说"今天"，教会你在一切的"这里"、"那里"和"远处"跳起你的舞步。

哦，我的灵魂，我将你从所有的地方解救出来，我为你掸落身上的尘土，扫除蜘蛛，让你与黄昏的暮光作别。

哦，我的灵魂，我为你洗净你身上小小的耻辱与鄙陋的道德，劝服你赤身裸体地站立于光天化日之下。

我以被称为"精神"的暴风雨席卷你那波涛汹涌的大海，

我驱散所有的乌云，我甚至扼死了名为"罪恶"的绞杀者。

哦，我的灵魂，我给予你像风暴那般说"不"的权力，与像开敞的天空那般说"是"的权力，你如同光芒那般宁静，如今你正历经否定的暴风雨。

哦，我的灵魂，我归还给了你超越一切创造物与非创造物的自由，谁像你那般了解未来的贪欲？

哦，我的灵魂，我教会你并非像虫蛆般到来的蔑视，教会你伟大的、充满爱意的蔑视，它在它最蔑视的地方爱得最深。

哦，我的灵魂，我教你如此劝说，以至于你说服理由本身倾向于你，如同太阳说服了大海达到了它的高度。

哦，我的灵魂，我夺走了你所有的屈服、卑躬屈膝与效忠，我将你命名为"转机"与"命运"。

哦，我的灵魂，我给予你新的名字与色彩艳丽的玩具，我将你称为"命运"、"万环之环"、"时间的脐带"与"蔚蓝色的钟"。

哦，我的灵魂，我让你的国度畅饮一切的智慧，一切新酿之酒，以及一切古老的无法追忆的智慧的烈酒。

哦，我的灵魂，我把每一缕阳光，每一个黑夜，每一个沉默与每一种渴望都倾泻给你，此时，你好像一株葡萄藤般地为我生长起来。

哦，我的灵魂，现在你挺立着，极为丰美，好像一株挂满了串串沉甸甸的金黄色成熟葡萄的葡萄藤。

你那满溢而沉重的幸福，因为过于丰满而心怀期待，又因为你的期待而感到羞耻。

哦，我的灵魂，如今在何处还能找到比你更为宽广，更充满仁爱，更加博大的灵魂！未来与过去在何处能够比与你在一起时更为贴近地交融？

哦，我的灵魂，我已给予了你一切，而我已因此变得两手空空，而现在，现在你微笑、带着一丝忧郁地对我说："我们当中究竟谁该感谢谁呢？

难道给予者不应当感谢接受者的接受吗？难道你的赠予不是一种必需吗？难道接受不是——一种怜悯吗？"

哦，我的灵魂，我懂得你那略带忧郁的微笑了，你的过于丰裕如今伸出了它充满渴望的双手！

你的丰裕将目光投向波涛汹涌的大海，寻求着，等待着，你那过于丰裕的渴望从你天堂般的笑眼中向远方凝望！

确实，哦，我的灵魂！谁会不为你的笑容而感动得潸然泪下？天使们也会因为看见你过于和蔼的微笑而感动落泪。

你的和蔼与过度的和蔼，正是它们从不怨声载道，为之哭泣，可是，哦，我的灵魂啊，你的微笑渴望着眼泪，你颤动的双唇渴望着啜泣。

"所有的哭泣不都是在抱怨吗？所有的抱怨，难道不都是一种控诉吗？"你对自己如是说，因此，哦，我的灵魂啊，你宁愿微笑，也不愿倾诉你的悲痛。

你不愿在奔涌而出的泪水中倾泻出你为你自己的丰裕，为葡萄藤对葡萄采摘者与其收获的刀具的渴望而产生的痛苦！

但是，如果你不愿哭泣，如果你不愿为你那紫色的忧郁而哭泣，那么你就必须歌唱，哦，我的灵魂！瞧啊，我自己微笑了，我对你说出以下的预言：

你将不得不唱起激情澎湃的歌声，直到所有的大海平静下来，静静地聆听你的渴望。

直到小舟荡漾在这片平静而充满渴望的大海上，这金色的奇迹，围绕着这道金光，一切善与恶，一切奇异的东西都欢跃着。

还有众多大大小小的动物，以及拥有奇异的轻盈之足的一切，它们因此能奔跑在那紫罗兰色的小道上。

这自由的小舟，向着这金色的奇迹，向着它的主人奔去：然而，这位葡萄的采摘者正拿着钻石般的刀具等候着。

你这伟大的解救者，哦，我的灵魂啊，你这位无名者——只有未来之歌才能为他找到名字！确实，你的气息已经散发出未来之歌的芬芳。

你已容光焕发，想入非非，你已饥渴地饮尽了所有幽深的慰藉之泉，而你的忧郁已在未来之歌的极乐中得到了栖息！

哦，我的灵魂，如今我已给予了你我的所有，甚至我的全部。我的双手已因你而空无一物了，我要命令你唱歌，瞧啊，这是我最后所能给予你的！

我命令你歌唱，说吧，就是现在，我们当中现在——究竟是谁应当感谢？然而，最好还是对我唱歌吧，唱吧，哦，我的灵魂啊！让我来感谢你吧！

查拉图斯特拉如是说。

另一首舞之歌

"近来我凝视你的眼睛，哦，生命，我看见你那夜色般的眼眸中金光闪闪，我的心因喜悦而停止了跳动。

"我看见一只金色的小舟在阴暗的湖面闪烁着微光，一只下沉中的，正在浸水的，不停地摇旗示意的金色的摇曳着的小舟！

"你向我狂热的舞蹈之足投来了目光，那微笑的、探询的、温存的目光。

"你仅仅用你的纤纤小手摇动了两次拨浪鼓，我的双脚就因为狂热的舞蹈而摇摆不定。

"我抬高脚后跟，我的脚趾在凝神倾听，它们应当了解你的意思，舞者的耳朵不正是——长在他的脚趾上吗！

"我向着你跳跃过去，于是，我的跳跃使你逃离开去，你那逃离时飞舞起的头发向我挥手致意。

"我从你身边，从你这长蛇般的头发边跳开去，于是你半转着身体站立着，眼神里充满爱意。

"从你扭曲的眼神中，你教会了我如何扭曲地前行，我的双脚在扭曲的道路上学会了狡诈！

"我畏惧你的临近，我热爱你的远离，你的逃跑诱惑着我，你的追寻束缚了我，我忍受折磨，但是为了你，我怎会不乐意忍受折磨呢！

"你的冷漠引燃火焰，你的憎恶将人误导，你的逃离将人束缚，而你的嘲讽令人动容。

"谁会不恨你呢，你这伟大的束缚者、缠绕者、尝试者、追寻者、发现者！谁会不爱你呢，你这天真的、不耐烦的、轻快如风的、有着孩童般眼神的罪人！

"现在你把我拖向何方，你这假小子与典范者？而现在你又避开我，你这可爱的淘气包和令人生厌的家伙！

"我追随着你翩翩起舞，我甚至追随你来到难觅踪迹之处。你在哪里？把你的双手伸向我！哪怕只是你的一根手指！

"这里是洞穴与灌木丛，我们会迷失方向！停下！别动！你难道没有看见猫头鹰与蝙蝠在焦躁地振翅欲飞？

"你这猫头鹰！你这蝙蝠！你们想要愚弄我吗？我们在哪里？你从狗儿那里学会了如何吠叫和咆哮。

"你用你细小的白牙对着我咬牙切齿，你从你那卷毛之下向我透出你邪恶的目光！

"这是一场穿行于树桩与石块间的舞蹈，我是猎人，你愿意当我的猎犬，还是我的羚羊？

"现在，到我身边来！快，你这顽皮的跳跃动物！现在，跳起来！跳过去！唉！我却由于跳跃过远而跌倒了。

"哦，你这傲慢自大的家伙，你看见我躺在地上，乞求慈悲！我喜爱与你共同漫步——在这更为可爱的小路上！

"这穿过宁静的，被修剪过的色彩斑驳的灌木丛的可爱的小径！或者沿河行走：湖里有金鱼在游泳和跳舞！

"你感到疲倦了吗？在那上面是绵羊与晚霞，在牧羊人吹箫之时入睡不是很甜美吗？

"你是如此的疲倦？我将你背到那里去；把你的手臂放下！你口渴了吗？我应该有什么给你喝的，可是你却不愿意喝它！

"哦，这被诅咒的、敏捷的、灵活的蛇与潜伏的巫婆啊！你们到哪里去了？可是，我仍感觉到我的脸上有你们的双手所留下的两块斑点与红色的发痒的污点！

"我确实已经厌倦了始终当你温顺的牧羊人了！你这个巫婆，如果迄今为止都是我对你歌唱，那么，此刻应该是你向我——哭喊了吧！

"你应当随着我鞭子的节奏而跳舞与哭喊！我会忘记我的鞭子吗？我不会！"

这时，生命用双手捂住自己精巧的耳朵，这样回答我：

"哦，查拉图斯特拉！不要再让你的鞭子发出如此可怕的劈啪声！你一定明白：这可怕的噪音会扼杀我的思想，而刚才我正产生了这样微妙的思想。

"我们俩正是永不行善也永不作恶的家伙。在超越了善恶之处，我们发现了我们的岛屿与绿色的草地——只有我们两人！因此我们必须彼此和睦共处！

"即使我们不能由衷地彼此相爱，如果我们不是全身心地相爱，我们就非得相互怀恨吗？

"你很清楚，我对你很友好，往往太过友好：其原因在于我嫉妒你的智慧。啊，智慧，你这疯狂的傻瓜！

"如果有朝一日,你的智慧将离你而去,唉!那么我的爱也将从你那里迅速地逃离。"

于是,生命若有所思地左顾右视,轻声说道:"哦,查拉图斯特拉啊,你对我不够重视!

"你并没有像你所承诺的那般爱我,我知道你急于离我而去。

"这是一口很沉重的隆隆作响的古钟,在这夜间,它那雄浑的轰鸣声一直传入你的岩洞。

"你想到,哦,查拉图斯特拉啊!我知道,你想到很快就要离我而去了!

"当你听见午夜古钟的报时声时,于是你在凌晨零点与一点间想到。

"你想到,哦,查拉图斯特拉啊!我知道,你想到你很快就要离我而去了!"

"是啊,"我迟疑了片刻,回答道,"但是,你也知道——"我附在她那纷乱而愚蠢枯黄的缕缕头发间对她耳语。

"你知道吗,查拉图斯特拉啊?没有人知道这个。"

我们彼此凝视,又注视着被清凉的夜色所笼罩的那片绿草地上,于是相拥而泣。然而,那时的生命对我来说,比我的所有智慧与我更为亲密。

查拉图斯特拉如是说。
一!
哦,人啊!留意吧!
二!
深沉的午夜在说些什么?
三!

我昏睡了过去——

四!

我从我深沉的梦中苏醒并恳请——

五!

这个世界是如此深沉!

六!

比白昼所能理解的更为深沉。

七!

悲哀是深沉的——

八!

快乐——比悲痛更为深沉——

九!

悲痛说:"去吧!"

十!

但是一切快乐都要求永恒——

十一!

要求深沉,深邃的永恒!

十二!

七印记(或:赞同之歌)

如果我是一个预言者,充满那种漫步于两海间高耸的山脊上的占卜精神。

仿佛一块浓密的乌云一般游走在过去与未来之间,与闷热的平原为敌,与一切困倦的、既不能生也不愿死的东西为敌。

我浓云密布的胸膛已为闪电的到来准备就绪,那是救赎的闪电,孕育着说"是"笑着说"是"的闪电!为那闪电的预测之光准备就绪。

然而，有这般胸怀的人是多么幸福啊！确实，有朝一日将会点燃未来之光的人，必然早已像阴沉的暴风雨一般笼罩在山间！

哦，我怎么会不热切地渴盼着永恒，渴盼着指环中的结婚指环，那回归的圆环！

我至今还未曾找到能够与之生儿育女的女人，除非那个女人为我所爱，因为我爱你，哦，永恒！

因为我爱你，哦，永恒！

假如我的狂怒掀开了坟墓，移动了界石，让被它摧毁了的旧石碑滚落入陡峭的悬崖；

假如我的嘲讽将腐朽的言语吹散在风中，如果我曾像扫帚一般将十字架上的蜘蛛扫落，假如我如旋风一般扫净陈腐的停尸房；

假如我快乐地坐在古老诸神的埋葬之处，坐在古老的厌世者的纪念碑旁，祝福世界，热爱世界；

因为，只要上天从那废墟般的屋顶间露出纯净的眼神，我甚至也爱教堂与诸神之墓；我乐意像芳草与红罂粟一般坐在教堂的废墟间。

哦，我怎么会不热切地渴盼着永恒，渴盼着指环中的结婚指环，那回归的圆环！

我至今未曾找到能够与之生儿育女的女人，除非那个女人为我所爱，因为我爱你，哦，永恒！

因为我爱你，哦，永恒！

假如那创造者的气息，那甚至能够驱使机遇跳起星辰之舞的天堂般的必然性的气息向我吹来；

假如我与那创造性的闪电的欢笑一同欢笑，行为长久的雷霆之声紧随其后，恭顺并且谦卑；

假如我在尘世的圣桌上与诸神一同掷着骰子，以至于尘

世为之山崩地裂,岩浆喷发;

因为那圣桌便是尘世,它因为这创造性的新学说与诸神的掷骰而震颤。

哦,我怎么会不热切地渴盼着永恒,渴盼着指环中的结婚指环。那回归的圆环!

我至今未曾找到能够与之生儿育女的女人,除非那个女人为我所爱,因为我爱你,哦,永恒!

因为我爱你,哦,永恒!

假如我从那冒泡的加了香料的糖果罐中畅饮一口,万物都完美地调和于其中;

假如我的双手将遥远与邻近调和,将火与精神调和,将快乐与痛苦调和,将邪恶与善良调和;

假如我自身是一粒救世的盐粒,它使万物在这糖果罐中完美地融合;

因为这盐粒将善良与邪恶融合;甚至最恶者也具有价值,也可用作调味与最终溢出的泡沫。

哦,我怎么会不热切地渴盼着永恒,渴盼着指环中的结婚指环,那回归的圆环!

我至今未曾找到能够与之生儿育女的女人,除非那个女人为我所爱,因为我爱你,哦,永恒!

因为我爱你,哦,永恒!

当我热爱大海以及与之类似的一切,在它愤怒地与我对立之时尤为热爱;

当我身上存有那种扬帆驶向未被开发的处女地的探索性的乐趣,当水手的乐趣成为我的乐趣;

假如我的欢乐高呼:"海岸消逝了,现在我身上的最后一条锁链脱落了。

"无边的大海在我身边咆哮,时空从遥远的地方向我闪着光芒。好吧！快乐起来！年老的心！"

哦，我怎么会不热切地渴盼着永恒，渴盼着指环中的结婚指环，那回归的圆环！

我至今未曾找到能够与之生儿育女的女人，除非那个女人为我所爱，因为我爱你，哦，永恒！

因为我爱你，哦，永恒！

假如我的美德是一个舞蹈者的美德，假如我的双脚经常跳入黄金与绿宝石的狂喜之中；

假如我的邪恶成为一种欢笑中的邪恶，假如它以遍生了玫瑰的河岸与百合花的藩篱为家；

因为一切的邪恶在笑声中并存，却在自己的极乐中得到赦免，变得神圣。

假如一切重物变轻，一切身体都成为舞蹈者，一切精神都化为飞鸟，仿佛这便是我的全部：确实，这就是我的开端与结局！

哦，我怎么会不热切地渴盼着永恒，渴盼着指环中的结婚指环，那回归的圆环！

我至今未曾找到能够与之生儿育女的女人，除非那个女人为我所爱，因为我爱你，哦，永恒！

因为我爱你，哦，永恒！

假如我在头顶上展开这片宁静的天空，用我自己的双翅飞向我自己的这片天空；

假如我在这深邃而明亮的距离之河中嬉戏游泳，假如我智慧的自由之飞鸟已向我飞来；

然而，智慧的飞鸟如是说："瞧啊，没有上面，也没有下面！把你自己扔出去吧，——扔出去，扔回来，你这轻者！歌唱吧！不要再说了！

所有的语言不都是为了重者而说的吗？所有的语言不都

是在欺骗轻者吗？唱吧！不要说了！"

哦，我怎么会不热切地渴盼着永恒，渴盼着指环中的结婚指环，那回归的圆环！

我至今未曾找到能够与之生儿育女的女人，除非那个女人为我所爱，因为我爱你，哦，永恒！

因为我爱你，哦，永恒！

第 四 卷

啊，在这个尘世间，还有哪里有比在同情者那里能找到的更多的蠢事？在这个尘世间，还有什么事比同情者所做的蠢事更为折磨人的？

对于所有那些施爱者来说，如果他们的爱没有超越他们的怜悯之心，这些人就太为不幸了！

魔鬼曾经这样对我说："甚至上帝也有他的地狱，那就是他对人类的爱。"

最近我又听到他这样说："上帝死了，是他对人类的怜悯之心杀死了上帝。"

——查拉图斯特拉如是说，第二卷，《论怜悯者》

蜜糖祭品

查拉图斯特拉的灵魂又历经了一些岁月，但是他没有注意到，他的头发已经变白了。有一天，他坐在岩洞前的一块石头上，平静地凝视着远方。因为从这个位置，穿过蜿蜒的深谷，可以望见远处的大海。这时候，查拉图斯特拉的动物们体贴关切地围绕着他，最终站到他的面前。

"哦，查拉图斯特拉，"它们说，"你也许是在眺望你的幸福吧？""幸福又有何用？"他回答道，"我很久没有追求我的幸福了，我致力于我的工作。"

"哦，查拉图斯特拉啊，"那些动物们立刻说，"你所说的这些话，就好像一个拥有太多幸福的人所说的。难道你不是躺在那天蓝色的幸福之湖中吗？""你们这些饶舌的家伙，"查拉图斯特拉微笑着回答道，"你们真会打比方！可是，你们也知道，我的幸福太沉重，不像那流动的波浪，它推挤着我，又不愿离我而去,如同那即将熔化的沥青。"

于是,那些动物们又一次若有所思地围绕着他,然后再次站在他的面前。"哦,查拉图斯特拉啊,"它们说,"就是因为这个原因你才总是变得面色黄暗,尽管你的头发看上去却是银白色和亚麻色的。可是,你瞧,你正坐在你的沥青当中!"

"我的动物们,你们在说什么呢?"查拉图斯特拉笑着说,"确实,当我曾经说起沥青时,确实不以为然。发生在我身上的这些事,就好像果实成熟一般不可避免。我血管中的蜜糖使我的血液变得黏稠,也使我的灵魂更为宁静。""事情就应该如此,哦,查拉图斯特拉啊,"动物们这样回答,并向他逼近,"但是你今天不愿意登上这座高峰吗?空气清新,如今人们所看到的世界,比任何时候都多。""是啊,我的动物们,"他回答道,"你们提出的建议很好,正合我意:我今天就要登上一座高峰!不过,留意在我身边准备好蜂蜜,让我触手可得,要黄白色的、上等清凉的金黄色蜂蜜。因为你们明白,在那高处,我要将蜜糖作为祭品献给神祇。"

然而,当查拉图斯特拉登上了高山的顶峰之时,他将与他同行的那帮动物都打发回家,等到只剩他独身一人的时候,便由衷地开怀一笑,环顾四周,说出了以下的一番话:

> 当我提及祭品和蜜糖祭品的时候,不过是我说话的一种技巧。确实,这是一种有益的谎言!在这里,在这高不可攀之处,比起在那隐士们的洞穴前和在他们的家畜前说话更为自由。
>
> 我拿什么来献祭呢?我浪费了别人给予我的馈赠,我这个有着千手的浪费的家伙,我怎么还能——把它称之为献祭呢?
>
> 当我渴望蜜糖之时,其实不过是渴望诱饵,那甜蜜

的黏液和胶质，这也是那些嚎叫的狗熊和稀奇古怪的恶鸟所觊觎之物：

我渴望的是最好的诱饵，是猎人和渔夫们所需要的诱饵。因为，如果这个世界是一片黑暗的百兽之林，是所有供疯狂的猎手捕猎的乐园，那么对于我来说，它的意义还不限于此，而更像是一片深不可测、物产富饶的大海。

一片满是五彩鱼类和蟹类的大海，甚至诸神也向往着这片大海，向往成为渔夫，成为撒网者——因为这个世界充满着大大小小的奇迹！

尤其是人的世界，人的大海，我一边将我的金色鱼竿投向它，一边说：敞开吧，你这人的深渊！

敞开吧，把你的鱼和你闪闪发光的蟹向我扔过来吧！我今天用最好的诱饵为我钓来了最奇特的人鱼！

我把我的幸福本身投射出去，投射到东南西北各个方向，在日出、正午、日落之间，看是否有人鱼学会咬食和拖拽我幸福的诱饵。

直到这些颜色绚丽的水底之鱼不得不上升到我的高度，来到所有的钓鱼者当中最狡猾的一位身边，成为我那隐秘的尖利的鱼钩的牺牲品。

因为我从开始、从心底里就是这样，拽拉，拽拉过来，向上拽拉，一个拽拉者、训练员、训练师，他曾经对自己的劝说并非一场徒劳："成为你自己！"

但愿现在有人想要达到我的高度：因为我还在等待着我下山时刻到来的征兆。现在我自己还不会下到人群中间去，尽管我不得不如此。

因此我在这里等候，在这高山上心怀诡异和嘲讽地等候着。既不焦急，也不耐心，而更像是一个忘记了如何保持耐心的人，因为他不再"受苦受难"。

因为我的命运给我留出了时间,也许它已将我遗忘?或者,它正坐在一块巨石的阴影中,捕捉着苍蝇?

确实,我应当感谢我永恒的命运,因为它从不纠缠我,催逼我,而是给我留出充足的时间欢笑和作恶,以至于今天我能登上这座高山来钓鱼。

曾有人在这高山上垂钓吗?即使我在这高山上想做的不过是一件蠢事,可是我宁愿如此,也不愿在深谷中因为等待而变得神情肃穆,脸色发青发黄。

一个因为等待而怒气冲冲,气急败坏的人,一场来自山区的咆哮着的神圣风暴,一个性急的人,朝着山谷大喊:"听我说话,否则我就用上帝的鞭子抽打你们!"

我并不会因此而怨恨那些愤怒的人:他们足够让我觉得可笑!这些发出噪音的大鼓,他们一定是觉得很不耐烦了!他们要么现在发言,要么永远都不要出声!

然而,我和我的命运——我们不会对"今日"说话,也不会对"永不"说话,我们有耐心说话,我们有时间,有足够的时间。因为有朝一日它终将到来,并且不会逝去。

谁有一天必然会到来,而且不会逝去?是我们伟大的哈扎拉,那是我们伟大而遥远的人类帝国,是查拉图斯特拉统治了千年的帝国。

这样的"遥远"会有多远?这与我有什么关系?但是我并不因此而缺乏把握——我的双脚都站在这一坚实的地面上。

站在这块永恒的地面上,这一坚硬的原始岩石上,站在这最高、最坚硬的原始山峦中,所有的风汇集于此,仿佛来到了天气的分界线,它打听着:"在哪里?从哪里来?往哪里去?"

他曾经对自己的劝说并非一场徒劳:"成为你自己!"

我由衷的、有益健康的邪恶，开怀大笑吧！从高山上扔下你那闪闪发光的嘲笑吧！用你的闪光引诱最美的人鱼上钩吧！

在一切海域里属于我的东西，万物中属于我和赞同我的东西——为我钓上这些东西，把它们带到我这里来吧：我这最狡猾的渔夫正在期待着它呢！

伸出去，伸出去，我的鱼竿！放下去，伸入水底，我那幸福的诱饵！滴下你最甘甜的露水，我心中的蜜糖！咬吧，我的鱼竿，咬住所有黑色痛苦的肚子。

小心，小心，我的眼睛！哦，我周围有这么大片的海域，如此朦胧的人间未来！在我的头顶上，是那片粉红色的宁静！那么无云的静寂！

痛苦的呼叫声

第二天，查拉图斯特拉又一次坐在他洞穴前的石头上，而他的动物们正在外面的世界四处游猎，以便为他带回新的食物，以及新的蜂蜜。因为查拉图斯特拉已经用尽了他余下的最后一滴蜜汁。然而，当他手持一根木棍坐在那里，在地上描绘着自己的影子，若有所思——确实！不是在思考他自己与他的影子之时——他突然间一跃而起，向后退去：因为他看到自己的影子旁边居然还有另一个影子。他立刻环顾四周，站起身来，瞧啊，他的旁边站着一位预言者。他曾在自己的桌上给予这位先知食物与水，这位大疲劳的预言者，他曾教导说："一切都类似，一切都毫无价值，这个世界毫无意义，知识让人窒息。"

然而，从那以后，他的面容似乎变了。当查拉图斯特拉凝视着他的双眼时，他的内心再一次受到了惊吓，这么多不好的预示与灰暗的闪电从这面容上一掠而过。

那位预言者,体察到查拉图斯特拉的内心所想,用手擦拭着自己的脸,似乎想把脸上的这一切全部抹去;查拉图斯特拉也在自己的脸上擦拭了一下。当这两个人都安静了下来,平复了情绪的时候,他们各自向对方伸出了双手,象征着他们想要重新认识彼此。

"欢迎来到这里,"查拉图斯特拉说,"你这位大疲倦的预言者,你没有白当我的同餐之友与我的宾客。今天,也与我一道进餐吧,请原谅一位快乐的老者与你一同坐在桌前!""一位快乐的老者?"预言者回答道,摇了摇头。

"哦,查拉图斯特拉,无论你是谁,或者你想成为谁,你都已经在这山上待了太久的时间,用不了多久,你的小舟就不会再搁浅在干涸的河岸了!""那么我现在是搁浅在干涸的河岸?"查拉图斯特拉微笑着问道。"你的高山周围的海浪,"预言者回答道,"越涨越高,那巨大的痛苦与折磨的浪涛:它们很快将托起你的小舟,将你带走。"于是,查拉图斯特拉陷入了沉默,并惊讶万分。"你还是什么都没有听到吗?"预言者继续说:"从那深渊中不是传来了呼啸与咆哮声吗?"查拉图斯特拉又一次沉默了,并且侧耳聆听,接着他听到一阵很长的呼喊声,喊声的回音在深渊间此起彼伏,渐行渐远;因为没有一个深渊想要留住它,它听上去是如此的不祥。

"你这个邪恶的宣讲者,"查拉图斯特拉终于说,"这是痛苦的呼喊声,是一个人的呼喊声;它或许来自一片黑色的海域。然而人类的痛苦与我又有什么关系呢!我还没有犯下最后的罪恶,你们知道它被称为什么吗?"

"怜悯!"预言者由衷地回答,并高举起双手,"哦,查拉图斯特拉,我来到这里,就是为了引诱你犯下这最后的罪恶!"

话音刚落,痛苦的呼声再度响起,比以往更加长久恐怖,也更为临近。"你听到了吗?你听到了吗?哦,查拉图斯特拉?"预言者喊道,"这是冲着你而来的呼声,它在叫你:来吧!来吧!来吧!时候到了,现在正是时候!"

于是,查拉图斯特拉沉默了。他困惑不已、犹豫不决。最终,他迟疑地问道:"是谁在向我喊叫呢?"

"你一定是知道的,真的,"预言者温和地回答,"为什么你要掩饰自己呢?那是上等之人在呼唤你!"

"上等之人?"查拉图斯特拉惊恐万分地喊道:"他想要什么?他想要什么?这上等人!他在这里是想要什么呢?"说话间,他的周身不由地渗出了汗水。

然而,那位预言者似乎没有注意到查拉图斯特拉的惊恐,而是向着深渊的方向一再聆听。然而,那里却沉寂了良久,当他回过头去时,便看见查拉图斯特拉正站在那里颤抖。

"哦,查拉图斯特拉,"他开始用忧伤的语气说道,"你站在那里,看起来并不像一个因为自己的幸福而眩晕的人,舞蹈起来吧,以免晕厥过去!

"但是,尽管你想要在我面前舞蹈,跳尽你所有的步法,也不会有人对我说:'瞧啊,最后一个快乐的人在这里跳舞!'

"到达这高处来找寻自己的人必然会徒劳无功,确实,他将找到洞穴,这避世者的隐居之所;然而,却找不到幸运的矿藏,宝库或是幸福的新宝藏。

"幸福——人们怎么能在这群被活埋者与隐居者之中找寻到幸福呢?我难道还要在这幸福岛上,在遥远的不知名的大海上去寻找最后的幸福吗?

"但是,一切都何其类似,一切都毫无价值,一切寻求都徒劳无功,甚至幸福岛将不复存在!"

于是,预言者悲叹了一声。然而,随着他的最后一声叹息,查拉图斯特拉却平复了心情,重新变得自信满满,好像一个刚从深渊进入光明中的人一样。"不！不！三重的不！"他高声地喊道，捋着胡须，"我对这一点了解得更加清楚！仍然有幸福岛的存在！安静吧，你这个叹息的悲哀的布袋！

"你这块上午的积雨云，不要从你那里降下大雨！我现在站在这里，难道不是已经像一只狗那样，全身上下都被你的痛苦浸湿了吗？

"现在我抖擞精神，从你那里离去，以便风干我的痛苦：你不必对此感到惊讶！你认为我粗鲁无礼吗？然而这里才是我的朝堂。

"不过，既然提到了上等人，好吧！我现在就到那片森林中去寻找他吧！他的叫喊声从那里传来。也许他正被一只猛兽所围困。

"他身处我的地盘：在我这里他不应受到任何损伤！确实，我周围有很多凶残的猛兽。"

查拉图斯特拉说完了这番话，便要转身离去。而这时候，那位预言者说："哦，查拉图斯特拉，你这个流氓！

"我知道得很清楚，你想要远离我！你宁愿跑到森林中去诱捕那些猛兽！

"但是，这样做对你有什么好处吗？夜晚你将再度拥有我，我将坐在你自己的岩洞中，像木桩一般耐心而沉重地——等待着你！"

"让他去吧！"查拉图斯特拉一边回头大喊，一边继续行路，"我岩洞中属于我的一切，同时也属于你，我的客人！

"而你居然能在这里找到蜂蜜，好吧！那就将它舔尽吧，你这咆哮的狗熊，让你的灵魂变得甘甜吧！因为在夜间，我们都要心情愉悦！

"让我们保持快乐愉悦的心情，因为这一天即将走到尽头！而你们也应该和着我的歌声起舞，就像我那跳舞的熊一样。

"你不相信这个吗？你在摇头吗？好吧！快乐起来，我的老狗熊！然而我也是——一个预言家。"

查拉图斯特拉如是说。

与国王们的谈话

查拉图斯特拉在他的群山与森林间行走了不到一个钟头，突然看见一支奇特的队列。就在他将要下行的那条道路上，有两个头戴王冠，系着紫色腰带的国王向他走来，颜色绚丽得如同火烈鸟一般，他们赶着一头负重的毛驴。"这些国王在我们的地盘上想做什么呢？"查拉图斯特拉内心惊讶不已，慌忙藏身于身边茂密的灌木丛后。然而，当国王们来到他身边的时候，他低声地自言自语道："奇怪啊！奇怪啊！这两者怎么能协调？我看见两位国王——与一头驴在一起！"

这时候，两位国王停住了脚步，他们相互微笑，朝着发出声音的地方张望，然后又彼此注视对方的脸。"我们相互间一定也是这样想的，"右边的国王说，"只是我们没有说出来。"

然而，左边的国王耸了耸肩，回答说："那也许是个牧羊人吧？或者是一个隐居者，他在岩石与森林间已经生活了太久的时间。因为任何社交行为都不会败坏良好的礼仪。"

"良好的礼仪？"另一个国王愤怒而尖刻地回答道，"我们到底在躲避什么？难道不是躲避'良好的礼仪吗'？难道不是躲避'我们的上流社会'吗？

"确实，宁愿居住在隐居者与羊群中间，也不愿意待在那些镀了金的、虚伪的、被过度美化了的平民中间，尽管他们自称为'上流社会'。

"尽管他们自称为'贵族'。但是，那里的一切都是虚伪和腐朽的,特别是血液——这都归功于那邪恶的老毛病与更为恶劣的救世者。

"如今,对于我来说,最完美、最亲切的仍然是健壮的农民,粗犷、敏捷、固执而坚韧,这在如今是最为高贵的品德。

"农民在今日是最优良者,农民的族类应当成为主宰!然而,这是贱民的王国,我不会再允许任何事物强加于我。而这贱民——他们几乎就是一锅大杂烩。

"贱民——大杂烩,在这里,一切都混做一团。圣哲与骗子,绅士与犹太人,以及来自于诺亚方舟上的各种动物。

"良好的礼仪!在我看来,一切都是虚伪而腐朽的。没有人明白如何再去尊敬:我们正刚刚从那里逃离。那是些令人生厌的、纠缠不休的狗,他们为棕榈叶镀了层金。

"这种厌恶感令我窒息,我们国王本身变得虚伪,我们披挂着祖先那褪了色的旧日的浮华来掩饰自己,披挂着最愚蠢者、最狡猾者与权力的交易者的一切展示品来伪装自己。

"我们不是第一等的人——然而我们却不得不担着第一等人的名义,我们终于厌倦了,厌倦了这种欺骗的行为。

"我们逃离了这群贱民,逃离了这群呼喊不休、舞文弄墨的苍蝇,逃离了商贩的铜臭,逃离了焦躁的野心与令人作呕的气息:呸,生活在贱民之中。

"呸,维护那些生活在贱民之中的所谓的上等人!啊,恶心!恶心!恶心!这与我们国王有什么关系!"

"你的老毛病又缠上你了,"此时左边的国王说,"你感到厌恶了,我可怜的兄弟。可是,你知道,有人正在听我们说话呢。"

一直睁大眼睛,侧耳倾听的查拉图斯特拉听到这话,立刻从他的藏身之处站起身来,走到这两位国王的面前,如是说:

"聆听你们说话的人,并且乐于聆听你们说话的人,名叫查拉图斯特拉。

"我就是那个曾经说过'这与国王有何关系'的查拉图斯特拉。原谅我吧,当听到你们对彼此说'这与我们国王有何关系'的时候,我很高兴。

"可是,这里是我的王国,我的管辖区域,你们也许是想在我的国度上找寻什么东西?然而,你们也许在路上找到了我所追寻的东西,那就是,上等之人。"

听到这话,两个国王捶打着胸脯,异口同声地说:"我们被人认出来了!"

"你们用利剑般的言语刺透了我们内心最黑暗的深处。你已经发现了我们的悲哀。因为,瞧啊!我们正行进在找寻上等之人的道路中。

"比我们更上等的人,尽管我们是国王。我们把这头驴进献给他。因为最上等的人也应当是尘世间至高的主宰。

"在人类的一切命运中,如果尘世间的强者不同时是上等之人,那么就没有比这更大的不幸了。因此,一切都变得虚伪、扭曲而怪异。

"如果他们甚至是下等之人,并且比人类更具兽性的话,那么贱民将身价百倍,并且最终贱民的美德会说:'瞧,只有我才是美德!'"

我刚才听到了什么?查拉图斯特拉回答道。这的确是帝王的智慧啊!我为之欢欣,确实!我甚至迫不及待地想要作诗一首。

即使这首诗也许不为每一个人所喜爱。我已经很久没有考虑过长耳朵的感受了。好了!行了!

(然而,在这里,驴子竟然也说起话来——它吐字清晰却怀有恶意:咿——呀!)

从前——我想是在公元一年——
无酒而沉醉,女巫如是哀叹:
"万物堕落至深!堕落!堕落!
世间何等沉沦!
罗马沦为了娼妓之居所。
罗马皇帝沦为了野兽,
而上帝——竟变成了犹太人!"

听完查拉图斯特拉的这首诗句,国王们高兴不已。然而,右边的国王开口说:"哦,查拉图斯特拉,我们能在这里看到你是多么有幸啊!

"因为你的敌人们已经在他们的镜子中向我们展示了你的模样,你那张魔鬼般的面孔在凝望着,嘲笑着——因此我们都畏惧你。

"但是它带来了什么好处!你总是用你的箴言一再地刺痛我们的内心与耳朵。于是我们最终说:他看上去是什么样子,与我们又有何干呢!

"我们必须听他说话,他教导我们说:'你们应当热爱和平,将它作为一种新战争的手段,热爱短暂的和平胜过长久的和平!'

"没人曾说过如此好战的话语:'什么是善?勇敢便是善。正是善意的战争将一切发动战争的理由神圣化。'

"哦,查拉图斯特拉,听了这些话,我们父辈的血液在我们的血脉中涌动:就像春天在对着古老的酒坛倾诉。

"当利剑如同红色斑点的群蛇一般狂舞,我们的祖先开始热爱生命;所有和平的阳光在他们眼中都是如此萎靡而冷漠,而长久的和平让他们为之羞耻。

"当我们的父辈看见被擦拭得干净锃亮的利剑挂在墙上,他们会怎样地叹息啊!他们像利剑一般渴望着战争。因为利剑渴望饮血,并因为欲望而闪闪发光。"

当国王们如此热切地谈论着他们父辈的幸福之时,查拉图斯特拉突然生出了极大的兴致,想要嘲讽一下他们的迫切,因为,他在自己面前看到的,显然是非常平和的国王,面容衰老而精致。可是他最终忍耐了下来。"好吧!"他说,"这是通往查拉图斯特拉的岩洞的必经之路,今晚必定有一个漫漫长夜!然而,现在有一个痛苦的呼叫声正急切地想把我带离你们的身边。

"如果国王们愿意在我的岩洞中坐着等待,那便是我的荣幸。可是,你们必定要等很长的时间!

"好吧!又有什么关系!如今,除了宫廷之中,你在何处还能学会更好的期待呢?国王身上仅剩的美德——如今难道不是被称为:等待的能力吗?"

查拉图斯特拉如是说。

水蛭

查拉图斯特拉若有所思地继续前行,向下走,他穿过森林与沼泽地。然而,就像任何一个沉思于难题中的人那样,他不知不觉地踩到了一个人的身上。瞧啊,那个人立刻爆发出一声痛苦的叫喊,两句诅咒与二十句恶言漫骂也随之被抛洒到他的脸上。于是,查拉图斯特拉在惊吓中举起了手杖,击打那个被他踩踏的家伙。然而,没过多久,他便恢复了镇静,心中不禁嘲笑自己刚刚犯下的蠢行。

"原谅我吧,"他对那个被他踩到而愤怒地坐起身来的人说道,"请原谅我,先听我打个比方吧。

"一位梦想着遥远事物的漫游者,在人迹罕至的大道上无意间撞上了一只躺在阳光下熟睡的狗。

"这两者如同死敌一般暴跳起来,相互责骂,这两个受到了致命的惊吓的家伙——这不正是我们之间所发生的吗?

"但是!但是——他们只差一点便相互爱抚起来,这只狗与那个孤独者!他们不都是——孤独者吗!"

"不管你是谁,"那个被踩踏的人说,仍然怒气未消,"你不仅用你的双脚,也用你的比喻践踏了我!可是,瞧,我是那只狗吗?"

这时候,坐着的那个人站起身来,把自己那赤裸的胳膊从沼泽地里伸出来。因为开始他一直舒展着身体躺在地上,像那些藏身于沼泽地中等待着猎物的人一样,让人难以辨认。

"但是,你在做什么呢!"查拉图斯特拉惊慌地大喊道,因为他看到,很多鲜血从那赤裸的胳膊上涌出,"谁伤害了你?你这不幸的人,你被一只猛兽咬伤了吗?"

那个流血的人笑了,仍然很生气。"关你什么事啊!"他说着,想要离开。"这里是我的家园,是我的地盘。无论是谁,只要愿意,都可以向我询问:但是我从不回答一个蠢人的问题。"

"你弄错了,"查拉图斯特拉同情地说,紧握着他的手;"你弄错了,这里并不是你的家园,而是我的领地,因此,在这里不会有任何人受到伤害。

"可是,随便你称呼我为什么——我仍然是我必须成为的那个人。我自称为查拉图斯特拉。

"好吧!那上面正是通往查拉图斯特拉的洞穴之路:它并不遥远,你愿意在我的领地里疗伤吗?

"你这不幸的人,你过这样的生活真是太糟糕了,先是被猛兽所咬,接着——又被人所践踏!"

然而,当那个被踩踏的人听到了查拉图斯特拉的名字时,立刻判若两人。"我遇上了什么事呀!"他惊呼道,"除了这个人——查拉图斯特拉,以及那个吮血的水蛭之外,这个世界上究竟还有什么能够引起我的关注呢？

"为了那条水蛭的缘故，我像一个渔人一般躺在这个沼泽旁边，伸展出的胳膊已经被它咬了数十次之多，然而，最擅长吸血的水蛭仍然是查拉图斯特拉你本人啊！

"哦，幸福！哦，奇迹！我真应该赞美将我引诱到这个沼泽地的那一天！赞美那些如今仍存活于世的最好的吸血者们！赞美这拥有最伟大的良知的水蛭——查拉图斯特拉！"

被踩踏者如是说。查拉图斯特拉听到他的话语与他那精妙而尊崇的说话风格满心欢喜。"你是谁？"他问，向他伸出双手，"在我们之间，仍然有太多的东西需要澄清，需要解释明白，但是，我认为纯净而明朗的白天已经来临。"

"我是精神上的良知者，"被问的人回答道，"在有关精神的事情上，很难有比我更严格、更苛刻、更较真的人，除了查拉图斯特拉本人——我正是向他学到了这一切。

"宁可一无所知，也比一知半解的好！宁愿做一个坚持己见的傻瓜，也不要做一个人云亦云的圣哲！我——追根究底。

"根底或大或小又有什么关系呢？它被叫做沼泽地还是天空又有什么关系呢？一手宽的根底对我来说就已经足够，只要它是切实的根底与根基！

"一手宽的根底，你便有了立足之地。在真知中无所谓大与小。"

"那么你也许算得上水蛭的专家了吧？"查拉图斯特拉问道，"你对水蛭的研究深入毫末了吧，你这位认真的家伙？"

"哦，查拉图斯特拉，"这位被踩踏者回答，"那可是一件非同寻常的大事，我又岂敢涉足！

"然而，我不过是通晓水蛭的大脑的大师与专家。这才是我的领域！

"而这便是我的世界！不过，请原谅我在此表达出了我的

高傲，因为在这一领域已无人能与我匹敌。因此我说：'这里便是我的家园。'

"我太长久地关注这件事情，即水蛭之脑，以便这易滑的真理不再会轻易地从我手中滑落！这里便是我的领域！

"为了这个缘故，我将其他的一切都抛在一边，为了这个缘故，其他的一切对我来说都无关紧要；紧贴着我的真知而卧的，是我那黑色的无知。

"我精神的良知要求我如此——只了解一件事，而对其余的所有一无所知：所有一知半解的灵魂，所有的朦胧、渺茫与虚幻的东西都令我憎恶。

"在我失去诚实的地方，我变得盲目，并且甘愿盲目。然而在我愿意求知的地方，我同样也愿意诚实，即坚忍、严格、专一、残酷、无情。

"因为，哦，查拉图斯特拉啊，你曾经说过，'精神是铭刻在生命中的生命'，正是它引导我、吸引我笃信你的学说。确实，我用自己的鲜血增进了我自己的知识！"

"正如证据所表明的，"查拉图斯特拉插话说；因为鲜血仍然从那位良知者赤裸的手臂上流下，那只被十条水蛭所咬的手臂。

"哦，你这奇怪的家伙，这一特别的见证，也就是你本人，教会了我多少东西啊！也许我不应该将这一切灌输到你那严苛的耳朵里！

"好吧！我们就此分别！但是我很想再次找到你。那上面便是通向我岩洞的道路：今晚你应当成为我的座上宾！

"我很乐于为你治疗那被查拉图斯特拉踩踏了的身体，我在考虑这个问题。然而，现在那个痛苦的呼叫声正急切地想把我从你身边带离。"

查拉图斯特拉如是说。

巫师

然而,当查拉图斯特拉转过一块岩石的时候,他看见在离他底下不远处,在同一条道路上,有一个人像疯子一样手舞足蹈,最后竟直挺挺地躺在了地上。"停下!"查拉图斯特拉在心里说,"这个人一定是个上等人了。他发出了那种可怕凄惨的呼救声,我要看看是否能够有助于他。"可是,当他跑到那个人所躺之处,却发现了一个全身战栗,目光呆滞的老人。尽管查拉图斯特拉使出了全身的力气想将他扶起来,却是徒劳无功。而这个不幸的人似乎没有意识到有人在他的周围;恰恰相反,他始终用他那动人的神情左顾右盼,好像一个被全世界所抛弃的孤独者一样。不过,在那长久的战栗、抽搐和蜷缩之后,这位老者终于开始悲叹起来:

谁还能给我温暖?谁会依然爱我?
把温暖的双手伸向我吧!
给我令人振奋的炭盆吧!
俯卧着,伸展着,战栗着,
像一个垂死的人,快把他的双脚焐暖吧!
唉,因不知名的高烧而战栗,
在刺骨的寒霜之箭面前发抖,
被你所追逐,思想!
不可言喻者!默默无闻者!吓人的家伙!
你这藏匿在云层之后的猎手!
我被你的雷电所击中,
你这在暗处向我张望的嘲讽之眼!
我就这样躺着,

俯身、蜷缩、抽搐，
被永恒的烈士所折磨，
被你——这最为残酷的猎人
所打击，
你这不知名的——上帝！

打击得更狠一些！
再来一次！
刺穿这颗心，撕碎这颗心吧！
何必用这齿状的钝箭，
对我加以折磨？
为何对人世的痛苦无动于衷，
还用那神圣的如闪电般的眼神，
狡黠地在一边观望？
你并不想杀人，
只想折磨，使人痛苦？
为何要——折磨我，
你这阴险的不知名的上帝？

哈哈！在这阴沉的午夜，
你偷偷地走近我，
你想干什么？说！
你推我，挤我，
哈！已经离我很近了！
你听见我的气息了，
你偷听我的心跳了，
你这善妒的家伙！
可是，你在嫉妒什么呢？

走开！走开！
梯子有什么用呢？
你想走进，
潜入我的内心吗？
潜入我最隐秘的思想中去吗？
无耻的家伙！无名之辈！窃贼！
你要偷窃什么？
你要窃听什么？
你想用折磨来得到什么？
你这个折磨者！
你这个——神祇和刽子手！
或者，我要像只狗一样，
在你的面前打滚？
驯服地、激动地、欣喜地，
向你摇尾乞怜？

一切都是徒劳！
继续舞动你的刺棒吧！
我不是狗——只是你的猎物，
你这最残忍的猎人！
你这最骄傲的囚徒！
你这躲藏在云层后面的窃贼！
开口吧，
你这隐藏在云层后面的窃贼！
开口吧，
陌生人！
你在大道上埋伏，到底想从我这里得到什么？
你要什么？

无名的上帝?

什么?赎金?
你要多少赎金?
多要一些——我的高傲这样建议!
少说一些——我的另一种高傲这样忠告!

哈哈!
你要的是——我吗?
我的全部?

哈哈!
你这个傻瓜,你是在折磨我吗?
把我的高傲折磨得荡然无存?
给我一点爱吧——谁还能给我温暖?
谁依然爱我?
伸出火热的双手吧!
给我温暖的心房的炭炉吧!
给我——这个最孤独的人一点冰!
啊!七重的寒冰教你
渴望敌人,渴望劲敌,
投降吧,
你这最残忍的敌人,
向我屈服!

走了!
他独自走了,
我最后的、唯一的伙伴,

我伟大的敌人，
我所不知的家伙，
我的刽子手上帝！

不，回来吧，
连同你所有的折磨！
回到所有孤独者中的最后一位身边！
哦，回来吧！
我所有的眼泪
都在向你奔涌！
我心中最后一点火焰——
向你放射光芒！
哦，回来吧，
我不认识的上帝！我的痛苦！
我最终的——幸福！

可是，听到这里，查拉图斯特拉再也忍不住了，他抢起棍子，对着这位悲叹的老者一顿痛打。"住口！"他向老者喊道，发出一阵狂怒的笑声，"住嘴！你这个骗子！你这个制造伪币的家伙！你这个彻头彻尾的骗子！我太了解你了！

"我要用火来炙烤你的双脚，你这个邪恶的巫师！我很了解如何为你这样的人生火取暖！"

"住手！"这位老者说，从地上一跃而起，"哦，查拉图斯特拉啊，别再打我了！我做的这一切不过是闹着玩而已！

"这一切都不过是我的伎俩。我所表演的这一切，不过是想考验考验你而已！确实，你已完全看清了我！

"可是，你的表现也不错啊，你很强硬，你这睿智的查拉图斯特拉！你用你那'真理'无情地鞭笞我，你的棍棒强迫我说出——这一真理！"

"不要吹捧我，"查拉图斯特拉说，他始终面色激动，目光阴沉，"你这彻头彻尾的骗子！你错了，你为什么要提到真理！

"你这孔雀中的孔雀，你这最爱慕虚荣之人，你在我面前表演了什么？你这邪恶的巫师？你这样怨天尤人，我到底该相信什么呢？"

"精神的赎罪者，"老者说，"他——我所扮演的人，是你们自己曾经创造了这个词。

"诗人和巫师，他们最终用自己的精神来反对自己，那些变形者，他们最终被自己有害的知识和不安的良心所冻结。

"你就坦白承认吧，哦，查拉图斯特拉啊，你离识破我的伎俩和谎言，还差得远呢！当你用双手托着我的头的时候，你相信了我的不幸。

"我听见你悲叹说：'我们对他爱得太少，爱得太少！'因为我能将你欺骗到这个地步，我的邪恶在暗中窃喜。"

"比我更聪明的人，一定也被你欺骗过，"查拉图斯特拉严厉地说，"我并不提防骗子，我不得不毫不防备，这是我命中注定的。

"然而你，必然欺骗了别人，这就是我目前对你的了解。你说话必然是模棱两可、含糊不清，有着三重、四重、五重的意思！即使是你现在所坦白的东西，在我眼中也是真假参半，难以分辨！

"你这个恶劣的伪币制造者！你怎么能做出别的事情？即使在你袒身露体地面对医生的时候，也要粉饰你的疾病！

"所以当你在我面前说'我这样做只是闹着玩而已'的时候，你不过是在粉饰你的谎言。你的话语中也有一些严肃性的东西，那就是你在某些方面确实是个精神的赎罪者！"

"我认清了你,你已经给全世界施了妖术;但是你却没有剩下任何谎言与诡计留给自己,你对你自己已经失去了魔力!

"你将厌恶作为自己的一个真理来收获。你已没有一句真诚的言语,虽然你的嘴还是真实的;也就是说,厌恶与你的嘴不可分离。"

"你究竟是谁!"听到这里,这位老者用一种愤怒的嗓音高声喊道,"谁有权对我这个活在今日的最伟大的人这样说话?"他的眼里闪烁着绿光,射向查拉图斯特拉。但是他即刻就改变了语气,悲哀地说:

"哦,查拉图斯特拉,我已厌倦了这一切,我已厌倦了我的伎俩,我并不伟大,为什么要掩饰呢!可是,你一定很清楚,我是在追求伟大!

"我想成为一个伟人,并且我也说服了很多人相信这一点;但是这个谎言超越了我的能力。我因为它而心力交瘁。

"哦,查拉图斯特拉,我所说的一切都是谎言;但是我却为了它而心力交瘁,这一点是真的!"

查拉图斯特拉阴沉着脸,将目光投向地面,说:"你追求伟大,这是你的光荣,但这也暴露了你自己。你并不伟大。

"你这个邪恶的巫师,你厌倦了自己,并且说:'我并不伟大。'这就是你身上我最为看重的、最优秀的品质。

"在那一点上,我尊重你为精神的赎罪者,尽管只是一瞬间的事,但是在那一时刻,你是——真实的。

"但是,你告诉我,你在我的山间丛石中找寻什么?如果你躺在路上只是为了挡我的道,那么,你究竟想证明我什么?

"你究竟想试探我的什么东西?"

查拉图斯特拉如是说,他的眼里闪烁着亮光。老巫师停顿了一会儿,然后说:"我试探你了吗?我不过是在——寻求。

"哦,查拉图斯特拉啊,我在寻求一个真正的人,一个正直、单纯、不拖泥带水的人,一个非常诚实的人,一个智者,一位知识渊博的圣贤,一个伟人!

"你难道不知道吗?哦,查拉图斯特拉啊,我寻求的就是查拉图斯特拉啊!"

这时候,两个人之间出现了长久的沉默。然而,查拉图斯特拉深深地陷入了思考中,于是他闭上了眼睛。不久,他回过神来,紧紧地抓住了巫师的手,客气礼貌又不失圆滑地说:

"好吧!那上面就是通往查拉图斯特拉的洞穴之路。在那个洞穴中,你能够找寻到你希望找到的人。

"问问我的动物们,我的老鹰和蛇的建议吧,它们会帮你寻找。不过我的洞穴很大。

"不过,我自己——确实从未见过伟人。对于伟人,即使今日最敏锐的眼睛也略显粗糙。这是平民的王国。

"我曾发现不少伸展身体,鼓着肚子冒充壮汉的人。人们见了就喊道:'看啊,一个伟人!'可是,所有的风箱又有什么用呢?最终风还是会从里面跑掉。

"青蛙把肚子膨胀得太大,但最终还是会爆裂:那时空气就从里面跑了出来。把针戳进那膨胀物里去,我称之为真正的消遣的游戏。孩子们,你们听到了吗?

"这个今日属于平民的天下,谁还能分辨伟大和渺小?谁还能成功地寻求伟大?只有傻瓜,只有傻瓜们才能做到。

"你这个与众不同的傻瓜,你在寻求伟大?是谁教你的?今天适合这样做吗?啊,居心不良的寻求者啊,你为什么要——引诱我呢?"

查拉图斯特拉如是说。他的心灵得到了慰藉,微笑着继续前行。

退职者

然而，查拉图斯特拉离开了巫师后不久，便再次看见了一个人坐在他回去的路边，那是一个黝黑瘦长的男人，面色苍白而憔悴。这个人令他感到极为痛苦。"倒霉，"他在心中自语，"那里坐着的是乔装打扮的悲哀；我认为他与那帮教士是同一类人，他们在我的领土上到底意欲何为呢？

"什么！我刚刚逃脱了那个巫师，怎么又得在路上遇到另一位巫师。

"一位对人施行按手礼的巫师，一个蒙受上帝仁慈的阴郁奇迹的创造者，一个被神圣化了的厌世者，让魔鬼把他们都带走吧！

"可是，魔鬼总是待在他不该待的地方，他总是来得太晚，这该受诅咒的侏儒与跛子！"

查拉图斯特拉在心中不耐烦地这样诅咒，思考着如何将目光避开，以便从那个黝黑的男人身边悄悄地溜过，可是，瞧啊，事与愿违。因为，与此同时，那个坐着的人立刻看见了他；就像一个被出其不意的幸运所偷袭的人那样，他一跃而起，朝着查拉图斯特拉径直奔去。

"无论你是谁，你这漫游者，"他说，"请帮助我这个迷途者，这个追寻者，这个很容易遭受痛苦的垂垂老者吧！

"这个世界对我来说过于陌生而遥远；我还听见野兽的咆哮；而能够保护我的人——自己都已不复存在。

"我在寻觅最后的虔诚者，一位圣人与隐居者，他在这森林中孤身一人，丝毫没有听说如今全世界都已知道的事情。"

"当今全世界都已经知道的事情是什么？"查拉图斯特拉问道，"也许是，全世界曾一度相信的上帝如今已不复存在了？"

"你说对了,"那位老者忧伤地说,"我曾伺候这位老上帝度过了他的最后时光。

"然而,现在我已退职,失去了主人,却也并不自由,然而除了追忆往事,我也再没有任何快乐的时刻。

"因此,我攀登到这山上,为的是最终给自己重新欢度一个节日,就像老教皇与教堂的神父那样——因为你知道,我是最后一位教皇!这是虔诚的回忆与神圣的仪式的节日。

"可是,现在他已经死去,那个最虔诚的人,那个森林中的圣人,他始终以歌声与呢喃轻语赞颂他的上帝。

"当我找到了他的小屋时,却再也找不到他本人,但是我在屋里发现了两只为他的死而哀鸣的孤狼——因为一切的动物都爱他。此时,我匆匆离去了。

"我来到这森林与群山中,是徒劳一场吗?此时我下定决心,去寻找另一个人,那个最虔诚的无神论者——我下定决心要去找寻查拉图斯特拉!"

这位老迈者如是说,用热切的眼神凝视着那位站在他面前的人。而查拉图斯特拉也紧紧握住了老教皇的手,带着崇敬之情久久地凝视着它。

"瞧!你这位令人尊敬的人,"他接着说,"多么精巧,多么纤长的手啊!这是一双总是予与和恩赐的手。可是,如今它紧紧抓住了你一直在寻觅着的:我,查拉图斯特拉。

"就是我,这个无神论者查拉图斯特拉说:'谁比我更加不信上帝?而我正期待他的说教。'"

查拉图斯特拉如是说,他的目光穿透了老教皇的思想与他的内心。最终老教皇开口说:

"最爱他,同时也最多地占有他的那个人,如今也最多地失去了他。

"你瞧,如今我一定是我们俩当中最不信上帝的人了吧?

但是谁会因此而欢欣!"

"你曾伺候他直到临终?"在一阵深深的沉默之后,查拉图斯特拉若有所思地问道,"你知道他是怎么死的吗?人们说的是真的吗?他是因怜悯哽咽而死的?

"他看到人们被钉于十字架上,无法忍受;他对人们的爱变成了他的地狱,最终造成了他的死,这是真的吗?"

然而那位老教皇并不回答,只是带着一种痛苦而忧郁的表情,胆怯地环顾了一下四周。

"随他去吧。"在长时间的沉思之后,查拉图斯特拉说道。在此期间,他仍然直视着老者的眼睛。

"随他去吧,他是死了。尽管你以一味地称颂这位死者为荣,但是你与我同样清楚地明白,他是谁,明白他所走的是奇特的道路。"

"在三只眼睛前说话,"这位老教皇开心地说(他的一只眼睛瞎了),"在神圣的事情上,我比查拉图斯特拉本人更加明白——也本应如此。

"我的爱伺候他已有时日,我的意志追随他的全部意志。然而一位优秀的侍者洞悉一切,甚至知道一些他的主人隐藏的秘密。

"他是一位隐秘的上帝,拥有太多的秘密。确实,即使是到他的儿子那里去,他也是以隐秘的方式。在他的信仰之门上,标着'通奸'。

"谁将它称颂为爱之神,谁就并没有真正地重视爱本身。那位神灵不是也想成为审判者吗?然而,爱者的爱却无关报酬与复仇。

"那位来自东方的神,在他年轻的时候,曾经严酷而记仇,为了讨好他的心爱者,他为自己建造了一座地狱。

"可是,最终他变得衰老、温柔、慈爱并富有同情心,不像父亲而更像一位曾祖父,但最像一位步履蹒跚的曾祖母。

"此时,他满脸皱纹地坐在火炉旁的角落里,为自己那羸弱的双腿而烦恼不已,厌倦了这个世界,并且有朝一日因为他那极大的怜悯之情窒息而死。"

"你这个老教皇,"这时候查拉图斯特拉插话说,"这一切都是你亲眼目睹的吗?事情也有可能是这样的:是这个样子,或者是另外一个样子。诸神的死亡,总是有各种各样的方式。

"好吧!无论是这种还是别的方式——他已经死了!他并不符合我的视觉与听觉的喜好;我不想再针对他说更为恶劣的话。

"我热爱看上去光明并且言论正直的一切。但是他——你是知道的,你这个老教士,他身上确实有你的某种特征,那种教士一类的特质——他是模棱两可的。

"他也是模糊不清的。这个愤怒的家伙,因为我们不能很好地理解他就冲着我们发火!但是他为什么不说得更清楚一点呢?

"如果他怪罪于我们的耳朵,那么他为什么赐予我们不能很好地理解他的言语的耳朵呢?如果说我们的耳朵里有尘垢,那么是谁将它放进去的呢?

"他搞砸了太多的事情,这个技术不熟练的制陶工人!然而,只是因为他的陶器制品极为拙劣,他就对它们施予报复,那无异于对良好品位犯下的罪恶。

"虔诚中也有上佳的品位:它最后说:'让这样的上帝离开吧!宁愿没有上帝,宁愿依靠自身创造命运,宁愿当一个傻子,宁愿自己成为上帝!'"

"我听到了什么!"这位老教皇说,并侧耳凝听,"哦,查拉图斯特拉,以你无神论的信仰,你比你自己所相信的更加虔诚!你心中的某位神祇使你转而成为了无神论者。

"难道不是你的虔诚本身使你不再相信一个上帝吗?而你过度的诚实甚至将把你引入超越了善恶的地方。

"瞧啊,为你保留了什么?你有眼睛、双手与嘴巴,它们命中注定被用于永恒的祝福。人们并不仅仅用双手来祝福。

"在你的身边,尽管你愿意做无神论者,我仍然感受到长久的祝福散发出的庄严而神圣的气息,此时我感到愉悦而悲哀。

"哦,查拉图斯特拉,让我成为你的宾客吧,哪怕仅仅是一夜!如今在这个尘世间,已没有别的任何地方会让我感到比与你在一起更加舒服!"

"阿门!理应如此!"查拉图斯特拉惊诧地说,"那上面便是通往查拉图斯特拉的洞穴之路。

"确实,我很乐意引领你前往那里,你这个令人尊敬的人,因为我爱所有虔诚的人。但是现在那个痛苦的呼喊声正急切地想将我带离你的身边。

"在我的领地中,不应该有任何人感到悲痛,我的岩洞便是一个优良的避风之所。我最喜欢让每一个忧心忡忡的人重新坚定地站立起来。

"但是,谁将会卸掉你身上背负已久的忧郁?我已太过柔弱,难以做到这一点。确实,我们必须等待很久,直到那个为你重新唤醒上帝之人的出现。

"因为那个旧的上帝已经死去:他的确已经死了。"

查拉图斯特拉如是说。

论最丑之人

查拉图斯特拉的双脚再度穿行在群山与森林之中，他的双眼不断地搜寻，但是并没有找到他想看到的那个人——那个遭受痛苦折磨的人，那个呼喊者。然而，在这一路上，他的内心都欣喜不已，并且满心感激。"这一天，"他说，"给予了我多么美好的东西啊！也补偿了我糟糕的开始！我找到了多么奇特的交谈者！

"我现在要长久地回味与他们的谈话，就像咀嚼上好的玉米一样，我要用牙齿将它们细细地碾碎、咬碎，直到它们如同牛奶一般流入我的灵魂！"

但是，当道路再度绕过岩石的时候，地形突然间完全改变了模样。查拉图斯特拉走进了死亡的国度。在这里，黑色与红色的峭壁高耸：四周看不到草木，也听不到鸟鸣。因为对于这个山谷，一切动物都避之不及，甚至不见猛兽的踪迹，只有一种丑陋、粗大的绿色蟒蛇在年老之后葬身于此。因此，这个山谷被牧羊人称为"死蛇之谷"。

然而，查拉图斯特拉却沉浸在他那阴暗的回忆中，因为他感觉自己曾经来过这个山谷。他感觉心头十分沉重，于是缓慢地走着，并越走越慢，最后停了下来。然而，此时，当他睁开双眼的时候，看到路边坐着一个很像人形的东西，却几乎又不像是人，而是某种无法描述的东西。注视着这样的东西，查拉图斯特拉突然间感到一种极大的耻辱涌上心头。他面红耳赤，脸一直红到了白发的末端，他移开了目光，动身准备离开这个不祥之地。然而，从这死寂的荒野，突然传出了声音：因为从地下涌出的汩汩水流的声音与咯咯作响的声音，就好像夜间水流在堵塞的水管中发出的汩汩声与咯咯作响的声音一样，它最终变成了人类的声音与人的说话声，

它听起来是这样的:

"查拉图斯特拉!查拉图斯特拉!猜猜我的谜题吧!你说,说吧!对见证者的报复是什么?

"我诱惑你回来,这里是光滑的坚冰!小心啊,小心,不要让你的高傲在此摔断了腿!

"你自以为很聪明,你这高傲的查拉图斯特拉!那么你就解答我的谜题吧,你这个善解谜题的人——我就是这个谜题!说吧:我是谁!"

然而,当查拉图斯特拉听到这番话之后,你们认为在他的灵魂中发生了什么?他产生了恻隐之心;好像一棵在很多樵夫面前顽强抵抗了很久的橡树,却在突然间倒下了,如此沉重而突然,甚至让那些原本打算砍掉它的人也大惊失色。可是,他立即从地上站起身来,面色变得很凝重。

"我太了解你了,"他大声地说,"你是上帝的谋杀者!让我走吧!

"你一定是难以忍受被人看见吧,被别人彻彻底底地看清楚,你这最为丑陋之人!你要向这个目击者复仇吗?"

查拉图斯特拉如是说,准备离开;可是那个难以形容之物上前抓住他的衣角,再次发出了汩汩的声音,并且打算说些什么。"留下来。"他最后说。

"留下来!不要离开!我已猜出了是什么斧头将你击倒在地,祝贺你,哦,查拉图斯特拉,你终于重新站立了起来!

"我很了解,你已经猜到了那个人是怎样的感想了,那个上帝的谋杀者!留下来吧!请坐到我身边来吧,这一切并不是徒劳的。

"除了你那里,我还能去向何处呢!留下来!坐下!可是不要正视我!也就是说,尊重我的丑陋吧!

"他们迫害我,而如今你是我最后的避难所。没有他们的憎恨，也没有他们的盘查，哦，我要嘲笑这样的迫害，并且为这样的迫害感到自豪与高兴！

"古往今来，一切饱受迫害的人不是都取得了成就吗？历经迫害的人很容易学会逢迎——一旦他被落在了后面！然而这正是他们的怜悯。

"正是他们的怜悯让我逃避，让我逃避到你这里。哦，查拉图斯特拉，保护我吧，你，我这最后的避难所，你，这唯一将我猜透的人。

"你已经猜到了杀死他的那个人会有怎样的感受。留下来吧！如果你想走，你这个没有耐心的人，千万别走我来时的那条老路。那条路太糟糕了。

"你是否因为我苦口婆心地对着你唠叨，因为我给予你忠告，你就生我的气了？然而，你要知道，即使是我，这个最丑陋的人。

"也有最大、最沉重的双脚。我所走过的道路都被我压坏。我所经过之处都变成一片荒漠。

"可是你沉默地从我身边走过；你面红耳赤——我清楚地看见了，因此，我认出你就是查拉图斯特拉。

"任何一个人都能够将他的仁慈与怜悯以目光或言语施舍给我。但是——我并不够格做那样的乞丐，你已猜到了这一点。

"在这方面我太过富有，富有伟大的、可怕的、丑陋的与最无法言说的事物！你的耻辱，哦，查拉图斯特拉，给予我荣幸！

"我艰难地摆脱了怜悯者的群体，我也许发现了当今唯一一个教导'怜悯是强迫于人的'之人——那便是你本人，哦，查拉图斯特拉！

"无论这是上帝的怜悯，还是人类的同情：它都是对谦逊的背离。袖手旁观也许会比急于伸出援手的那种美德更为高尚。

"然而,那种东西,即怜悯——如今却被所有那些琐碎的小人称之为道德本身,他们对极大的不幸、极大的丑陋与极大的失败嗤之以鼻。

"我对所有这些人不屑一顾,就好像一只狗对聚集于一处的羊群的后背不屑一顾一样。他们都是些琐碎、温良、善意与苍白的人们。

"好像一只鸬鹚,轻蔑地昂首,对那一汪浅水嗤之以鼻,我对熙熙攘攘的灰色海浪、卑微的灵魂与意志也嗤之以鼻。

"我们认同他们的时日已经太过长久,这些卑微的小人:因此我们最终赋予他们权力,如今他们教导我们:'只有卑微之人所称的善才是善。'

"如今,他们的说教者声称只有他所宣教的一切才是'真理',那个卑微小人的圣人与代言人,他自我证明说:'我——就是真理。'

"这位厚颜无耻的人早已使得卑微小人自信满满了,当他教导说'我就是——真理'之时,教导的也是不小的谬误。

"这位恬不知耻的人得到了什么更为礼貌的回答了吗?然而,哦,查拉图斯特拉,你从他身旁经过,说:'不!不!三重的不!'

"你警告过他所犯下的错误,你是对怜悯提出警告的第一个人,不是警告每一个人,也不是不加警告,而是警告你自己与你的同类人。

"你以遭受极大痛苦之人的耻辱为耻,确实,当你说:'从怜悯中生出了一块浓重的乌云,当心啊,你们这些人!'

"当你教导说:'一切创造者都是冷酷无情的,一切伟大的爱都超越了他们的怜悯之情。'哦,查拉图斯特拉,你在我眼中多么擅长识别天气变化的征兆!

"然而,你——也警告了你自己不要产生怜悯之心吧!因为很多人正在前往找寻你的路途中,那些受苦受难的、疑惑不安的、绝望失意的、溺水受寒的人们。

"你也警告你留心我。你已猜透了我最好与最坏的谜题,即我本身与我的所做所为。我认识那把将你砍倒的斧头。

"但是他——不得不死,他用他那洞察一切的双眼注视,他看见了人类的内心深处,以及他们所潜藏起来的全部耻辱与丑行。

"他的怜悯厚颜无耻,他爬入我最肮脏的角落。这爱好窥探的、过于强求的、过于怜悯的人必须去死。

"他一直注视我,我要对这样的一个见证者实行报复——或者,我不想继续活着了。

"明察一切的上帝也看见人类,这个上帝不得不死!人们不能忍受让这样的一个见证者活在人世!"

这个最丑陋的人如是说。然而,查拉图斯特拉站起身来,准备继续前行,因为他的五脏六腑都感到了阵阵寒意。

"你这无法言表之人,"他说,"你警告我不要重蹈你的覆辙。作为感谢,我要向你赞颂我的道路。瞧啊,那上面便是通往查拉图斯特拉的洞穴的道路。

"我的洞穴宽敞、深邃、有很多角落;在那里,最隐秘之人也能找到他的藏身之处。在它的周围,数以百计的爬行动物、鸟类与跳跃动物潜伏或藏身于此。

"你这个被驱逐者,被自己所驱逐者,你不愿意居住于人类与他们的怜悯中间?好吧,那就像我这样做吧!那就向我学习吧!只有行动者才学习。

"首先与我的动物们谈一谈!最骄傲的动物与最聪明的动

物——它们很愿意做我们俩合适的顾问！"

查拉图斯特拉如是说，陷入了比以往更沉重的思考，行走也更为缓慢，因为他曾经自问过很多次，却不知道该如何回答。

"人类多么可怜！"他在心中暗想，"多么丑陋、发出多么可怕的垂死的喘息，充满多么隐秘的羞耻！

"他们告诉我，人类爱自己，啊，这种自爱有多么伟大啊！它对自己是何等地蔑视！

"人类的自爱甚至等同于他对自己的蔑视，我认为，人类不过是一个伟大的爱人与伟大的蔑视者。

"我还没有发现更彻底地蔑视自我的人，甚至连这一点都是至高之境。啊，也许我所听见的那声呼喊，也是源自于上等之人吧？

"我热爱伟大的蔑视者。可是人类是某种必然要被超越的东西。"

自愿行乞的人

当查拉图斯特拉离开最丑陋的人之后，他感到寒冷和孤寂。因为寒冷和孤独侵袭了他的灵魂，以至于他的四肢也变得冰冷。然而，他四处游荡，攀山下坡，时而经过一片碧绿的草地，时而走过荒野的乱石河床，这里从前曾有奔流不息的小溪经过，这时，他突然感到身体暖和，心情欢快起来。

"我这是怎么了？"他自言自语，"似乎有某种温暖而鲜活的东西使我振奋了精神，这种东西必定就在附近。

"我已经不那么孤独；我感到不相识的伙伴和兄弟围绕在我的身边；他们温暖的气息触动着我的灵魂。"

他向四处张望，想寻找安慰者来抚慰他的孤寂，瞧，那里有一群母牛，正聚集在高地上。它们是如此临近，它们散发出的气息使他的内心感到温暖。然而，这些母牛们似乎正在细心地聆听着一个人的演说，未曾注意到这个眼前的人。当查拉图斯特拉走近它们的时候，他清晰地听到这群母牛中传出了一个人的说话声，显然，它们都把头转向了这位演讲者。

这时候，查拉图斯特拉迅速地奔向了这群母牛，把它们驱散开，因为他害怕这里会发生什么不幸，即使母牛的怜悯也会于事无补。然而他把这事估计错了。因为，瞧啊，那里有个人坐在地上，好像在劝说母牛们不要怕他。那是一个温和的人，一个山区的说教者，他善良的眼神本身就在说教。"你在这里找寻什么？"查拉图斯特拉惊讶地问。

"我在这里找寻什么？"他回答道，"与你寻找的是一样的东西，你这个爱捣乱的家伙！也就是说，我在找寻尘世间的幸福。

"然而，为了这个目的，我很希望向这些母牛学习。因为，告诉你吧，整个上午我都在跟它们说话，刚才它们正要答复我了。可是为什么你要驱散它们？

"如果我们不能改变，变得像母牛那样，那么我们就进不了天国。因为我们应该从它们那里学到一件事情：反刍。

"确实，即使人类能够赢得整个世界，但如果学不会这一件，即反刍，其他的一切又有何意义呢？他将无法摆脱他的痛苦。

"他极大的痛苦，可是在今日被叫做恶心。如今谁的心里、嘴上、眼睛里不充满着恶心呢？你也一样！你也一样！可是看看这些奶牛吧！"

山区的说教者如是说，然后将他的目光投向查拉图斯特拉，因为在此之前，他一直充满深情地注视着母牛；可是突然间，他换了一副表情。"我是在与谁交谈呢？"他惊慌地叫起来，从地上一跃而起。

"这是一个没有厌恶感的人，这是查拉图斯特拉本人，这是超越了恶心的人，这是查拉图斯特拉本人的眼睛、嘴巴和内心。"

他一边如是说，一边满含热泪地亲吻着与他交谈的那个人的双手。他的行为，就好像是突然捡到了从天而降的珍贵礼品与宝物。奶牛们则惊讶地观望着这一切。

"不要谈论我了，你这个与众不同的人！你这个可爱的人！"查拉图斯特拉说道，克制着自己的感情。"先和我说说你自己吧！你就是那个放弃了自己的巨大财富，而甘愿行乞的人吧？

"你以自己的财富和富有为耻，逃到穷人那里去，把自己的财产和善心赠予他们。但是他们不接受你。"

"但是他们不接受我，"自愿行乞的人说，"正如你所知，所以我最终来到了这群动物中间，这群母牛中间。"

"在那里你知道了，"查拉图斯特拉打断了他的话，"正当的给予要比正当的获取难得多，恰到好处的给予是一门艺术，是最后的、最为巧妙的从善的艺术。"

"尤其是当下，"这位自愿行乞的人回答道，"也就是说，如今，当一切卑贱的人都起来反叛，摆出一副骄傲自大、不可一世的模样——即以平民的方式。

"因为，你很清楚，群氓与奴隶的恶劣、持久、缓慢的大造反的时代已经来临：造反的规模会越来越大！

"如今一切的善行和仁慈的馈赠都会激怒下层贱民，超级富裕的人要有所提防了！

"今日，那些像一个细颈大肚的瓶子一样向外滴水的人们得要提防了，因为如今的人们就是要打破这种瓶子的细颈。

"放荡的贪婪、急躁的嫉妒、忧心的报复欲、卑贱者的骄

正当的给予要比正当的获取难得多,恰到好处的给予是一门艺术,是最后的、最为巧妙的从善的艺术。

傲,这一切都吸引了我的注意。所谓穷人是有福的这一说法不再是真实的了。然而,天国却与母牛同在。"

"那么为什么天国不存在于富人之中呢?"查拉图斯特拉一边试探性地询问,一边驱赶着亲切地嗅着那个温和的人的母牛。

"为什么要试探我?"那个人回答,"你甚至比我更清楚这一点。是什么把我推向贫困者那边去的呢,哦,查拉图斯特拉啊?难道不是我们对最富有者的厌恶之情吗?

"对这些财富的囚徒的厌恶之情,这些囚徒以冷漠的眼神、利欲熏心的思想从任何垃圾中为自己捡拾一些利益;

"对这种散发着恶臭的群氓的厌恶之情;

"对这种镀了金的、乔装打扮之徒的厌恶之情,他们的祖先曾是些窃贼、吸血鬼和捡垃圾的,娶了顺从、淫荡而健忘的女人为妻,也就是说,她们与妓女毫无二致。

"上层是贱民,下层也是贱民!如今还有什么'穷人'和'富人'之分!我已经忘记了这种区别——我只是逃离、逃离、越行越远,直到我来到这些母牛中间。"

这个平和的人如是说,因为他说话时情绪激动,大汗淋漓,于是那些母牛们都觉得惊奇。然而,当查拉图斯特拉在进行这番严肃的谈论之时,他始终微笑着凝视着他的面孔,默默地摇头。

"你这山上的说教者啊,当你使用如此坚定的语言时,是在对自己犯下罪行啊。你的嘴巴和你的双眼都没有这样坚定。

"我认为,你的肠胃也不行,因为它无法承受满腔的愤怒与仇恨。你的胃喜好更柔和的东西,你不是一个屠夫。

"在我看来,你更像是一个素食者和原始人,或许也吃些谷物。然而,无论如何,你必然厌倦了食肉的乐趣,爱吃蜂蜜。"

"你看透了我!"自愿行乞的人回答,心情也愉悦起来,"我喜爱蜂蜜,我也吃些谷物;因为我在寻找甘甜的美味和让口气清新的食物:

"我也在寻找需要花费很多时间的东西,寻找一种对于温和的懒汉和游手好闲的人来说,可以当做每日的工作和不停动嘴巴的事情。

"确实,在这方面,母牛强过任何动物,它们为自己发明了反刍和在阳光下的静躺。它们放弃了所有让内心受累的沉重思想。"

"好吧!"查拉图斯特拉说,"你也应该去看看我的动物们,去看看我的鹰和我的蛇,现在,与它们同类的动物已经从尘世间消失了。

"瞧啊,上面那条路可以通往我的岩洞,今晚你就在我的洞穴里住下吧。与我的动物们谈谈动物的幸福。

"直到我自己回到家中。因为现在有一个痛苦的呼叫声在召唤我,让我立刻远离你。在我这里,你可以找到新鲜的蜂蜜,清新冰凉的金色蜂房里采出的蜂蜜,你就吃吧!

"可是,你这个奇怪的人!你这个可爱的人啊!现在就和你的奶牛们告别吧!尽管这对你来说会很难。因为它们是你最热心的朋友和老师!"

"只有唯一的一个例外,我宁愿要这一个。"自愿行乞的人回答,"哦,查拉图斯特拉啊,你自己是个好人,比一头母牛还好!"

"走开,走开吧!你这个恶心的奉承者!"查拉图斯特拉恶狠狠地喊道,"你为什么要用这样的甜言蜜语和赞美之词来诋毁我?"

"走开,从我这里走开!"他又一次喊叫起来,向那温和的乞丐挥舞着他的棍子,于是乞丐迅速地跑开了。

影子

可是,自愿行乞的人刚刚跑开,查拉图斯特拉又一次孤身一人之时,他听见身后有一个新的声音在呼唤他:"站住!查拉图斯特拉!等一下!是我啊,哦,查拉图斯特拉啊,是我啊,你的影子!"可是查拉图斯特拉并没有等他,因为一想起山中那些拥挤不堪的人群,他就突然感到怒火中烧。"我的孤寂到哪里去了?"他心里想。

"这对我来说确实太多了,这山上人满为患,我的王国不再属于这个世界,我需要新的群山。

"我的影子在呼唤我吗?我的影子又与我何干!让我追逐我吧!我要——远离它!"

查拉图斯特拉一边在心里自言自语,一边跑开了。但是他身后的那个影子紧追他不放。于是他们三个奔跑着你追我赶——也就是说,最前面的是那个自愿行乞的人,然后是查拉图斯特拉,第三个,也就是最后一个,是他的影子。但是这样跑了不久,查拉图斯特拉意识到自己的愚蠢,于是一下子将自己的所有担心和厌恶都抛开了。

"什么!"他说,"在我们这些老隐士和圣人中间不是经常发生这样一些最为可笑的事情吗?

"确实,我的愚蠢在山间已经日益增大了!现在我听见六条傻瓜的腿在前前后后地发出啪嗒的声响。

"但是,查拉图斯特拉需要畏惧一个影子吗?同样,我终究认为,它的腿比我的要长。"

查拉图斯特拉如是说,他的眼里和内心满含笑意。他停下脚步,迅速转过身来——瞧,此时他几乎把他的追随者和影子摔倒在地,因为那个追随者与他离得太近,又是如此弱不禁风。因为当查拉图斯特拉用审视的目光上下打量那个影子的时候,他突然感到一阵恐惧,就好像见到了突然出现的鬼魂一样。因为那个影子看上去是如此瘦削、黝黑、憔悴而衰老。

"你是谁?"查拉图斯特拉激动地问,"你在这里做什么?你为什么自称为我的影子?你并不讨人喜欢。"

"请原谅我就是你的影子,"这个影子回答道,"哦,查拉图斯特拉啊,如果你不喜欢我,那我反而要赞美你,赞美你绝佳的品位!

"我是一个漫游者,长久以来跟在你身后走过了很多地方,我总是在路上,但是没有目标,也没有归宿,确实,我并不缺少成为永远在游荡的犹太人的东西,尽管我既不永恒,也不是犹太人。

"什么?我就必须永远在路上吗?就得永远动荡不安,随风漂泊吗?哦,大地啊,你在我眼中已经变得太圆了!

"我曾栖息在各种表面,就像疲倦的尘土落在镜子和玻璃上睡去了;所有的人都从我这里索取,但是没有人向我赠予。我日渐消瘦,几乎沦为一个幻影。

"然而,哦,查拉图斯特拉啊,我追随你的时间最久,尽管我在你面前隐藏自己,可我仍是你最为忠诚的影子,你的落脚之处,也就是我的栖息之所。

"我跟随你一起游历了世间最遥远、最寒冷的地方,就像一个自愿在寒冬中积雪的屋顶上行走的幽灵一样。

"我渴望跟随你进入任何的禁区,去往一切最恶劣、最遥远的地方,如果说我身上还有任何的美德,那就是我不畏惧任何禁条。

"跟随着你,我打破了内心所有敬仰的东西,我摧毁了一切的界石和雕像,我追求最危险的愿望,确实,我一下子超越了一切的罪恶。

"跟随着你,我忘记了对敬神的语言、价值和伟名的信仰。魔鬼蜕皮的时候,他的名号不是也随之被丢弃了吗?因为名分只是一层皮而已。也许魔鬼本身也是——一张皮。

"'世上没有什么东西是真实的,一切都是允许的'——我对自己这样说。我全身心地一头扎入冰冷刺骨的水中。唉,我因此多么频繁地全身赤裸地站在那里,像一只红色的螃蟹一样。

"唉,我所有的善良、所有的羞耻和所有对善的信仰都到哪里去了?唉,我以前所拥有的那份虚假的纯洁,那种善人和那高贵的谎言的无辜,都到哪里去了!

"确实,我常常紧随真理的脚步,它的脚跟有时甚至踢到了我的面孔。有时候我想要说谎,但是,就在那时,我只是触及到了——真理!

"如今我已明白了太多的东西,所以现在我对这一切都不以为然。我所爱的一切已不复存在,我又如何能够爱自己呢?

"'像我乐意的那样生活,否则就不要活着',这就是我的愿望;这也是最神圣的人的愿望。但是,唉!我怎样还会乐意?

"我还有一个目标吗?还有一个可以让我扬帆驶入的港湾吗?

"还有一阵好风吗?唉,只有知道自己将驶往何处的人,才知道对于他来说,何为好风,何为顺风。

"我还剩下些什么呢?一颗疲倦而轻率的心,一个摇摆不定的意志,一副振翅欲飞的双翼,一根碎裂的脊柱。

"哦,查拉图斯特拉啊,你知道,这种对我的家园的追寻曾经是我的灾难,现在它却将我吞噬了。

"'我的家园在何处呢?'我询问、一再地寻找,但没有找到。哦,永恒的无处不在,哦,永恒的无处可见,哦,永恒的徒劳无功!"

影子如是说,查拉图斯特拉听了他的话,拉长了脸。"你是我的影子!"他最后悲哀地说。

"你这个自由的精灵和漫游者啊,你的危险并不小!你度过了糟糕的白昼,小心再遇上一个更可怕的夜晚!

"像你这样一个不安分的人,最终会觉得监狱也是片乐土。你曾经见过囚犯是如何睡觉的吗?他们睡得很安静,享受他们新的安全。

"小心不要让你自己最终被一种狭隘的信仰,一种冷酷无情的狂妄所俘获。因为,如今任何狭隘、固定的东西都会引诱你、诱惑你。

"你已失去了目标,唉,你将如何摆脱这一损失,并且为这一损失所招致的痛苦而释怀呢?因此,你也迷失了你的道路!

"你这可怜的漫游者,你这倦怠的蝴蝶!你想要在今晚寻找一个栖息之处和寄居之所吗?那就上来,到我的洞穴里来吧!

"那上面是通向我岩洞的道路。现在我要迅速地离开你。我心中已经感觉有一个黑影压在我身上了。

"我想独自奔跑,这样我的周围就会重现光明。所以我必须仍然快活地奔忙一阵。可是,在今晚,我将在那里——翩翩起舞!"

查拉图斯特拉如是说。

正午

查拉图斯特拉奔跑不息,但是再没有遇到什么人。他仍然独自一人,他总是独自一人。他享受着、品味着自己的孤独,想象着一些美好的事物,整整好几个小时。然而,正午时分,当太阳直射在查拉图斯特拉的头顶的时候,他正经过一棵弯曲而多节的老树,这棵树被一根葡萄藤的丰富情爱所缠绕,以至于它的枝叶都被遮挡了起来。展现在漫游者眼前的,是从树上垂下的大串大串黄澄澄的葡萄。这时,查拉图斯特拉突然觉得口渴,想为自己摘一串葡萄。可是,正当他想伸出手去摘的时候,突然产生了另一种更加强烈的渴望:他想在这正午时分,躺在树边,美美地睡上一觉。

于是查拉图斯特拉真的这样做了。他一躺在地上,躺在这斑驳草丛的宁静与隐秘之中,就忘记了自己那一点点口渴,睡着了。因为,正如查拉图斯特拉的谚语所说:"此事比其他事情都更为必要。"只是他的眼睛仍然睁着,因为观赏和赞美那棵古树与葡萄藤的爱情并不使他感到厌倦。然而,在睡梦中,查拉图斯特拉在内心中对自己说:

"安静!安静!刚才世界不是变得很完美吗?在我身上发生了什么事?

"睡意在我身上翩翩起舞,有如一阵无影无踪,如羽毛般轻盈的和风在波光粼粼的海面上跳舞。

"它让我睁着双眼,它让我的灵魂保持清醒。它很轻盈,确实如此!像羽毛一般轻盈!

"它劝说我——我不知道它是如何劝说的——它用双手亲切地爱抚我的内心,它强制我。是的,它强制我,以致我的灵魂舒展开四肢。

"在我看来,我与众不同的灵魂啊,它变得又长又疲倦!

第七天的晚上恰恰在正午时刻到来吗?它难道不是在善与成熟的事物中间幸福地徜徉了太久了吗?

"它把自己的身体舒展开来,越伸越长!它静静地躺着,我与众不同的灵魂!它已经品尝过太多的美味;这如同金子般的哀愁使它压抑,扭曲了它的嘴巴。

"如同一艘驶入最宁静海湾的船只,如今它抵达了陆地,厌倦了漫长的航行和变幻无常的大海。陆地难道不是更为忠诚吗?

"让这条船停靠陆地,紧贴陆地。这时候,只需要一只蜘蛛所织的蛛网便已足够。不需要更加结实的缆绳。

"有如停泊在最宁静港湾的这样一艘疲倦的航船:现在我也如此紧贴着陆地休息,忠实地、满怀信任地期待着,让最细微的游丝维系着我和陆地。

"哦,幸福啊!哦,幸福!你也许愿意唱歌吧?哦,我的灵魂?你躺在草地上。但在这个隐秘而庄严的时刻,没有一个牧童吹箫。

"你要保重!炎热的正午正在田野间休憩。不要唱歌!安静!世界是如此完美!

"你这草地上的鸟儿,哦,我的灵魂啊,不要唱歌!甚至不要低语!你瞧——安静!古老的正午睡着了,他正咂着嘴巴:现在,他不是正在啜饮着一滴幸福的甘露?

"一滴金色的幸福的琼浆,一滴黄金般的陈年美酒?有什么东西从他眼前掠过,他的幸福欢笑起来。如是——一位神祇笑了。安静!

"'为了幸福干杯,微不足道的东西就足以使人感到幸福!'我曾经自作聪明地这样说。但这不过是对神明的一种亵渎,现在我已明白了这一点,聪明的傻瓜说得更好。

"正是最细微的东西,最温和、最轻盈的东西,如蜥蜴窸窸爬行的声音，一阵微风，一滴雨露，一个不易捕捉的眼神，造就了那种最美好的幸福。安静！

"在我身上发生了什么？听啊！时光就这样流逝了吗？我没有堕落吗？我难道没有坠入——听！永恒之井中吗？

"我怎么了？安静！我的心被刺伤了吗？唉，被刺伤了！啊，心灵啊，经受了这样的幸福之后，经受了这样的刺痛之后，破碎吧！破碎吧！

"什么？刚才世界不是已经变得很完美了吗？变得圆满而成熟了吗？啊，金灿灿的指环，它要飞往何处？让我随它而去吧！快！

"安静！"（这时查拉图斯特拉舒展开四肢，感觉自己想要睡觉。）

"起来！"他对自己说，"你这个熟睡的家伙，你这个正午的睡眠者！好了，该起来了，你这懒腿！是时候了，正是时候！还有漫长的路途在前方等待你呢！

"你们现在睡够了，你们睡了多久呢？半个永恒！好吧，现在起来吧，我那苍老的心！在这样的睡眠之后，你需要多久才能——彻底清醒呢？"

（可是此时，他又一次睡着了，他的灵魂抗拒他，自行其是，又再度躺下。）"离我远点！安静！世界刚才不是变得很完美吗？哦，这金灿灿的指环啊！"

"起来吧！"查拉图斯特拉说，"你这个窃贼，你这个懒虫！怎么？你还在伸着懒腰，打哈欠、叹息、坠落于深渊？

你究竟是谁啊，哦，我的灵魂？"（这时，他变得惊慌，因为一道阳光从天空射向了他的脸上。）

"哦，我头顶上的苍天啊，"他叹息道，直起身来，"你在注视我吗？你在聆听我与众不同的灵魂的声音？

"你何时将啜饮这滴落于世间万物之上的甘露？你何时将

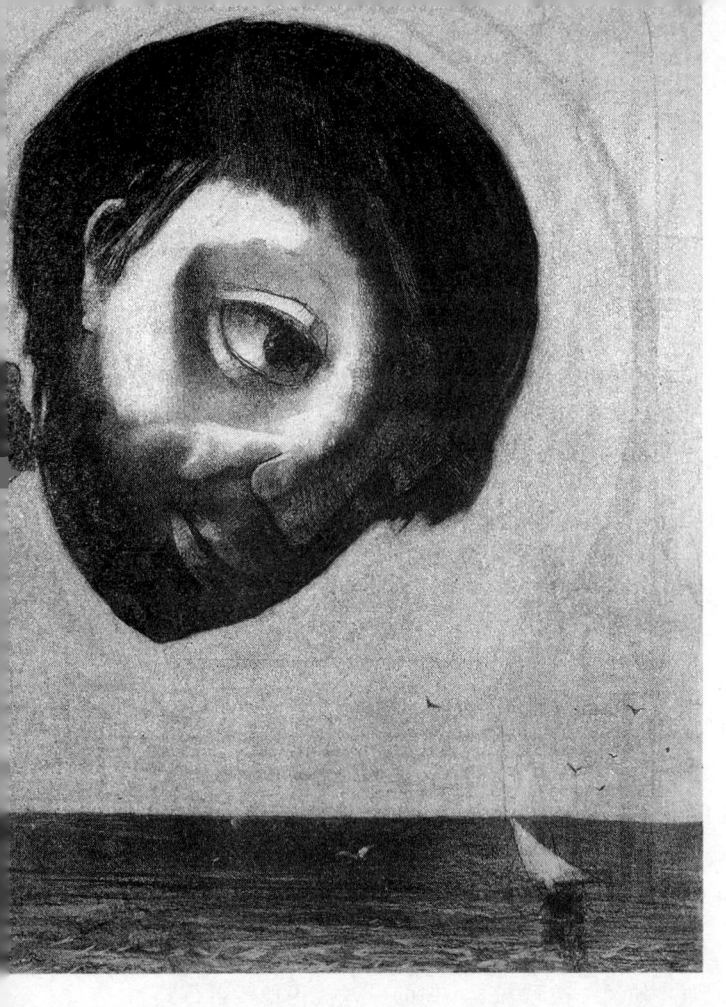

正是最细微的东西，最温和、最轻盈的东西，如蜥蜴窸窣爬行的声音，一阵微风，一滴雨露，一个不易捕捉的眼神，造就了那种最美好的幸福。安静！

品尝这与众不同的灵魂的味道?

"何时,永恒之井啊!你那快乐的、可怕的正午的深渊啊!你何时将饮下我的灵魂,让它回归到你的体内?"

查拉图斯特拉如是说,从他那树边所躺之处站起身来,好像刚刚从某种奇特的醉态中清醒过来一样:可是,看啊!太阳仍然在他的头顶高悬。人们可以很准确地得出结论:这天查拉图斯特拉并没有睡很久。

问候

那天下午的晚些时候,查拉图斯特拉在经历了长时间徒劳无功的寻找和奔波之后,又一次回到了他的岩洞。然而,当他走到离岩洞对面二十来步远的地方时,突然发生了一件最出人意料的事情,他又一次听见了那令人痛苦的呼叫声。并且,令人惊奇的是,这一次,这叫喊声是来自于他的岩洞。不过,这是一种悠长、杂乱、奇特的呼叫声,查拉图斯特拉清楚地分辨出其中混杂了很多种声音,虽然在远处听起来,它像是从一个人的嘴里所发出的叫喊。

于是查拉图斯特拉飞快地奔向他的岩洞。看啊!在这听觉的盛宴之后,有怎样的视觉盛宴在等待着他啊!因为他在白天所遇见的那些人都坐在那里,右边的国王和左边的国王、老巫师、教皇、自愿行乞的人、影子、明智者、忧伤的预言家、驴子。然而,最丑的人为自己加冕,并缠上了两条紫色的带子,因为他和其他所有的丑陋之人一样,喜欢掩饰、装扮自己。然而,在这群郁郁寡欢的人当中,站立着查拉图斯特拉的鹰,它羽毛竖立,急躁不安,因为人们向它提问过多,而它的高傲却不屑于回答。而智慧之蛇仍缠绕在它的脖子上。

这一切查拉图斯特拉都尽收眼底,他感到十分惊讶。然后他带着善意的好奇心审视着它的每一位客人,揣度着他们的灵魂,再次感到惊奇。与此同时,这些汇集于一处的人们都各自从座位上站起身来,尊敬地等待着查拉图斯特拉发话。而查拉图斯特拉则如是说:

"你们这些令人绝望的人啊!你们这些怪异的人!我听到的就是你们的痛苦呼叫声吗?现在我知道了,那个我今天花了一天时间都没有找到的人,那个上等人,该在哪里寻找了!

"他就坐在我自己的岩洞里!那个上等人!但是我为什么感到惊奇呢?难道不是我自己用蜂蜜祭品和我的幸福所发出的巧妙的呼唤声将他们诱惑到这里来的吗?

"但是在我的眼中,你们在一起并不协调,你们这些痛苦的呼叫者,当你们同处一室时,彼此之间都感到焦躁不安。必须有一个人先来。

"一个让你们重新欢笑的人,一个快乐的小丑,一个舞者,一阵风,一个狂野的毫无主见的人,某个老傻瓜,你们觉得如何?

"不过,请原谅我吧,你们这些绝望的家伙,原谅我在你们面前使用这样微不足道的词语来谈论这些客人!确实,它们与之太不相配。可是,你们并没有猜到,是什么使我的内心一片混乱?

"是你们本身!是你们的样子!原谅我吧!因为看见绝望者的每一个人都会变得很勇敢!每个人都认为自己有足够的能力来安慰一个绝望的人。

"是你们给了我这一力量,我那令人尊敬的客人啊,这是一件珍贵的礼物!一件客人馈赠的上等的礼物!好吧,请不要因为我也向你们馈赠我的礼品而生气!

"这是我的王国和我的领土:然而,属于我的东西,今晚也应属于你们。我的动物们应该为你们服务,我的岩洞应该成为你们的休憩之所!

"在我的居所你们不应感到丝毫的绝望,在我的地盘里,任何人都会免于野兽的伤害。这是我赠予你们的第一件礼物——安全!

"而第二件礼物是我的小指头。当你们碰到我的小指头,那就等于握住了我的整只手,是的,也触及了我的内心!欢迎你们,欢迎来到这里,我的客人!"

查拉图斯特拉如是说,怀着爱意恶作剧般地笑起来。在这样一番问候之后,他的客人们再次鞠躬,满怀敬意,沉默不言;然而,右边的国王代表众人回答说:

"哦,查拉图斯特拉啊,凭借你向我们伸出的双手和对我们的问候,我们认出你就是查拉图斯特拉。你在我们面前毕恭毕敬,几乎伤害了我们对你的敬仰之情。

"可是谁能像你一样,在自信高傲的同时又如此谦虚恭敬呢?你提升了我们,使我们耳目一新,精神振奋。

"只是为了看到这一情景,比这更高的山峰我们也愿意攀登。因为我们来到此处,是渴望看到:是什么东西使得黯淡的眼神焕发光彩。

"瞧啊,我们所有痛苦的呼叫声都已经成为过去。我们的思想与心灵自由开明,心迷神醉。我们的灵魂距离疯狂只有咫尺之遥。

"哦,查拉图斯特拉啊,在这世间,没有什么比高贵而强大的意志更令人愉快的了:这是世上最美好的植物,它的存在使整个景色焕然一新。

"哦,查拉图斯特拉啊,像你一般生长起来的人,我将他们比做松树,高大、沉静、坚定、孤独,是最有用、最优良的木材!

"然而,最终它用那强劲翠绿的枝干来争取它的统治领土，来向一切疾风暴雨和位居高处之物提出强有力的质疑。

"作为一个发号施令者和胜利者，也会作出更强有力的回答：哦，谁会不想登上高处，来看看这样的植物呢？

"查拉图斯特拉啊，即使是忧郁和失败的人看到这棵树，也会振奋精神；即使是意志不坚的人看到你的样子，也会重拾信心，心病痊愈。

"确实，如今你的山和你的树受到了众人的瞩目。一种强烈的欲望油然而生，很多人都在询问：谁是查拉图斯特拉？

"那些你曾经将你的歌曲和蜂蜜滴入他们耳朵里的人，一切藏匿者、隐居的人和两栖者同时在心中自言自语道：

"'查拉图斯特拉还活着吗？活着还有什么意义？一切都无关紧要，一切都是徒劳，否则——我们就得与查拉图斯特拉一同活下去！'

"'他早就宣布要来，为什么这么久了还不到？'很多人这样问道，'是孤独将他吞噬了吗？或许我们应该到他那里去？'

"如今发生了这样的事情，孤独本身变得脆弱，并且开裂，如同一个粉碎了的坟墓，难以再容纳一具尸体。到处都可以看到复活的人。

"哦，查拉图斯特拉啊，如今在你的群山周围，波涛迭起。无论你位居何种高度，众多的波涛还是会达到你的高度，你的小舟不应当在旱地中停泊得过久。

"而我们这些绝望的人如今来到你的岩洞，我们已经不再绝望。这只是一种预兆和信号，表明更优秀的人正在前往你这里的路途中。

"因为他们自身就在向你走来的路途中，那上帝留在人群中的最后残余——也就是说，一切怀有强烈的欲望，极度的厌恶，过分的贪欲的人。

"所有那些如果不学习重新希望，便不愿意活下去的人们，除非他向你学习，哦，查拉图斯特拉，伟大的希望！"

右边的国王如是说，抓起查拉图斯特拉的手就要亲吻，但是查拉图斯特拉拒绝了他的敬意，惊恐地转过身去，突然不声不响地逃离开去，消失在远方。然而，过了一会儿之后，他又重新坐在客人们中间，用明亮的眼光审视着他们，说：

"我的客人们，你们这些上等人，我要开诚布公地对你们说，我在这山上等候的并不是你们。"

（"'开诚布公'地？上帝啊，发发慈悲吧！"左边的国王自言自语道，"大家都知道，他并不了解那些伟大的西方人，这位东方的圣人！

可是他的意思是'直率而粗鲁地'——好吧，这在如今并不算是最糟糕的品位！"）

"确实，你们都一样，都是上等人，"查拉图斯特拉继续说，"但是，对我来说，你们既不够高大，也不够强壮。

"这是对于我，我指的是：对于如今我那沉默的、然而终有一天会苏醒的不屈不挠的意志而言。即使你们是我身体的一部分，也不会是我的臂膀。

"因为像你们一样用自己病弱的双腿站立的人，无论自己有没有意识到，首先都特别想得到关爱和照顾。

"然而，我从不关爱我的臂膀和我的腿，我从不关爱我的战士，你们怎么能适合我的战争呢？

"和你们在一起，我会断送我的每场战争的胜利。听到我那响亮的战鼓，你们当中不少人便会倒地不起。

"此外，在我看来，你们甚至不那么漂亮，出身也不那么尊贵。我需要纯净光滑的镜子来反映我的学说。在你们的表面上，即使我自己的映像也已扭曲变形。

"你们肩负着太多的重负和太多的回忆，一些淘气的侏儒蜷缩在你们的角落里。你们中间也潜藏着贱民。

"虽然你们是上等人，出身高贵，你们身上也存在着很多畸形和怪异的东西。因为这世上没有一个铁匠能把你敲平扳直。

"你们只不过是桥梁，让上等人抵达彼岸的桥梁。你们象征着阶梯，请不要对那些踩踏着你们上升到自己高度的那些人而生气！

"有朝一日，从你们的种子里会为我长出一个真正的儿子和完美的继承人，只是那个日子还遥遥无期。你们本身无法继承我的姓氏，也得不到我现世的遗产。

"我在这山上等待的并不是你们，我也不会和你们一道最后一次下山。你们来到我这里，只是一个预兆，表明更上等的人正在前往我这里的路途中。

"他们并不是怀有强烈的渴望、极大的厌恶、过分的贪求的人，也不是你们所谓的上帝的残余。

"不是！不是！三重的否定！我在这山上等候的是别人，见到他们之前，我都会寸步不离这里。

"我等候的是更上等的人，更强大的人，怀着更强烈的必胜信念的人和更快乐的人。他们的身体更为健壮，灵魂更为健全。这些笑面之狮，他们必定会来！

"哦，我的客人们啊，你们这些怪人，你们还没有听说过我的孩子们吗？他们正在前往我这里的路途中呢！

"你们向我说一说我的花园，我的幸福岛，我的优良的新种族，为什么你们不和我谈论这些呢？

"我恳求从你们的爱心中得到客人的赠予，希望你们向我说说我的孩子们吧。我因为他们而富有，也因为他们而沦为穷人，我还有什么没有给予的呢？

"为了孩子们，我没有什么不能够舍弃的，这些孩子们，这些鲜活的植物，这些寄托着我的意志和我最高希望的生命之树！"

查拉图斯特拉如是说，在他的谈论中突然停了下来，因为他突然产生了一个强烈的渴望，心中的激动使他闭上了眼睛和嘴巴。他的所有客人们也一下子都鸦雀无声，惊愕地站立不动，只有那个老先知在用手势打着暗语。

晚餐

这时候，先知打断了查拉图斯特拉和他的客人们的致礼，他就像一个不愿意浪费时间的人那样，挤上前去抓住查拉图斯特拉的手，大声喊道：

"可是查拉图斯特拉，你不是曾经说过，一件事情比其他任何事情都更加重要吗？那好，对我来说，现在有一件事情比其他事情都更有必要！

"这句话问的正是时候，你不打算请我们吃晚饭吗？这里有很多远道而来的客人，你不会只是想要用你的谈话来招待我们吧！

"除此以外，你们所有人都考虑了太多关于冻死、溺死、窒息而死以及其他一些身体上的灾难。可是没有人想到我的灾难，那就是，被饿死的危险……"

（先知如是说。查拉图斯特拉的动物们听到这番话，都惊恐地逃走了。因为它们看得出来，它们白天所带回来的东西，甚至还不够填饱先知一个人的肚子。）

"与之类似的，还有被渴死的危险，"先知继续说，"尽管我听见这里水流潺潺，如智慧之言一般不知疲倦地奔涌不息，可是，我想要的是——美酒！

"不是每一个人都像查拉图斯特拉一般，天生嗜好饮水如美酒。况且奔波劳顿的憔悴者也并不适合饮水，我们应该喝美酒——它才能让我们迅速地恢复活力,焕发健康的光彩。"

就在先知渴望美酒的时候,这坐在左边的一直保持沉默的国王,终于找到了说话的机会。"对于美酒,"他说,"我和我的兄弟,这位右边的国王,我们已经做好了准备。我们已经有了足够的美酒——一头驴子所驮负的满满的酒坛。除了面包,我们什么也不缺了。"

"面包?"查拉图斯特拉笑着回答道,"隐士们所缺的就是面包。但是人类并不是只以面包为生的,他们也吃上好的羔羊肉。我这里就有两只羔羊呢。

"我们应该快点把它们宰了,加上香料煮熟,这就是我所喜爱的。这里并不缺乏根类食物和水果,甚至对于挑剔无比的美食家来说也是上品了,这里也不缺乏坚果和其他等待破解的谜题。

"因此我们在很短的时间内就能享受一顿美餐。但是,无论是谁,想在这里吃饭,就得亲自动手,国王也不例外。因为在查拉图斯特拉这里,一个国王与一个厨子无异。"

这个提议得到了大家的认可。只有那个自愿行乞的人反对酒肉和香料。

"你们听听这个贪吃的查拉图斯特拉说了些什么吧!"他打趣地说,"难道我们攀登高山,进入岩洞,就是为了做这样一顿饭吗?

"确实,我到现在才明白了他曾经教导我们的话:'贫穷应当受到赞美!'我也明白了他为什么要远离乞丐!"

"希望你心情愉快,"查拉图斯特拉回答说,"像我一样。坚持你的习惯吧,你这优秀的人,吃你的谷物,喝你的水,赞美你的厨艺吧——只要它们能让你高兴!

"我只为我自己制定法则,并不为所有人制定法则。然而,属于我的人必须拥有强壮的体格和轻盈的脚步。

"乐于享受战争和盛宴,从不郁郁寡欢,从不白日做梦,如赴宴般时刻准备着接受最艰难的任务。

"最好的东西属于我的人和我自己,如果没有人给予我们,我们就自己获取最好的食物,最纯净的天空,最强大的思想,最美丽的女人!"

查拉图斯特拉如是说。然而右边的国王反驳道:"真奇怪,有谁曾听到过一位智者说出如此合理的话?

"确实,对于一个智者来说,最与众不同之处在于,他在一切事情上都很明智,不做一头蠢驴。"

右边的国王如是说,感到很惊讶,而那头驴子满怀恶意地用"咿——呀"来表达它对此番话的反应。然而,这就是在那历史教科书中被称为"晚餐"的漫长盛宴的开始。席间,大家除了谈论上等人之外,再没有什么别的话题。

论上等人

当我第一次来到人群中间的时候,我犯了一件隐士做的蠢事,一件极大的蠢事,我出现在了广场上。

当我向众人说话的时候,却没有一个人听我说话。然而,在晚上,走绳索的人和死尸陪伴着我;而我自己也几乎无异于一具死尸。

可是到了第二天早上,我突然发现了一条新的真理,这时候我学会了说:"广场、贱民、贱民的噪声、贱民的长耳与我有何干系!"

你们这些上等人啊,向我学学这一点吧,在这广场上没有人相信上等人。如果你们想在那里说话,那么好吧!可是那些贱民眨着眼睛说:"我们都是平等的。"

"你们这些上等人啊,"贱民眨着眼睛说,"没有上等人的存在,我们都是平等的,人人都一样,在上帝面前,人人平等!"

在上帝面前!但是,现在这个上帝已经死了。然而,在贱民面前,我们却不愿意都平等。你们这些上等人啊,远离这个广场吧!

在上帝面前!但是,现在这个上帝已经死了!你们这些上等人啊,这个上帝过去曾是你们最大的危险。

只有当他躺入坟墓之后,你们才又获得了新生。只有现在伟大的正午才会来临,只有现在上等人才会成为——主宰!

哦,我的兄弟们啊,你们理解这句话了吗?你们被吓坏了,你们的内心感到眩晕吗?这里的深渊在向你们敞开吗?这里的地狱之犬在向你们吠叫吗?

好吧!鼓起勇气!你们这些上等人!如今,人类未来的高山才刚刚经历临产的阵痛!上帝已经死了,现在我们愿意超人活着!

今天最细心的人问道:"人类如何延续自己?"可是,查拉图斯特拉是第一个,也是唯一一个这样发问的人:"人类如何被超越?"

我在内心中想着超人。他在我心中排名第一,也是唯一,而人类——无论是邻人,最贫穷的人,最痛苦的人,还是最好的人都不是我的第一与唯一。

哦,我的兄弟们啊,人类身上被我所喜爱的东西是,他是一种过渡和一种衰落。而你们身上也有不少东西为我所喜爱和希冀。

你们这些上等人啊,你们蔑视众人,这让我心存希望。因为伟大的蔑视者也是伟大的尊敬者。

在你们所轻视的东西中,也有很多值得敬重的东西。因为你们并没有学会如何屈服,也没有学会小聪明。

因为如今小人当政,他们全部宣扬顺从、谦卑、策略、勤奋、体贴，还有一大套小人的德行。

一切属于女性的东西，源自于奴性的东西，尤其是一大群贱民：他们如今要成为整个人类命运的主宰——哦，恶心！恶心！恶心！

他们一再地询问，毫不厌倦："人类如何能够最好、最持久、最舒适地延续自身？"因此，他们是今日的主宰。

给我超越这些今日的主人，哦，我的兄弟们啊，这些小人，他们是超人最大的危险！

你们这些上等人啊，给我超越这些微不足道的道德、策略、沙粒般不值一提的体恤，如蚁群般密集的廉价品、可怜的舒适感，以及"大多数人的幸福"！

宁可绝望，也不要屈服。确实，上等人啊，我爱你们，因为你们不懂今日该如何生活！唯有如此，你们才生活得最好！

哦，我的兄弟们啊，你们有勇气吗？你们下定了决心吗？不是在见证者面前的勇气，而是隐士和雄鹰般的勇气，甚至神明都无法再见到的勇气？

冷漠的灵魂、骡子、瞎子和醉汉在我看来是下不了决心的。有决心的人知道畏惧，但他能够战胜畏惧：即使是临渊俯瞰，他也带着几分高傲。

他以鹰的双眼俯瞰深渊，他以鹰的利爪攀爬深渊，这才是我所谓的勇气。

"人类是邪恶的"——所有的有识之士都这样安慰我。啊，但愿此话在今日仍然是真理！因为罪恶乃是人类最善的力量。

"人类应当变得更善、更恶。"这便是我的教导。对于超人的最善，人类的最恶是必不可少的。

对于那帮小人的说教者来说，因背负人类的罪恶而饱受折磨也许是件好事。而我却乐意以大罪恶来作为我的大慰藉。

可是,这些话并不是说给长耳朵的蠢驴听的。什么样的嘴巴适合说什么样的话。这是些微妙而遥远的东西,绵羊的蹄子是无法抓住的。

你们这些上等人啊,你们认为我的到来是为了纠正你们的过错吗?

或者,我只是希望你们这些受苦受难的人睡得更为舒服?或者,为你们这些徘徊迷离、流离失所、迷失了方向的人指示一条更容易走的小道?

不是!不是!三重的不是!你们这类人中应当有越来越多、越来越好地赴死,因为你们的生活将越发糟糕、越发艰难。

只有这样人类才能生长到那样的高度,那闪电能够将他击中,将他撕碎的高度。

我的灵魂和我的渴求趋向于更少量、更长久、更遥远:你们那些短暂、平凡的小不幸与我有什么关系!

在我看来,你们所受的折磨还不够!因为你们只是受到自己的折磨,还没有受到人类的折磨。如果你们不承认这点,便是在说谎!你们当中没有人经历过我所尝到的苦头。

对我来说,让闪电不再带来灾害是远远不够的。我并不想将它驱逐,只是希望它能够学会为我所用。

我的智慧早已聚集起来,如一片云一般,变得越发宁静、越发阴暗。有朝一日会诞生闪电的所有智慧都是如此。

对于这些今世之人,我不愿意成为光,也不愿意被称为光。我要让他们变瞎,我的智慧的闪电啊!剜出他们的眼珠吧!

不要要求做超出自己能力范围的事情,在力不从心的人当中,总有一种严重的虚伪。

尤其是那些梦想着成就大事的人！因为他们会引起别人对宏图伟业的质疑，这些精明的伪币制造者和惯于演戏的家伙！

直到最终，他们在自己面前也极为虚伪。他们目光躲闪，金玉其外，败絮其中，言辞激烈而道貌岸然。

你们这些上等之人啊，你们要有所提防了！因为在我看来，今日这世上没有什么东西比诚实更为珍贵、更为罕见的了。

这个今日难道不是属于平民大众的吗？可是，平民大众并不明白什么是伟大？什么是渺小？什么是诚实？什么是正直？难怪他们曲而不直，总是说谎。

你们这些上等人啊，你们这些勇敢的人，你们这些胸怀坦荡的人！今日应当彻底地质疑！不要将你们的理由公之于众！因为这个今日是属于平民大众的。

平民大众曾经学会毫无理由地相信的东西，谁又能够有理由来将其推翻呢？

在广场上，人们使用表情来说服别人，然而理由却使民众产生怀疑。

假如真理获得胜利，那么你们就有足够的理由怀疑自己："是怎样强烈的谬误曾在那里为了真理而战？"

你们也要留心学者！他们痛恨你们，因为他们不能生产。他们的眼睛冷酷而无情，这样的眼神足以拔光任何鸟儿的羽毛。

这样的人吹嘘自己从不说谎。但是，无力说谎与热爱真理相距甚远。提防着点儿吧！

摆脱狂热与拥有学识相距甚远。我不相信冷漠的灵魂。不会说谎的人就不会明白什么是真理。

如果你们想登上高处，那就利用自己的双腿！不要让别人将你们背负到高处，不要骑在别人的肩上，头上！

可是，你已经骑上马背了？你已经朝着目标轻快地策马奔腾了？好吧，我的朋友！不过你的跛足依然伴随着你一同骑在马上。

当你抵达了你的目的地，当你下了马背，你们这些上等人啊，正是在你的高度，你将失足绊倒！

你们这些创造者啊，你们这些上等人啊！人只会孕育自己的孩子。

你们不要听人摆布，任人游说！究竟谁是你们的邻人？即使你们"为邻人"做事，你们也不是为他而创造的！

你们这些创造者们，请忘记这个"为"字吧！你们的美德希望你们与"为"、"由于"、"因为"这些词语脱离关系。对于这些虚伪的不值一提的字眼，你们应当堵住自己的耳朵。

"为了邻人"，只是小人的道德，他们将其称作为"平起平坐"和"互助互利"，他们既无权利也无力量做到你们的自私自利！

你们这些创造者啊，在你们的自私自利之中，有着孕妇般的预见和先知。是为人所不见的东西，即果实，它在庇护、保护和滋养着你们全部的爱。

在你们全部的爱所施泽的地方，例如在你们的孩子的身上，也有你们全部的美德。你们的作品，你们的意志，便是你们的"邻人"。不要被错误的价值观引入歧途！

你们这些创造者啊，你们这些上等人！不得不生育者是患病的，可是已经生育者是不洁的。

你们问问女人吧！女人生育，并不是因为它能给人带来愉悦。这样的痛苦使得母鸡咯咯乱叫，诗人喋喋不休。

你们这些创造者啊，你们身上有着太多的不洁之处。那是因为你们得为人父母。

一个新生儿，哦，有多少新的污秽又要降临于世！走开吧！已经生育的人，应当洗涤灵魂！

你们不要超出自己的能力所及，冒充道德家！不要违背可能性要求自己做力不能及的事情！

沿着你们父辈的道德的足印走下去吧！如果你们的父辈的意志不引领你们提升，你们又将如何得以提升呢？

可是，想当第一的人，得要小心不要成了垫底！在你们父辈的恶习留下污点的地方，你们就不要想再成为圣人！

如果父辈喜好美色、烈酒和野猪肉，他的儿子又怎能要求自己做到自节自律？

这将是一种蠢行！我认为这对于这样一种人来说确实十分愚蠢，假如他是一个或两个或三个女人的丈夫的话。

假如他修建了修道院，在入口处写着，"通往圣徒之路"，那么我仍会说："这有何用？这是一种新的蠢事！"

他为自己修建了一座休养院和收容所，它发挥了很大的效用！可是我并不相信。

孤独中能够生长出后天的东西，也能生长出先天的兽性。因此，对于很多人来说，孤独并不明智。

至今为止，尘世间还有比荒漠中的圣人更为不洁的东西吗？在他们的周围，不仅有闲散的魔鬼，还有卑贱下流之人肆虐。

你们这些上等之人啊，我经常看见你们悄悄地躲闪到一边去，就像一只无法跳跃而起的老虎，羞怯、惭愧、笨拙。你们掷骰子一败涂地。

可是，你们这些掷骰子的家伙，这又有什么关系！人们都不得不嘲弄和赌博，只是你们尚未学会而已。我们难道不是始终坐在桌边相互嘲弄和赌博吗？

仅仅因为你们在一件大事上失败，难道你们就成为——失败者了吗？或者，仅仅因为你们自己失败了，难道整个人类

孤独中能够生长出后天的东西，也能生长出先天的兽性。因此，对于很多人来说，孤独并不明智。

也将因此而失败吗?然而,如果人类失败了,那就算了吧!

一件事物所属的物种越为高级,就越难以成功。你们这些在场的上等人啊,你们难道不都是——失败者吗?

你们振作起精神来吧,这又有什么关系呢?有多少事情仍然是可能的?你们要学会自嘲,因为你们应当自嘲!即使你们失败了,或者只取得了一半的成功,那有什么值得奇怪的呢?你们这些几乎被摧毁了的人们!在你们的身上,人类的未来难道不是在奋力地搏击吗?

人类最遥远、最深邃、如晨星般最高尚的东西,人类非凡的力量:难道不是都在你的血管中沸腾着,冒着泡沫吗?

很多血管破裂了,有什么好奇怪的?你们要学会自嘲,因为你们应当自嘲!你们这些上等人啊,哦,还有多少事情仍然是有可能的啊!

确实,有多少事已经成功了!这片土地是如此富足,充满了细小的、完美的和构成良好的东西!

你们这些上等人啊,把那些细小的、完美的好东西放置在你们周围吧!它们黄金般的成熟可以治愈心病。完美的事物教我们心怀希望。

迄今为止,尘世间最大的罪恶是什么?不就是有人所说的那句话吗?他说:"现在欢笑的人是不幸的!"

他自己在这尘世间难道没有找到欢笑的理由吗?如果是这样,只能怪他寻找得不够彻底。即使是个孩子,在此也能找得到理由。

他——一定是爱得不够,否则,他本来也会爱我们这些喜笑颜开的人啊!可是他痛恨我们,呵斥我们,他预示我们会哀号,会咬牙切齿。

如果你不爱,你就应该立刻诅咒吗?这——在我看来是一种不良的风气。可是,他就是这样做的,这个专制者。他来自平民大众。

他自己只是爱得不够，不然他不会因为别人不爱他而大发雷霆。一切伟大的爱都不追求别人的爱——它追求的是更多的东西。

远离所有这些专制者吧！他们步履沉重，内心风骚——他们不会跳舞。对于这些人来说，尘世怎么会轻松呢！

一切美好的事情都是迂回曲折地接近自己的目标。它们像猫一般，弓着背，内心为近在咫尺的幸福轻声叫唤，一切美好的事物都喜笑颜开。

从一个人的脚步声中，可以看出他是否已经走上了自己的道路，你们看看我是如何走路的吧！然而，接近自己目标的人，不是在行走，而是在翩翩起舞。

确实，我并没有成为一尊雕像，也没有像根石柱一般地站在那里，僵直、麻木不仁而神情呆滞，我喜欢飞速地奔跑。

尽管尘世间有沼泽地和浓重的忧伤，脚步轻盈的人却仍然能在泥地中健步如飞，如同在光滑的冰上翩翩起舞一般。

我的兄弟们啊，抬高你们的心，高点！再高点！也不要忘记你们的双腿！优秀的舞蹈家啊，把你们的双腿也抬高吧，抬得更高，这样你们就能倒立了！

这欢笑者的王冠，这玫瑰花环的王冠，我给自己戴上这顶王冠，我为我自己的欢笑封圣。至今我还没有发现别人有如此胆魄做到这一点。

翩翩起舞的查拉图斯特拉，脚步轻盈的查拉图斯特拉，展翅欲飞的查拉图斯特拉，他向所有的飞鸟致敬；一切都已准备就绪，处在极乐中的情绪轻松的查拉图斯特拉啊！

先知查拉图斯特拉，欢笑者查拉图斯特拉，既非急躁不安，也非绝对专制，一个喜欢跳跃、喜欢横跳的人，我为自己戴上这顶王冠！

我的兄弟们,抬高你们的心,高点,再高点!也不要忘记你们的双腿!你们这些优秀的舞者,也抬高你们的双腿吧,抬得更高点,这样你们就能倒立了!

在幸运中也有笨拙的动物,有一些生来就是畸形足。它们异乎寻常地费尽心力,就像一只努力试图倒立的大象。

但是,在幸运中愚蠢好过在不幸中愚蠢。笨拙的舞步强过跛足行走。所以,上等人啊,你们要向我学学我的智慧,即使最糟糕的事物也有正反两个方面。

即使最糟糕的东西也有两条善舞之腿,因此,你们这些上等人啊,学着用自己真正的双腿站立吧!

但愿你们忘记那忧愁和所有平民大众的悲伤吧!在我的眼中,今日大众的丑角是多么哀伤啊!可是,这个今日是属于平民大众的。

你们应效仿山中岩洞中吹来的风,它要随着自己的笛声跳舞,大海在它的脚下战栗和翻涌。

它赐予驴子双翅,它为雌狮挤奶,赞美这善良的、桀骜不驯的精灵吧,它如风暴一般席卷而来,来到这整个今日和平民大众中间。

它是一切刺儿头、一切昏头昏脑的家伙,一切凋零的枯叶和杂草的对头。赞美这个狂野的、善良而自由的风暴的精灵吧!它在沼泽地和忧伤之上翩翩起舞,犹如在草地上起舞一样!

它憎恨平民大众中的肺痨病患者,以及所有发育不良的阴沉的族类。这个自由的精灵之王,这欢笑的狂风暴雨,它将尘埃吹入所有悲观者和忧郁症患者的眼中。它应当受到赞美!

你们这些上等人啊,你们最糟糕的事情是,你们并没有学会像人们应该的那样跳舞——超越你们自身而跳舞!你们失败了又有什么关系呢?

还有多少事情仍然是可能的啊!所以,学会超越你们自己而笑吧!抬高你们的心,你们这些优秀的舞者,抬高点,再高点!不要忘了尽情地欢笑!

这欢笑者的王冠,这玫瑰花环的王冠:你们,我的兄弟们啊,我把这王冠扔向你们!我把欢笑视为神圣。你们这些上等人啊,但愿你们能学会——欢笑!

忧郁之歌

查拉图斯特拉说这番话的时候,他正站在靠近他岩洞的入口处。可是,说完最后几句话,他已经从众客人那里溜走,逃到外面的露天中站了一会儿。

"哦,我周围纯净的气味,"他大喊起来,"哦,我周围神赐的宁静啊!可是,我的动物们在哪里呢?过来吧,到这里来,我的鹰和蛇!

我的动物们啊,告诉我,所有这些上等人,他们的味道也许不好闻吧?哦,我周围纯净的气味!现在我才知道,才能感觉到我是多么地爱你们,我的动物们!"

于是查拉图斯特拉又一次说:"我爱你们,我的动物们!"在他说这番话的时候,鹰与蛇靠近他,抬起眼睛望着他。他们就这样静默地站立着,相互嗅吸着清新的气息。因为外面的空气比与上等人在一起时的味道要清新得多。

然而,查拉图斯特拉刚刚离开他的岩洞,老巫师就站了起来,狡猾地四处张望,说:"他走了。

"你们这些上等人啊,请让我像他所做的那样,用这奉承和赞美之词来逗乐你们吧!我那爱好欺骗和巫术的邪恶的精灵,我那忧郁的妖魔,已经袭击了我。

"它从心底里就与查拉图斯特拉作对,原谅它吧!现在,它想在你们面前施展魔术，这正是它施巫术的好时机；我与这邪恶的精灵的搏斗徒劳无功。

"对于你们所有人，无论你们想用何种言辞表达对你们自己的敬意，无论你们称自己为'自由的精灵'、'有良知者'、'精神的救赎者'、'被解脱者'还是'热切的渴望者'。

"对于你们所有人，你们这些像我一样饱受极大厌恶的人，对于你们来说，旧上帝已经死了，新上帝还没有出现在摇篮和襁褓中，对于你们所有人来说，我这个邪恶的精灵和会施巫术的魔鬼是你们的最爱。

"我认识你们，你们这些上等人啊，我也认识他，我不由自主地喜欢他，这个魔鬼，这个查拉图斯特拉：在我看来，他更像是一个圣徒的美丽面具。

"像一场奇异的新假面舞会，我那邪恶的精灵，忧郁的魔鬼很喜欢这样的舞会，我爱查拉图斯特拉，我常常因为这邪恶的精灵的缘故而这样认为。

"但是，它已经在袭击我，强制我，这忧郁的精灵，这暮色中的魔鬼，确实，你们这些上等人啊，它产生了这样的渴望。

"睁开双眼吧！它很渴望赤身裸体地走过来，至于是男是女，我还不知道，可是它到来了，它强迫我。唉！用用你们的脑子吧！

"白天渐渐逝去，对于一切事物，即使是最好的事物来说，现在暮色已经降临，上等人啊，现在你们听吧，看吧，这暮色中忧郁的精灵是什么样的魔鬼，无论它是男是女！"

老巫师如是说，狡黠地四处环顾，然后伸手去拿他的竖琴。

在暮色宁静的空气中，

当露珠将慰藉
倾洒在尘世,
无形而无息——
因为抚慰的露珠
好似所有善良温柔之人,
穿着细软的鞋子——
你想到了吗,想到了吗,火热的心,
你曾经是如何渴望
天堂的泪珠和露水,
在焦渴与疲倦中苦苦渴望,
因为在枯黄的杂草遍生的小径上
邪恶的夕阳之光一掠而过
穿过我周围昏暗的森林,
在你的身后追逐。
那不怀好意的夕阳之光,那热烈耀眼的夕阳之光!

"真理的追求者?你?"——他们如此嘲弄——
"不!仅仅是个诗人而已!
一只不得不说谎的,
不得不存心并且自愿说谎的家伙,
一只狡猾的野兽,匍匐前行的爬行动物:
贪恋战利品,
并用那五彩缤纷的面具,
来遮掩自己。
他自己就是那面具——
那位——真理的追求者?
不!仅仅是个傻瓜!仅仅是个诗人!
只是说话缤纷多彩,

从那傻瓜的缤纷多彩的面具下发出呐喊,
在那编造出的言辞之桥上,
在那彩虹的拱桥上游荡。
在虚假的天地之间,
四处漫游,四处翱翔,
只是个傻瓜!只是个诗人!

他——这位真理的追求者?
不要变成神灵的画像或雕像,
静止、僵直、光滑而冰冷,
矗立在神庙的门前,
成为上帝的守护者:
不!与一切真理的塑像作对,
他在所有的荒漠里都比在神庙前更加自在,
带着猫一般的冒失,
跳入每一扇窗户里,
跳入任何一个偶然,
在每一个原始森林中嗅闻,
贪婪而渴望地嗅闻,
愿你在这片原始丛林中
在这色彩斑驳、身强体壮而美好的猛兽之中
奔跑!
口唇间燃烧着欲望,
带着极乐的嘲讽、冷酷和凶残
在抢夺中、偷偷潜行中、谎言中奔跑。

或者,像鹰一般,长久地,长久地
凝视着深渊,

凝视着它的深渊，
哦，它们在这里是如何盘旋而下，
向下、向着深处，
飞向那越来越深的渊底！

这个时候，
顷刻之间，它振翅而飞
直线一般奔向羔羊而去。
径直而下，饥饿难耐，
渴望饱食一番，
憎恨一切羔羊一般的灵魂，
强烈地憎恨——
看上去像羔羊一般，有着羔羊似的眼睛，
羔羊似的卷毛的一切。
那像羔羊一般温顺的灰白色的一切！

如是，
如雄鹰一般、猎豹一般的
是诗人的欲望，
是你的欲望，
虽然被千百种伪装所掩饰，
你这傻瓜！你这诗人！
你们所有的人类，
将上帝看作为羔羊：
将人类心中的上帝撕碎，
犹如撕碎人类心中的羔羊，
并且在撕碎中欢笑。

这,就是你自己的幸福!
一只鹰与一只猎豹的幸福!
一个诗人与一个傻瓜的幸福!"

在暮色纯净的空气中,
当新月的镰刀
那夕阳的紫霞中透出的青光
嫉妒地悄悄潜行:
对白昼心怀敌意,
我悄悄地走过玫瑰花的吊床前
直到玫瑰凋零、衰败
变得黯淡,融入夜色。

于是有一天我自己也下沉
脱离我自己对真理的疯狂,
脱离我狂热的对白昼的渴望,
厌倦了白昼,厌倦了光亮,
下沉,落向夜晚,落向阴影:
为了一条真理
而焦渴难耐:
你再回忆,再回忆一下,炽热的心啊,
你曾经多么干渴?
但愿我被放逐
远离一切真理,
只做个傻瓜!
只做个诗人!

论知识

巫师如是唱道，所有在场的人，都像鸟儿一般，在不经意间落入了他那张巧妙而又忧郁的淫欲之网中。只有那精神上的良知者没有被网所捕住：他飞快地从巫师手中抢过竖琴，大声喊道："空气！让新鲜空气进来吧！让查拉图斯特拉进来！你把这洞里的空气弄得闷热而污浊，你这恶毒的老巫师！

"你这个虚伪而狡猾的家伙，你把人们引诱到未知的欲望和荒漠中去。如果那些像你这样的人都来对真理大费周折地加以讨论，那就太悲哀了！

"所有那些对这样的巫师不加提防的自由精灵们，让他们自认倒霉吧！他们的自由将为此付出代价，你教导人并引诱人重返监狱。

"你这忧郁的老魔鬼，你的悲叹听起来像是一种诱惑。你就像那些家伙一样：他们表面上赞美贞洁，实则邀请人纵欢淫乐。"

良知者如是说。可是那位老巫师四下环视，享受着他的胜利，于是良知者所带给他的烦恼立刻烟消云散了。"安静！"他谦卑地说，"动听的歌曲要有动人的回声；在动听的歌曲之后，人们应当长时间地沉默。

"这就是在场的上等人的所作所为。可是，你们也许还没有理解我的歌曲？在你身上，缺乏一种魔法的精神。"

"你在夸奖我，"良知者回答道，"因为你把我同你自己区分开来，很好！但是，你们其他人，我看到了什么？你们所有的人，仍然坐在那里，带着贪婪的目光。

"你们这些自由的灵魂啊，你们的自由都到哪里去了！在我眼中，你们几乎就像是那些长时间观看放荡的裸女跳舞的那种人，你们的灵魂本身也在跳舞！

"在你们这些上等人中,必然有除了被巫师称之为魔法和欺骗的邪恶精神以外的东西,我们确实是不一样的。

"确实,在查拉图斯特拉回到他的岩洞之前,我们在一起谈论的已经够多了,思考的也不少了,以至于让我不能不意识到我们是不一样的。

"我们,你们与我,在这山上寻找的是不同的东西。因为我寻求的是更为确定的东西,因此我才来到查拉图斯特拉这里。因为他仍然是最坚固的堡垒和最坚定的意志。

"今日,一切都在动摇,整个大地都在震动。但是,从你们的眼神中,我几乎认为你们是在找寻一种更为不确定的东西。

"更大的恐惧,更多的危险,更多的地震。你们这些上等人啊,你们很渴望——我是这样认为的,请原谅我的推测。

"你们很渴望那种最让我恐惧的、最糟糕、最危险的生活;你们渴望那种野兽的生活,渴望森林、洞穴、陡峭的悬崖和迷宫般的深渊。

"最能够取悦你们的不是那些引领你们走出危险之境的人,而是将你们引离正道的误导者。但是,如果你们真的怀有这样的渴望,我仍然认为它是无法实现的。

"因为恐惧——这是人类最原始、最基本的感觉——可以解释一切,例如原罪和原始的道德。我的道德也源自于恐惧,它就叫做:'知识。'

"因为,对野兽的恐惧——这是人类心中最早产生的恐惧,包括了人类潜藏在自己心中并对其感到畏惧的那种动物:查拉图斯特拉将它称为'内心的野兽'。

"这种长久以来的古老的恐惧最终变得微妙,变成一种精神上的恐惧——如今,在我看来,它叫做:'知识。'"

良知者如是说。但是,此时刚回到自己的岩洞中的查拉图斯特拉听到并猜出了最后那几句话的意思，向那个良知者扔出一束玫瑰花，并嘲笑他的所谓"真理"。

"怎么？"查拉图斯特拉叫道，"我刚才听到了什么？确实，在我看来，你是个傻瓜，或者说我自己是个傻瓜：所以我立刻要将你的'真理'颠倒过来。

"因为恐惧是我们的例外。然而，勇气，冒险，以及对一切不确定和从未尝试过的事物的兴趣，勇气，在我看来，便是人类的整部历史。

"人类曾对一切最为狂野、最为勇猛的动物身上的美德大为嫉妒，并将它们一掠而空，于是他才成为了——人类。

"这种勇气最终变得微妙，变成了一种精神与理性，这种人类的勇气，连同鹰的双翅和蛇的智慧：如今，这在我看来就叫做——"

"查拉图斯特拉！"所有在场的人都异口同声地叫起来，同时爆发出一阵大笑；然而，从他们中间好像升起了一片浓重的乌云。就连老巫师也笑了起来，他机智地说："好了，我那邪恶的精灵，他走了！

"当我说他是一个骗子、一个爱说谎骗人的精灵的时候，不就是在提醒你们要对他有所提防了吗？

"尤其是当他赤身裸体地出现的时候。可是，对于他的伎俩把戏，我又有什么办法呢！难道是我创造了他和这个世界吗？

"好吧！让我们重归于好，变得快乐起来！尽管查拉图斯特拉的眼光中透着恶毒——你们看看他吧！他并不喜欢我。

"但是，在夜晚来临之前，我要让他重新学会喜爱我、赞美我；不做这些蠢事，他就无法忍受。

"他——喜爱他的仇敌，他是我所认识的所有的人当中最为精通这一招数的人。可是，他却为此而报复——他的朋友！"

老巫师如是说，上等人都为他鼓掌欢呼，于是查拉图斯特拉走了一圈，不怀好意而又充满爱意地与他的朋友们一一握手，就像是一个想要道歉，急于重修旧好的人。然而，当他走到洞穴口的时候，他突然产生了一个欲望，想要重新出去呼吸外面新鲜的空气，并且与他的动物们待在一起，于是，他想要溜出去。

在沙漠的姑娘中间

"不要走开！"此时，自称为查拉图斯特拉的影子的那个漫游者说，"留在我们这里吧！不然，古老而阴郁的痛苦将会重新施加于我们的身上。

"如今那老巫师已经用他最坏的东西换取了我们的好东西。看啊，那善良而虔诚的教皇热泪盈眶，他已再次登上了驶往忧郁之海的航船。

"那些国王们在我们面前也许还会和颜悦色，因为，如今，他们是我们中间学得最好的人。可是，即使他们没有见证者，我敢打赌，这出鬼把戏也会在他们那里再次上演。

"那堆积的乌云、那湿漉漉的阴郁、那阴霾的天空和那被遮蔽的太阳、那呼啸的寒风之类的鬼把戏。

"我们的吼叫和求救声的鬼把戏！哦，查拉图斯特拉啊，留在我们中间吧！这里有太多希望被倾诉的潜藏着的痛苦，这里有太多的夜晚、太多密布的乌云、太多闷热的空气！

"你用太多营养丰富的食品和伟大的格言滋养我们，不要让那些柔弱而女气十足的精灵在饭后甜点的时候再次袭击我们！

"当你独自一人时，周围的空气也会变得浓烈而纯净！这世间在哪里能找得到像你洞穴里这么纯净的空气呢？

"我已去过太多的地方，我的鼻子学会了检测和评估不同种类的气味,但是唯有在你这里,我的鼻子才感受到了最大的乐趣!

"除非,除非,哦,请原谅我提起一件古老的往事!请原谅我唱起一支饭后的老歌,那是我从前在沙漠的姑娘中间谱写的:

"因为在她们中间,也有同样纯净、同样清新的东方国度的空气;因为在那里,我才感到自己远离了那阴霾、潮湿而阴郁的古老的欧洲!

"当时我喜爱这些东方国度的少女和其他的蓝色天国,在那片天空,既无云彩的漂浮也无思想的翻飞。

"你们想象不到,当她们不跳舞的时候,她们坐在那里有多么的优雅。深沉,却毫无思想,像一些小秘密,像用缎带装饰的谜团,像餐后甜点中的核桃……

"确实,色泽艳丽而充满了异国风味!但是没有云彩:就像一些待人猜测的谜题。就是为了取悦这些少女,我才谱写了一首晚餐后的圣歌。"

自称为查拉图斯特拉的影子的那位漫游者如是说,不等别人回答,他就抓起老巫师的竖琴,盘起腿,镇定自若而睿智地向四周环视一番,然而,他的鼻翼缓缓地、探询似的吸进空气,好像一个身处新国度的陌生人,在品味异域的陌生空气一样。接着,他用一种吼叫声开始高歌起来。

沙漠在扩张,藏身于沙漠的人要有难了!

哈!庄严肃穆!
确实庄严肃穆!
一种尊贵的开端!
非洲式的庄严!
配得上一只雄狮,

或是道德高尚的吼猴——
但是这对于你们并不算什么。
你们这些我最为高贵的朋友,
作为一个欧洲人,
我一次有此殊荣
能在这棕榈树下
在你们的脚边坐一坐。希拉!

确实绝妙无比!
现在我坐在这里,
既紧邻着沙漠,
却又远离沙漠。
沙漠丝毫未曾入侵:
也就是说,
我被这极小的绿洲所吞噬。
因为它正张开嘴巴,打着哈欠。
它张开那可爱的小嘴
那拥有最甜美味道的小嘴。
我掉落下去,
径直落下去,穿过——来到你们中间,
你们这些我最为喜爱的女友们!希拉。

鲸鱼万岁!万岁!
但愿它能让它的客人
感到舒适!
你们的确明白这高深的暗喻吗?
它的肚子万岁!
但愿它拥有

一个如此可爱的好似绿洲一般的肚子!
只是我对此表示怀疑。
因为我来自古老的欧洲,
它比所有年迈的已婚女人
都更加善于怀疑。
但愿上帝能将其改善!
阿门!

我现在坐在这里,
在这极小的绿洲当中,
就像一颗棕黄色、甜蜜的、淌着金黄色蜜汁的枣子,
渴望着少女圆圆的樱桃小口,
但是更为渴望少女那冰清玉洁的牙齿。
因为所有热切的枣子
都在内心中焦急地渴望着
这样的牙齿。希拉。

我躺在那里,
就像那些所谓的南方的水果,
身边围绕着飞舞的小虫。
同样围绕着你们的,
还有更渺小、更愚蠢、更恶毒的
欲望与幻想,
你们这些沉默不语的、有先见之明的小雌猫
嘟嘟和苏莱卡
狮身人面像——如果我将过多的感情注入一个新的词语中的话:
(上帝啊,原谅我所犯的这些语言上的错误吧!)

我坐在这里,嗅吸着最清新的空气,
天堂的气息!确实,
这光明的、轻盈的,带着金色斑点的气息,
只会是来自于月宫——
这是出于偶然,
抑或是狂妄?
正如老诗人们所说的那样。
可是我这个怀疑论者
对此表示质疑。
这是因为我来自欧洲,
它比所有年迈的已婚女人
都更加善于怀疑。
但愿上帝能将其改善!
阿门!

用像杯子一般张开的鼻子
畅饮这最清新的空气,
你们这些最讨人喜欢的友好的姑娘们啊,
我就坐在这里,
既不畅想未来,
也不追忆往昔,
看着这棵棕榈树,
是如何像个舞女一样,
弯曲身体,扭动腰肢。
看的时间久了,你也会忍不住模仿!
在我看来,
就像一位单脚站立的舞女,
站立的时间太久,以致让人觉得危险。

因此在我看来，她似乎已经忘记了
那另一条腿？
尽管徒劳无功，至少
我曾寻找那丢失了的
与之对等的宝物
即那另一条腿——
在它那最招人喜欢、最精美的
张开如扇形般的珠光宝气的短裙中
是啊，你们这些美丽的朋友们，
但愿你们愿意相信我：
她已经，唉，弄丢了它！
它消失了！
永远地消失了！
那另一条腿！
啊，如此可爱的另一条腿，这是何等可惜啊！
它如今流落在——何方？被抛弃在何方哀泣？
那条孤独的腿？
也许在一只凶猛的、长着金黄色卷鬃的
狮子一般的怪兽面前胆战心惊？或者甚至
已经被啃噬得一干二净——
莫大的悲哀啊，可悲！可悲！被啃噬殆尽！希拉。

哦，你们不要哭泣，
温柔的内心！
你们不要哭泣，
你们这些枣椰心！包含乳汁的心胸！
你们这些甘草心啊！
不要再哭泣，

惨白的嘟嘟!
要做个男人,苏莱卡!勇敢!勇敢一点!
也许该再来点令人振奋、提神强心的东西?
一句催人奋进的格言?
一句庄严肃穆的赞美词?

啊,提升吧,威严!
道德的威严!欧洲人的威严!
鼓风吧,继续鼓风,
道德的风箱!
啊,
再吼一声,
做道德的怒吼!
作为道德的雄狮,
在沙漠的姑娘中间咆哮!
因为道德的狮吼,
你们这些最招人喜爱的姑娘们啊,
胜于所有
欧洲人的热情、欧洲人的热切渴望!
而我现在作为一个欧洲人,
站在这里,
我别无他法,愿上帝帮我!
阿门!

沙漠在扩大:藏身于沙漠的人要有难了!

觉醒

那位漫游者查拉图斯特拉的影子唱完歌之后,岩洞里立刻充满了喧嚣与欢笑声：由于汇聚于一堂的众多宾客们纷纷发言，甚至连驴子也受到了这种情形的鼓舞，不再保持沉默。查拉图斯特拉不由地对他的客人们感到些许厌恶和轻蔑，尽管他也为他们的快乐感到欣喜。因为，在他看来，这是痊愈的标志。于是，他溜到外面，在露天中对他的动物们说：

"你们的痛苦到哪里去了？"他说，此时他已经忘却了自己那些许的厌恶之情了，"我认为，在我这里，他们已经忘却了他们那痛苦的呼叫！

"尽管很可悲，他们还没有忘记呼叫。"查拉图斯特拉捂住了自己的耳朵，因为此时那驴子的独特的"咿——呀"声与那些上等人的欢笑声混合在了一起。

"他们很快乐，"他重新说道，"谁知道呢？也许是以他们的主人作为代价，即使他们在我这里学会了欢笑，他们学会的也不是我的笑。

"可是，那又有什么关系呢？这是些老年人，他们以自己的方式痊愈，他们以自己的方式欢笑，我的耳朵连最糟糕的声音都曾经历过，也没有感到如何得不适。

"今日我们取得了一个胜利，我多年的头号敌人——这重力之神，他屈服了，逃走了！今日以糟糕和不顺开始，却以飞黄腾达宣告结束。

"它即将结束。夜幕已经来临，这位优秀的骑手，已经跨上马匹，穿越了大海！他摇晃着身子，这个幸福的家伙，这个坐在紫色马鞍上的归家者！

"明亮的天空俯瞰着大地，大地在低处俯伏着。哦，你们这些来到我这里的与众不同的人们啊，在我这里生活是值得的！"

查拉图斯特拉如是说。上等人的欢声笑语重新在岩洞里回响起来，于是查拉图斯特拉再一次说：

"他们咬钩了，我的诱饵起作用了。甚至连他们的那个夙敌，重力之神也离他们而去了。他们如今已经学会了自嘲，我没有听错吧？

"我的男子汉的食品起作用了，我那富有生气与活力的格言生效了！确实，我并不曾用令人胃胀的蔬菜喂养他们，而是用武士的食品，用征服者的食品，我唤醒了新的欲望。

"他们新的希望存在于他们的胳膊和腿脚之中，他们的心情舒展。他们找到了新的词语，不久他们的精神就将散发出肆意妄为的气息。

"然而这样的食物确实不适合孩子，也不适合热切渴望中的女人，无论她们年少还是年老。要满足他们的肠胃，还得采取别的方式。可我不是他们的医生，也不是他们的教师。

"这些上等人摆脱了厌恶之情，好啊，这就是我的胜利！在我的国度里，他们都感到安全。所有愚蠢的羞耻心都逃离得无影无踪，他们尽情倾诉内心。

"他们倾诉衷肠，这对他们来说恰是时机。他们欢庆，沉思，他们感激不尽。

"我将此视为最好的征兆，他们感激不尽。过不了多久，他们就会创造出新的节日，为它那过去的快乐树碑立传。

这是些治愈者！"查拉图斯特拉在内心中快乐地如是说。他向四周环顾，他的动物们却簇拥在他的身边，以他的幸福和沉默为荣。

可是，查拉图斯特拉的耳朵突然间感到一阵惊慌，因为，迄今为止，一直充满着欢声笑语的岩洞，一下子变得鸦雀无声；然而，他的鼻子却闻到了一阵甘甜的雾气和熏香，好像是点燃的松球发出的气味。

"发生了什么事？他们在做什么？"查拉图斯特拉一边自

言自语，一边悄悄地走到了岩洞的入口处，以便能够不为他的客人们所察觉。可是，奇迹接二连三地发生！此时，他不得不亲眼看到的是怎样一副情景啊！

"他们又重新变得虔诚，他们在祈祷，他们真是疯了！"查拉图斯特拉说，惊讶地溢于言表。确实，所有这些上等人——两位国王、卸任的教皇、邪恶的巫师、自愿行乞的人、漫游者影子、老迈的先知、精神上的良知者和最丑陋的人——所有这些人都像孩子和虔信的老妇人一样，双膝跪地，向着驴子顶礼膜拜。此时，最丑陋的人已经开始清嗓子，并轻蔑地哼哼，好像有什么难以言表的东西要宣布似的。然而，当他真的找到了合适的语言的时候，看啊，这竟是一篇虔诚的连祷词，赞美那受人拥护与膜拜的驴子。这连祷词全文如下：

阿门！荣誉、尊敬、智慧、感激、赞颂和力量都属于我们的上帝，世世代代，永恒不变！

可是驴子叫唤起来：咿——呀！

他肩负着我们的重任，他为我们充当奴役，他极富耐心，从不说"不"，他喜爱上帝对他施与惩罚。

可是驴子叫唤起来：咿——呀！

他不说话，除了他总是对他所创造的这个世界说"是"，他就是如此赞美他的这个世界。他的老道之处就在于他的沉默，这样他就很少出错。

可是驴子叫唤起来：咿——呀！

他不为人知地游历了整个世界。他用其最爱的土灰色来包裹自己的道德。如果他有精神，也会将其藏匿其中，然而，每一个人都相信他的长耳朵。

可是驴子叫唤起来：咿——呀！

他长着两只长耳朵，只说"是"，却从不说"不"，这是何等深藏不露的智慧啊！难道他不是按照自己的形象，也就是说，尽可能愚蠢地，创造这个世界的吗？

可是驴子叫唤起来：咿——呀！

你沿着直路与弯道行走，在人类眼中何为直路，何为弯路对你来说无关紧要。你的国度超越了善与恶的境地。不知道何谓纯真，这正是你的纯真所在。

可是驴子叫唤起来：咿——呀！

瞧啊，你从不对人加以拒绝，无论他是乞丐或是国王。你任凭小孩子靠近你，如果有坏孩子想诱惑你，你只是简单地以"咿——呀"应付他们。

可是驴子叫唤起来：咿——呀！

你喜爱母驴与新鲜的无花果。你并不蔑视食物。当你觉得饥肠辘辘的时候，一把蓟草就能撩拨你的内心。这其中存在着上帝的智慧。

可是驴子叫唤起来：咿——呀！

驴子的庆典

可是，当连祷进行到这里，查拉图斯特拉再也无法控制自己，他发出甚至比驴子更大声的"咿——呀"的叫声，并跳到那群疯狂的客人们中间。"你们究竟在那里干什么？你们这群长大了的孩子们？"他大喊着，从地上拉起这群祈祷着的人们。"唉，如果除了查拉图斯特拉之外，还有别的人看见你们，那就太可悲了。

"任何人都会认为，你们因为自己的新信仰而成为了最大的渎神者与最愚蠢的老妇人！

"而你自己，你这位老教皇，你如何能够将一头驴子当做上帝来对其顶礼膜拜呢？这与你的身份怎能相配呢？"

"哦，查拉图斯特拉，"教皇回答道，"原谅我吧，在一切有关神圣的事物中,我的思想远比你更加开明。而这样的事实并没有错。

"与其敬仰完全无形的上帝,不如向这种形式的上帝膜拜!考虑一下这句格言,我尊贵的朋友,你将很容易猜到,在这样的格言中蕴含着智慧。

"那个说:'上帝是一种精神'的人——迄今为止他已在人世间向无神论迈出了最大的步子,这样的言论在尘世间被再度予以修正并非易事!

"我衰老的心欢欣雀跃,因为在这世间仍然存在着某种可以供人崇拜之物。哦,查拉图斯特拉,原谅它吧,原谅这一颗衰老而虔诚的教皇的心吧!"

"而你,"查拉图斯特拉对那个漫游者影子说,"你自称并且自认为是一个自由的灵魂吗?而你却在这里实行这种偶像崇拜与圣徒崇拜?

"确实,你在这里比你在那些沙漠之女中间所做的更为恶劣,你这糟糕的新信仰者!"

"是够悲哀的,"这位漫游者与影子回答道,"你说得对,但是我又能怎么办呢!古老的上帝又复活了,哦,查拉图斯特拉,你愿意说什么就说什么吧。

"一切过错都应该归罪于最丑陋之人,是他唤醒了上帝。如果他说他曾经杀死了上帝,那么在诸神看来,死亡始终不过是一种偏见!"

"而你,"查拉图斯特拉说,"你这邪恶的老巫师,你做了什么!在这自由的年代中,如果你仍然将愚蠢的言行视作神圣,谁今后还将再会相信你呢?

"你所做的一切是多么愚蠢啊,你这样精明的人,怎么会干出这种蠢事呢!"

"哦,查拉图斯特拉,"精明的巫师回答道,"你说的没错,这确实是一件蠢事，它确实也令我感到厌恶。"

"而你，"查拉图斯特拉对这位精神上的良知者说，"思考一下，把你的手指放在鼻子上面！难道在这里你没有违背自己的良心吗？你的灵魂对于这种祈祷与信徒的仪式来说，难道不是过于纯净了吗？"

"这其中有某种东西，"精神上的良知者说道，并把手指放在了鼻子上，"在这情景中有某种东西使我的良知为之受益。

"也许我不敢相信上帝，然而可以确定的是，在我看来，这种形式的上帝最值得崇拜。

"在最虔诚的人看来，上帝应该是永恒的，时间充裕的人从容不迫地安排时间。尽可能地缓慢，尽可能地愚蠢，唯有如此，一个人才能走得长远。

"拥有丰富的精神的人也许会沉浸于自己的愚蠢与肤浅之中。想想你自己吧，哦，查拉图斯特拉！

"你自己——确实！即使是你，也一定会因为过于充裕的智慧而变成一头驴子！

"一位真正的圣人难道不是乐于走最为崎岖的道路吗？你的亲眼见证如是教导，哦，查拉图斯特拉，你的亲眼见证！"

"最后是你自己，"查拉图斯特拉说，并转身对着那个最丑陋的人，他仍然躺在地上，向那只驴子伸出手臂（因为他在给它葡萄酒喝）。"说吧，你这无法言状的人，你都在那里做了些什么！

"在我看来，你改变了，你的眼睛神采焕发，你那令人崇敬的外表掩盖了你的丑陋，你做了什么？

"他们说的是真的吗？你再次唤醒了上帝？为什么呢？难道没有足够好的理由将他杀死、把他干掉吗？

"在我眼中，你自己已被唤醒了，你做了些什么？你颠倒了什么？你皈依了什么？说吧，你这无法言状的人！"

"哦，查拉图斯特拉，"这个最丑陋的人回答道，"你这个无赖！

"我问你，上帝是否仍然活着，还是复活了，活着已经彻底死去——我们当中谁更为了解呢？

"然而有一点我很清楚，我是从你本人那里了解到的，哦，查拉图斯特拉，想要置人于死地的人是笑呵呵的。

"'人们不是通过暴怒，而是通过大笑来杀戮'——你曾经这样说过。哦，查拉图斯特拉，你这个隐秘的人，你这个毫无愤怒的毁灭者，你这个危险的圣人，你这个无赖！"

可是，这时候，查拉图斯特拉对他的客人们这种纯粹充满挑衅的回答感到惊讶，他跳到了他的岩洞的出口，转身对着他所有的客人大声地喊道：

"哦，你们这些喋喋不休的家伙，你们所有这些小丑们！你们为什么要在我的面前伪装、粉饰自己呢！

"你们所有人的内心都因为喜悦或灾祸而抽搐不安，因为你们终于再度变得如同孩童一般——也就是说——变得虔诚。

"因为你们的言行终于再度变得如同孩子那样幼稚了——也就是祈祷，双手合十膜拜上帝！

"但是现在，离开吧，我请求你们离开我这个育儿室，我自己的洞穴，今天在这里上演了极为幼稚的一幕！到外面去把你们那孩子般狂热的放纵与内心的躁动冷却一下吧！

"确实，你们将无法进入天国，除非你们变得像小孩子那样。（查拉图斯特拉伸出手指指向天空）

"但是我们根本不想进入天国，我们已经变成了人，所以我们想要人间的王国。"查拉图斯特拉再次开口了。"哦，我的新朋友们，"他说，"你们这群奇怪的家伙，你们这些上等之人，现在你们让我感到多么喜悦啊！

"自从你们再度变得快乐起来！确实，你们全部如同鲜花般盛放，在我看来，你们这样的鲜花，需要新的庆典来纪念。

"一种大胆的小荒唐，某种神圣的仪式与驴子的庆典，某个年老而快乐的傻瓜查拉图斯特拉，一阵激荡你们灵魂的狂风。

"不要忘记这个夜晚与这个驴子的庆典，你们这些上等之人！那是你们在我这里创造的，我将它视为好的征兆，只有大病初愈的人才能创造出这样的东西！

"出于对你们自己的爱，也是出于对我的爱，你们应当再次举行这驴子的庆典！这也是为了纪念我！"查拉图斯特拉如是说。

醉者之歌

与此同时，客人们一个接一个地走出岩洞，来到了外面的露天里，来到了这凉爽而发人深省的夜幕中，而查拉图斯特拉本人也牵着那个最丑陋之人的手，带他观赏这个夜晚世界，观赏这轮满月，以及他洞穴边那银色的瀑布。这些年迈的老人，最终就这样一动不动地站在一起，却拥有欣慰而坚强的内心。他们惊讶地发现，活在世上是如此美好。此时，夜晚的神秘也越来越临近他们的内心。查拉图斯特拉再度暗自揣测："啊，这些上等之人，他们让我感到多么快乐啊！"可是他并没有说出声来，因为他尊重他们的快乐与他们的沉默。

可是，这时候发生了在这令人吃惊的漫长的一天中最为奇特的事情：那最丑陋的人又一次，也是最后一次清清喉咙，开始喘息起来，当他最终开始说话的时候，看啊！从他的嘴里迸发出一个完整而清晰的问题，一个很深刻、很明确的好问题，这个问题令所有在场倾听的人的内心都为之一动。

"我的所有朋友们,"这个最丑的人说,"你们是怎么想的?因为这个白天的缘故——我平生第一次为我所完全经历的这整个人生而感到高兴。

"即使我证明了如此之多,在我看来也是远远不够的。生活在这个尘世再值得不过:仅仅与查拉图斯特拉共度一日,一个节日,就教会了我热爱这个尘世。

"'那曾是——生活吗?'我要对死神说,好吧,那就再活一次吧!'

"我的朋友们,你们觉得如何?难道你们不愿意像我一样,对死神说:'那曾是——生活吗?因为查拉图斯特拉的缘故,好吧,再来一次吧!'"

最丑陋的人如是说,然而,此时离午夜已经不远了。你们认为当时发生了什么呢?上等人一听到他的问题,立刻就意识到了他们的转变和痊愈,也意识到了是谁给予了他们这样的转变和痊愈。他们充满着感激、尊敬和爱意奔向查拉图斯特拉,以他们各自的方式亲吻着他的双手。有些人在欢笑,另一些人则在哭泣。而那个年老的先知则快乐地翩翩起舞。尽管正如有些叙述者所说的那样,他当时已被甘甜的美酒所灌醉,然而他必定也为更加甜蜜的生活所陶醉。他的一切疲倦都已消失殆尽。有几个人甚至声称,驴子当时也快乐地跳起舞来,因为最丑的人给它喝的酒发挥了作用。事实是否如此,已经无关紧要了。即使驴子当晚并没有跳舞,当时也发生了一件比一头驴子跳舞更大更为罕见的奇迹。总而言之,如查拉图斯特拉的一句格言所说:"这又有什么关系!"

然而,当最丑陋的人引发了这一切的时候,查拉图斯特拉像一个喝醉酒的人一样站在一旁,他的眼神黯淡,口齿不清,双脚不稳。谁能够猜得出,查拉图斯特拉此时内心在思考什么呢?可是显然他已魂不守舍,思绪早已飞往了远方。

就像曾经记载过的那样:"在两个大海之间高高的山脊上,像一朵沉重的云彩,在过去与未来之间漫游。"然而,当上等之人把他紧紧地搂在怀里的时候,他逐渐地清醒了过来。他用双手阻止了那帮充满敬意与爱意的人们靠近。可是他并没有说话。然而,过了一会儿,他突然转过头去,好像听到了什么声响。这时,他伸出一只手指放在嘴上,说:"你们过来。"

周围立刻陷入了一片寂静,气氛也变得神秘起来。从岩洞的深处传出了阵阵钟声。查拉图斯特拉像上等人一样侧耳聆听。接着,查拉图斯特拉再一次把手指放在嘴上,再次说:"你们来!快来!快到午夜了!"这时他的声音变了。但是,他仍然在原地站着没动,这时的气氛变得比刚才更加宁静,更加神秘。一切都在凝神倾听,甚至连驴子,查拉图斯特拉的高贵动物鹰与蛇,还有查拉图斯特拉的岩洞和那轮满月,以及那个夜晚本身,也在凝神倾听。然而,查拉图斯特拉第三次把手放在嘴上说:

"来吧!来吧!来吧!让我们现在去漫游吧!现在时候到了,让我们漫步走进黑夜!"

你们这些上等人啊,午夜即将来临,现在我要在你们的耳边说些话,就像那口古老的钟在我耳边述说的那样。

像那口经历了不止一代人的午夜之钟那样对我述说——如此神秘,如此可怕,如此热切。

它曾经历数了你们父辈内心的痛苦悸动的次数啊!啊!它在如何地叹息啊!它在梦中时如何地欢笑啊!这古老的、深沉的、深沉的午夜!

安静!安静!这时候,我们能够听见很多在白天不为人察觉的声音;然而现在,在这凛冽的空气中,甚至当你们心跳的嘈杂声都归于沉寂的时候,现在它开口了,并且被人听见;它悄悄地潜入了过于清醒的夜间的灵魂,啊!啊!午夜在如何地叹息！它在梦中又是如何地欢笑！

你难道没有听见它是如何神秘地、如何可怕地、如何热切地与你说话？这古老的、深沉的、深沉的午夜？

人啊，你可要留神！

我真悲惨！时间都去了哪里？我是否已经掉落到了一口深井之中？整个世界都在沉睡。

啊！啊！狗在吠叫。月光撒下光辉。我宁愿死去，死去，也不愿告诉你们我的午夜之心此时此刻在想些什么。

现在我已经死了。一切都结束了。蜘蛛啊，你为什么在我周围结网？你想吸吮我的血液吗？唉！唉！露水滴落了，时刻来临了。

我冻僵发抖的时刻来临了，我一遍遍地询问："谁有足够的胆量去做？

"谁应该主宰这个世界？谁会说：'你们应当这样奔流，你们这些大江小河！'"

这时刻临近了，人啊，你们这些上等人啊，你们要有所提防！我此番话是说给敏锐的耳朵听的，是说给你们的耳朵听的——这深沉的午夜在说些什么呢？

我欣喜若狂，我的灵魂在翩翩起舞。白日的工作！白日的工作！谁应当主宰这个世界？

月光清冷，无风无息。啊！啊！你们已经飞到足够的高处了吗？你们跳舞，可是一条腿毕竟不是一只翅膀。

你们这些优秀的舞者，此刻所有的乐趣都已成为过去。美酒只剩下残渣，每一只杯子都变得易碎，坟墓张口结舌。

你们飞得还不够高，现在坟墓结结巴巴地开口了："救救这些死人吧！黑夜为何这般长久？难道月亮没有使我们沉醉？"

你们这些上等人啊，拯救坟墓吧，唤醒这些尸体吧！啊，这些虫子还在挖掘什么？时刻临近了，临近了。

钟声隆隆作响,心脏怦怦跳动。蛀虫仍在挖掘,心灵的蛀虫。啊,啊,世界真深沉!

动听的竖琴!动听的竖琴!我爱你的弦音,你那令人沉醉的铃蟾之音!你的琴音历经了多久的时日与多远的距离来到我这里,那来自于遥远的爱的池塘的琴音!

你这口古老的钟,你这动听的琴声!每一种痛苦都撕裂你的内心,父亲的痛苦,父辈的痛苦,祖先的痛苦,你的言语才变得成熟。

像金秋和午后,像我这孤独的隐士之心一样成熟——现在你开口说话了,世界本身也变得成熟,葡萄变紫了。

现在它想要死去,在幸福中死去。你们这些上等人啊,你们没有感觉到吗?这里悄悄地冒出一股气味。

一股永恒的幽香与气味,一种美好的黄金葡萄酒的味道,源自古老的幸福的味道。

那是沉醉的午夜之死的幸福,这种幸福高声唱道:世界如此深沉,比白昼想象的更为深沉!

离我远点!离我远点!我太纯洁,不能与你接触!不要碰我!我的世界不是刚刚变得完美吗?

我的皮肤太过纯洁,不能被你的双手触碰。离我远点,你这沉闷、笨拙、愚蠢的白昼!午夜不是更为明亮吗?

最纯洁的人应该主宰这个世界,最不为人知者,最强壮者和这午夜的灵魂,比所有的白昼都更为明亮、更为深刻。

哦,白昼啊,你在摸索我吗?你在摸索着我的幸福吗?在你眼中,我很富有、很孤独,是一个宝藏和一个金库吗?

哦,世界啊,你需要我吗?你觉得我是个凡夫俗子吗?你认为我信教吗?你认为我神圣吗?可是,白昼和世界啊,你们过于愚蠢。

但愿你们拥有更为灵巧的双手,能够抓住更深的幸福,更深的不幸，抓住某位神灵，但是不要抓住我：

我的不幸与我的幸福都是深邃的，你这与众不同的白昼啊，但我不是神灵，也非上帝的地狱，他的痛苦太深了。

你这与众不同的世界啊，上帝的痛苦更深！抓住上帝的痛苦，不要抓住我！我是什么？一把沉醉的动听的竖琴。

一把午夜竖琴，一只没有人能听懂的铃蟾。不过，你们这些上等人啊，它不得不在聋子面前演奏，因为你们听不懂我的话！

一切都逝去了！逝去了！哦，青春！哦、正午！哦，午后！现在，傍晚、夜晚和午夜都已来临了，狗在吠叫，风儿——风儿难道不是一只狗吗？它在哀鸣，它在吠叫，它在嗥叫。啊！啊！在这午夜，她是如何地叹息，是如何地欢笑，又是如何沉重地喘息！

她说起话来是何等清醒，这喝醉酒的女诗人！也许她超脱了她的醉意？她变得过于清醒？她在反刍？

她在反刍她的痛苦，在这睡梦之中，这古老而深沉的午夜，但更多的还是反刍她的快乐。因为快乐，即使痛苦极为深重，快乐比痛苦更深！

你这葡萄藤！你为何赞美我？我不是已经切断了你吗！我是如此残酷，你在流血：你赞美我酒醉后的残酷，究竟意欲何为？

"一切变得完美的东西，一切成熟的东西——都将逝去！"你如是说。葡萄种植者的砍刀应当受到赞美！不过，一切不成熟的东西都想活着：唉！

痛苦说："消失吧！走开，你这痛苦！"但是，一切遭受折磨的东西都想活着，以便变得成熟，变得生机勃勃而充满渴望。

对更远、更高和更光明的东西充满渴望。"我要繁衍后代，"

她在反刍她的痛苦,在这睡梦之中,这古老而深沉的午夜,但更多的还是反刍她的快乐。因为快乐,即使痛苦极为深重,快乐比痛苦更深!

一切遭受苦难的人说，"我要孩子，就是不想要自己。"

然而，快乐并不想要传宗接代，它不想要后代，快乐只要自身，它要的是永恒，要的是重生，以及世间万物永葆本真。

痛苦说："心啊，破碎吧，流血吧！双腿啊，迈步吧！双翅啊，飞翔吧！痛苦，飞起来吧，飞上天去吧！"好吧，振作起来吧！哦，我那年迈的心灵：痛苦说："消失吧！"

你们这些上等人啊，你们觉得如何？我是一个先知吗？还是一个梦想家？还是一个醉汉？或是一个解梦者？还是那座午夜的大钟？

是一滴晨露？是一股永恒的雾气与芬芳？你们没有听见吗？你们没有闻到吗？我的世界刚刚已经变得很完美，因此午夜也就是正午。

痛苦亦是快乐。诅咒亦是祝福。夜晚亦是朝阳。你们走开吧，不然就会有人告诉你们：圣贤也是傻瓜。

你们曾经体验过一种快乐吗？哦，我的朋友们啊，那么你们也同时体验了所有的痛苦。万物都是环环相接，环环相扣，彼此相爱的。

每一次，你们都渴望下一次。你们总是说："幸福啊，瞬间啊，此刻啊，你让我感到快乐！"你们想让一切都去而复返！

一切都将再来，一切都将永恒，一切都相接、相扣、相爱，哦，你们是如此地喜爱这个世界。

你们这些永恒的人啊，你们永远爱它，一直爱它：你们甚至对痛苦说：离开吧，但是要再回来！因为一切快乐都希望——永恒！

一切的快乐都想要万物的永恒。它要蜂蜜，它要残渣，它要沉醉的午夜，它要坟墓，它要坟边眼泪的慰藉，它要金色的晚霞……

快乐有什么不想要的呢？它比任何的痛苦都更干渴、更热切、更饥饿、更可怕、更神秘，它想要自己，它啃噬自己，魔戒的意志在它身上被扭曲。

它想要爱，它想要恨，它极度富有，它赠予，它舍弃，它祈求别人把它带走，它感谢别人将它带走，它很愿意被人所恨。

快乐是如此富有，以至于它渴望痛苦，渴望地狱，渴望憎恨，渴望羞耻，渴望残缺，渴望这个世界，因为这个世界，哦，一定为你们所熟知！

你们这些上等人啊，它渴望着你们，这快乐，这不可压抑的、幸福的快乐。它渴望着你们的痛苦，你们这些失败者！所有永恒的快乐，都渴望着失败。

因为所有的快乐都想要自己，所以它们也想要悲痛！哦，快乐！哦，痛苦！哦，破碎吧，心灵！你们这些上等人啊，学一学吧：快乐需要的是永恒！

快乐想要的是万物的永恒，那深邃的永恒！

你们现在学会了我的歌吗？你们猜到它想要说什么吗？好的！振作起来！你们这些上等人啊，现在就请你们来轮流唱我这首歌吧！

现在你们自己来唱这首歌。歌名就叫"再来一次"，它的意思是"追求永恒"！唱吧，你们这些上等人，大家轮流来唱查拉图斯特拉的这首歌！

  人啊，你可要留心！
  深沉的午夜在说些什么？
  "我睡着了……"
  我从沉睡的梦中醒来，并且声称：
  "世界深沉"，

比白昼想象的更为深沉。
"它的痛苦也很深沉——"
但是快乐——它比哀痛更深沉:
痛苦说:离开吧,消失吧!
但是快乐都想要永恒,
想要深刻,深邃的永恒!

征兆

然而,第二天早上,查拉图斯特拉从他的床上跳了起来,扎好腰带,走出他的岩洞,容光焕发,身强体壮,好像一轮刚从阴暗的群山背后升起的朝阳。

"你们这伟大的星辰,"他说,就像他曾经一贯所说的那样,"你这深沉的幸福的双眼啊,假如失去了被你所照耀的一切,你的全部幸福又将在何处呢?

"如果你已经醒来,并且走出来开始馈赠和分发的时候,它们仍然待在房间里:你那高傲的羞耻心将会对此感到多么愤怒啊!

"好吧!这些上等人,当我醒着的时候,他们却还在睡梦中:这些人并不是我真正的伙伴!我在这山上等待的并不是他们。

"我想开始我的工作,开始我的白天:但是他们并不明白我的早晨的征兆。我的脚步——并不是他们起床的信号。

"他们仍然睡在我的岩洞里,他们的梦仍在啜饮我沉醉的歌。他们身上缺乏那倾听我说话的耳朵——那顺从的耳朵。"

查拉图斯特拉在心中说出此番话的时候,太阳升了起来。于是他向天空探询性地张望,因为他听到了头顶上老鹰尖利的叫声。"好啊!"他向天空叫道,"这样令我很满意,让我觉得很合适。我的动物们都醒了,因为我醒了。

"我的鹰醒了,像我一样,在向太阳致敬。它用鹰爪抓住了新的光芒。你们是我真正的动物;我爱你们。

"可是我还缺乏我真正的人!"

查拉图斯特拉如是说,然而,突然之间,他发现自己好像被由无数只鸟组成的鸟群包围了,这些鸟拍击着翅膀的声音是如此之大,而聚集在他周围的鸟群又是如此之多,他不得不闭上了眼睛。确实,发生在他身上的这一切,就好像是万箭齐发的一团箭云,射向了一个新的敌人。可是,看啊,这其实是一阵爱之云,降临在一个朋友的身上。

"在我身上发生了什么?"查拉图斯特拉一边惊愕地在心中寻思,一边慢慢地在他洞穴出口边的大石头上坐了下来。可是,就在他上下左右地挥舞着双手,想驱散那些温柔的鸟群的时候,瞧啊,他遇见了一件更为奇特的事情:因为他的手意外地抓到了一团又厚又温暖的蓬松毛发。然而,与此同时,他听到了面前的一声吼叫,一声悠长而温和的狮子的吼叫。

"征兆来了。"查拉图斯特拉说,他的心情产生了变化。事实上,当他看清眼前的东西时,他发现一只黄色的巨兽躺在他的脚边,将它的脑袋置于他的膝头,依依不舍,不愿离去,就像一只狗找到了旧日的主人。然而,鸽子们也同样急切地表达着它们的爱意。每当鸽子从狮子的鼻子上掠过的时候,狮子总是摇着头,吃惊地笑一笑。

面对这一切,查拉图斯特拉只说了一句话:"我的孩子们走近了,我的孩子们。"然后,他便沉默不语。可是,他的心情很放松,他的眼里流出了泪水,滴落在手上。他不再关注任何事物,只是漠然地坐在那里,也不再驱逐那些动物。这时候鸽子飞过来,停落在他的肩头,爱抚着他的白发,不知疲倦地表达着它们温情的快乐。然而，那只雄狮则始终舔舐着滴落在查拉图斯特拉手上的眼泪，吼叫着，怯生生地发出低沉的声音。这就是动物们所做的一切。

这一切持续了很久的时间，或者很短暂的时间，因为，准确地说来，尘世间没有时间来记录诸如此类的事情。然而，与此同时，查拉图斯特拉的岩洞中的上等人醒来了，他们排成队列来到查拉图斯特拉的面前，向他致以早晨的问候。因为当他们醒来的时候，发现他已不在他们身边了。可是，当他们才走到洞穴门口的时候，他们的脚步声就已经先于他们传到了洞外。狮子吃惊地跳了起来，猛然转过身来，狂吼了几声，向洞口扑了过去。而当上等人听见了狮子的怒吼，便异口同声地叫喊起来，立刻转身逃跑，顷刻间就不见了踪影。

而查拉图斯特拉自己，在惊讶和奇怪的情绪中，从椅子上站起身来，环顾四周，独自站在那里。他思考了一会儿，心中充满了疑问与惊异。"我听到了什么？"他最终缓缓地说道，"刚才在我身上发生了什么？"

但是很快他便恢复了记忆，立刻回想起了从昨天以来所发生的一切。"就是这块石头，"他捋了捋胡须说道，"我昨天早晨坐在它的上面，后来先知向我走来，我还在这里第一次听见那声叫喊，那巨大的痛苦的叫喊声。

"哦，你们这些上等人啊，昨天早晨那老巫师就曾向我预言过你们的困境。

"他想引诱我、诱使我进入你们的困境中去。

"'哦，查拉图斯特拉啊，'他对我说，'我是来引诱你犯下最后的罪过的。'"

"犯下最后的罪过？"查拉图斯特拉叫道，愤怒地嘲笑他自己的话："留给我的最后一桩罪过是什么？"

这时查拉图斯特拉再次全神贯注，在那块大石头上坐了下来,陷入了沉思。突然他一跃而起——"怜悯之情!对上等人的怜悯!"他喊叫起来,脸色变得铁青。"好吧!那怜悯——也曾盛极一时呢!

"我的痛苦、我的同情——那又有什么关系!我在追寻幸福吗?我在追求我的工作!

"好吧!狮子来了,我的孩子们已经临近了,查拉图斯特拉已经成熟了,我的时刻来临了。

"这是我的早晨,我的白天开始了!现在到来吧,到来吧,你伟大的正午!"

查拉图斯特拉如是说,离开了他的岩洞。他容光焕发,身强体壮,好像一轮从阴暗的群山之后冉冉升起的朝日。

查拉图斯特拉如是说之终结。